مبادئ علم الإقتصاد

مبادئ علم الإقتصاد

الدكتور مجيد خليل حسين
استاذ الاقتصاد المشارك

الدكتور عبد الغفور إبراهيم أحمد
استاذ الاقتصاد المشارك

رقم الإيداع لدى دائرة المكتبة الوطنية (2008/10/3482)

رقم التصنيف : 330.1
المؤلف ومن هو في حكمه : حسين، مجيد
عنوان المصنف : مبادئ علم الإقتصاد /مجيد خليل حسين، عبد الغفور ابراهيم أحمد.- دار زهران 2008.
الواصفات: / الاقتصاد /
رقم الإيداع : (2008/10/3482)
بيانات النشر : عمان دار زهران
* تم إعداد البيانات الفهرسة والتصنيف الأولية من قبل دائرة المكتبة الوطنية
.

المتخصصون في الكتاب الجامعي الأكاديمي العربي والأجنبي
دار زهران للنشر والتوزيع

تلفاكس : 5331289 – 6 – 962+، ص.ب 1170 عمان 11941 الأردن
E-mail : Zahran.publishers@gmail.com
www.darzahran.net

المقدمة

يكتسب هذا الكتاب اهمية بالغة في تسليط الضوء على اساسيات اهم العلوم والمعارف التي تحظى باهتمام المختصين وطلاب العلم كافة الاّ وهو مباديء واساسيات علم الاقتصاد التي تشكل حاجة ملحة للتعرف عليها ودراستها من كافة الاختصاصات ليس الانسانية فحسب بل حتى العلمية كونها تتعلق بسلوك الفرد كمستهلك ومنتج. ان هذا الكتاب يتضمن عرضا مبسطا لأهم مفردات مادة مبادئ الاقتصاد المقررة للتخصصات الجامعية بشكل عام وجامعة هولندا ولاهاي بشكل خاص . حيث وجدنا من خلال تدريسنا لهذه المادة ولكثرة مفرداتها ومصادرها، ان نعيد كتابة المحاضرات التي القيناها والتي اعتمدنا فيها على العديد من المصادر والاصدارات العلمية القديمة والحديثة، وذلك لتقديمها بأسلوب علمي ومبسط وواضح باستخدام الأدوات الرياضية البسيطة والجداول والرسوم البيانية بما يضمن توفير الجهد اللازم لفهم واستيعاب طلبتنا الأعزاء للمفاهيم الاقتصادية المقررة لهذه المادة وبالشكل الذي يهيئاهم إلى مراحل دراسية أعلى. وعلى هذا الأساس فقد عملنا من اجل تلبية كافة متطلبات هذه المفردات لهذا الكتاب وفي مجال الاقتصادي الجزئي والكلي . راجين بذلك ان نضيف به الى المكتبة العلمية قدرا متواضعا من المعرفة . وختاما نسأل الله تعالى ان ينفعنا بما علمنا ويعلمنا ماينفعنا نعمة منه وفضلا.

الدكتور مجيد خليل حسين   **الدكتور عبد الغفور إبراهيم**

الفصل الأول
مفهوم علم الاقتصاد والمشكلة الاقتصادية

مفهوم علم الاقتصاد:

الاقتصاد ينتمي إلى مجموعة العلوم الاجتماعية، أي تلك العلوم التي تعني بدراسة السلوك الإنساني مثل علم الاجتماع، وعلم النفس، وعلم السياسة...الخ، فهو يختص بذلك الجانب من السلوك الإنساني الذي يتصل بإنتاج، وتبادل، واستهلاك السلع والخدمات وهذه النشاطات ليست منفصلة تماماً عن بقية النواحي الأخرى للسلوك الإنساني، ولكنها تمثل مجموعة من النشاطات المتجانسة بدرجة كافية تبرر دراستها على حده. وفي دراسة أي مشكلة محددة، يجب على الاقتصادي ان لا يدرس فقط الجوانب الاقتصادية للمشكلة. بل يجب أيضا ان يأخذ بنظر الاعتبار الجوانب السياسية، والاجتماعية والنفسية لها.

ويحتل علم الاقتصاد مكانا دائما وهاما في اهتمام الأفراد، ولما كانت تلك الاهتمامات تختلف من فرد إلى آخر، فقد اختلف العلماء حول مجالات علم الاقتصاد، وبذلك اختلف تعريف علم الاقتصاد باختلاف الزمان الذي يعيشون فيه، وعليه فان الاقتصاد استمد أهميته الخاصة من صلته المباشرة بحياة الإنسان اليومية وتطلعاته وطموحاته المستمرة في حياة افضل، ويتضح ذلك من ملاحظة شيوع وترديد العديد من المصطلحات الاقتصادية مثل

إنتاج...ادخار....أسعار...تضخم...كساد...الغنى...الفقر...الأسواق البطالة...النمو...الخ. حيث كل ذلك يتطلب العمل على فهم الطريقة التي ينسق بها المجتمع بين موارده وحاجاته. ومما تقدم نستطيع القول بأنه لا يوجد تعريف شامل وكامل يغطي كل مجالات علم الاقتصاد ويرضي كل علماءه. ومع ذلك فان عددا من الاقتصاديين المهتمين بنطاق علم الاقتصاد قد

وجهوا اهتمامهم نحو صياغة تعاريف تحليلية تختص بأوجه معينة لها صفة العمومية عند دراسة الاقتصاد. ونورد ما يلي أبرزها:

لقد عرفه الفيلسوف الاسكتلندي آدم سمث (1790-1723) في كتابه ثروة الأمم والذي يعتبر باكورة تلك التعريفات بان الاقتصاد (هو علم دراسة الثروة) ويقصد بالثروة أي شيء له قيمة وقابل للمبادلة بنقود أو سلع. وقد وجه النقد لهذا التعريف لتركيزه واهتمامه بالثروة وحدها، وإهماله للإنسان الذي يقدر المعنى الحقيقي للثروة.

أما الاقتصادي الإنكليزي الفرد مارشال (1927-1842) فقد عرف الاقتصاد بأنه (علم دراسة سلوك الإنسان في حياته اليومية فيما يتعلق بإنتاج الثروة وتبادلها وإنفاقها). وتبعا لرأي مارشال هذا فان الاقتصاد يركز على دراسة رفاهية الفرد المادية التي يحصل عليها من استخدام دخله، وقد لاقي التعريف قبولا واسعا لحين ورود تعريف لونيل روبنزر والذي اصبح أساسا لعلم الاقتصاد الحديث.

حيث عرفه الاقتصادي الإنكليزي ليونيل روبنزر (1984 - 1898) بان الاقتصاد (هو ذلك العلم الذي يدرس النشاط الإنساني في سعيه لإشباع حاجاته الغير محدودة بواسطة موارده المحدودة) ويقوم هذا التعريف على حقيقتين أساسيتين هما، عدم وجود حدود للرغبات الإنسانية، ومحدودية الموارد ذات الاستخدامات البديلة. وهاتان الحقيقتان تمثلان معا أبعاد المشكلة الاقتصادية.

وأخيرا فقد عرفه الاقتصادي ساموبلسون (هو دراسة الكيفية التي يختار بها الأفراد والمجتمع الطريقة التي يستخدمون بها مواردهم الإنتاجية النادرة لإنتاج مختلف السلع على مدى الزمن وكيفية توزيع هذه السلع على مختلف الأفراد والجماعات في المجتمع لغرض الاستهلاك الحاضر والمستقبل).

وواضح مما سبق ان علم الاقتصاد شأنه شأن العلوم الأخرى يحفل بالعديد من التعاريف بحيث يمكن القول ان عددها قد يقترب من عدد الكتاب المنظرين لهذا العلم. ومهما تكن هنالك من أمور فان الاقتصاد يعني بشكل أو آخر بدراسة المشكلة الاقتصادية بكل أبعادها على نحو سنوضحه فيما بعد.

وإذا تركنا التعاريف جانبا، وجدنا أن الاقتصاد بمعناه الحديث يمكن ان ينقسم إلى ثلاثة أنواع لكل منها أهميته:

أ. الاقتصاد التحليلي أو النظرية الاقتصادية – وهي مجموعة المبادئ والمفاهيم والتعاريف التي تشكل خلفية العلم النظرية. وبهذا المعنى فهو يزودنا بمجموعة من أدوات التحليل التي تعد بمثابة وسائل يستخدمها الاقتصادي في معالجة المشكلات التي يتصدى لها.

ب. الاقتصاد الوصفي- وهو يتناول المشاكل والظواهر الاقتصادية من ناحية توصيف مظاهرها وتأهيل أسبابها دون محاولة اقتراح الحلول لمعالجتها.

ج. الاقتصاد التطبيقي- وهو عبارة عن استخدام أدوات التحليل التي تزودنا بها النظرية الاقتصادية في محاولة علاج المشكلات التي يطرحها الاقتصاد الوصفي.

أما أنواع التحليل الاقتصادي فيمكن تصنيفها إلى نوعان مترابطان مع بعضهما ، احدهما يكمل الآخر من حيث نظرتهما وتحليلهما للاقتصاد القومي وهما:

1. **التحليل الاقتصادي الجزئي**: وهو الذي يهتم بدراسة سلوك وقرارات الوحدات الاقتصادية الصغيرة والمنفردة، مثل المستهلك الفرد، المنتج الفرد أوالمنشأة، الصناعة، وتحديد الاسعار النسبية للسلع والخدمات. وعليه فإن التحليل الاقتصادي هنا يقتصر على دراسة سلوك وقرارات

الوحدات الصغيرة التي تهدف تعظيم منافعها ، وذلك مـن خـلال قيامها بوظائفها الاقتصادية المختلفة، كتخصيص الموارد بين الاستخدامات المختلفة، الانتاج، التبادل والاستهلاك.

2. **التحليل الاقتصادي الكلي:** وهو الذي يهتم بدراسـة سـلوك الاقتصاد القومي ككل، وبـالتعرف عـلى طبيعـة المتغيرات الكليـة وتفسـير سـلوكها وعلاقاتها ببعضها البعض، كالاستثمار الكلي الاستهلاك الكلي، الـدخل القـومي، الانفـاق القومي، التوظيف الكلي. اذن فالتحليل الاقتصادي الكلي يخـتص بـالتعريف بخصائص الاقتصاد القومي ككل، مستقلاً عن الوحدات والاجزاء المكونة له.

6

علاقة علم الاقتصاد بالعلوم الأخرى

هناك ارتباط وثيق بين أوجه المعرفة المختلفة، وعليه فان التطورات التي تحدث في أحد هذه المعارف تؤثر في المعارف الأخرى. إذن فان هناك علاقة وثيقة وتفاعـل متبـادل بـين علـم الاقتصاد والعلـوم الأخـرى. مثل السـيكولوجي والانثربولوجي والمنطـق والأخـلاق والفلسـفة والتـاريخ والسياسة والجغرافيا والرياضيات والإحصاء وغيرها فكل علم من هذه العلوم يترك بصمة واضحة في ميدان الاقتصاد سواء من الناحية النظرية أو التطبيقية.

والاقتصادي الجيد لا يستطيع ان يهمل اثر العادات والتقاليـد عنـدما يأخذ قرارا ما، فتلك الأبقار (المقدسة) في بعض بقاع الهند مثلا، قد لا تمثل للرجل الاقتصادي من الناحية المجردة، سوى مصدر للبروتين يسد رمق الكثير من الجياع. ومع ذلك عندما يأخذ في اعتباره تلك النظرية الخاصة بعادات وتقاليـد الشعوب فانه سيعيد بالتأكيد حساباته اكثر من مرة.

كذلك إذا نظرنـا للمشكلة السكانية في مجتمـع مـا، فربمـا يصل الفكر المجرد إلى محاولة الحد من الانفجار السكاني بشتى الطرق حتى لو كان من بينها محاولة الحد من الزواج المبكر الأمر الذي قد يعني بشكل آخر فتح البـاب أمـام مشاكل اجتماعية كثيـرة. بينمـا إذا أخذنا بنظر الاعتبار تعاليم الدين ومبادئ الأخلاق يصبح للقضية وجه آخر.

كذلك بالنسبة للتاريخ، لابد ان يلم به الاقتصادي لحد ما، حتى يكاد في مقدوره إعطاء التفسير الصحيح أو الحل الناجح لمشكلة مـا، فمثلا، هـل كانت ظاهرة ارتفاع الأسعار في إسبانيا وأوربا بعد اكتشـاف أمريكا بكل مـا فيهـا من ثروات مجرد مصادفة؟ أم ان هناك تفسير آخر يمكن ان يقدمه لنا التاريخ؟.

ويقف علم السياسة عـلى راس تلك العلوم التي لا يمكن للاقتصادي التغاضي عنها، حتى نجد ان علم الاقتصاد ظل يعرف لفترة طويلة من الزمن

7

باسم (الاقتصاد السياسي). وفي الواقع فان هذه التسمية لا تعني ان المعرفة الاقتصادية اصبحت تضع علما وعملا للسياسات المجردة، بقدر ما تبرز مدى تداخل حدود واهتمامات كل من العلمين معا. ومع ذلك، لا بد من الاعتراف بان الاقتصادي لا يملك غير ان يوصي بسياسة (اقتصادية) ما، ويظل في النهاية المسؤول السياسي هو صاحب القرار.

كما ان موقع البلد من طرق المواصلات العالمية والموارد الاقتصادية المتوفرة فيه والمناخ السائد، كلها عوامل مؤثرة في النشاط الاقتصادي للمجتمع سواء سلبا أو إيجابا، وعلى الاقتصادي الإلمام بها.

كذلك فأن الاقتصاد شكلا وموضوعا يعتمد اعتمادا كبيرا ومتزايدا على بعض العلوم الأساسية كالرياضيات والإحصاء. ومع ان استخدام المنطق الرمزي في التحليل الاقتصادي كان يتم بصورة متواضعة من البداية، فان الحال الان مختلفة كثيرا، فقد اصبح التمكن من الأساليب الرياضية والإحصائية - في الوقت الحاضر - ضرورة ملحة للاقتصادي وليس ترفا أو نوعا من التجريب والتجريد الذهني. ومما ساعد على ذلك تلك الثورة التقنية المذهلة التي حدثت في مجال الحاسبات لآلية واستخداماتها، والتي فتحت آفاقا جديدة أمام الاقتصادي.

المشكلة الاقتصادية

كما أوضحنا فان معظم الاقتصاديين يعرّف علم الاقتصاد بأنه (العلم الذي يدرس المشكلة الاقتصادية)، فما هي إذن المشكلة الاقتصادية؟ يمكن القول ان المشكلة الاقتصادية في الأساس، هي مشكلة الندرة النسبية، أي ندرة الموارد المتاحة بالنسبة للحاجات البشرية. فالحاجات البشرية متعددة ومتنوعة وغير محدودة. بينما الموارد التي تستخدم في إشباعها محدودة نسبيا. ومن هنا نشأت المشكلة الاقتصادية منذ القدم، وما زالت قائمة في كل المجتمعات، وان اختلفت حدتها من مجتمع لأخر. وعلى الرغم من الجهود الدائمة التي بذلها الإنسان على مر العصور لمواجهة مشكلته الاقتصادية، إلا ان هذه الجهود لم تسفر عن حل نهائي لها، ولن تؤدي إلى ذلك. فالإنسان في سعيه الدائم لتحقيق الرفاهية المادية والارتقاء بمستوى معيشته، إنما يعمل في نفس الوقت على تعقيد المشكلة الاقتصادية وزيادة حدتها. وحتى يمكننا ان نفهم هذه الحقيقة، قد يكون من المناسب ان نقوم بالتعرف على طبيعة وأركان المشكلة الاقتصادية.

طبيعة المشكلة الاقتصادية

للمشكلة الاقتصادية عنصران أساسيان هما:

أولا: تعدد الحاجات البشرية.

ثانيا: ندرة الموارد الاقتصادية (أو وسائل إشباع الحاجات).

أولا: تعدد الحاجات البشرية

تعرف الحاجة، بأنها رغبة يشعر بها الانسان، ويترتب على عدم إشباعها إحساس بالألم أو الحرمان. ومن أمثلة ذلك الحاجة إلى الطعام، حيث يترتب

على عدم تناول الفرد للطعام إحساس بألم الجوع. وكذلك الحاجة إلى الماء، حيث يترتب على عدم تناول كوب الماء إحساس بألم العطش... وهكذا. والحاجة الإنسانية لها خصائص معينة أهمها:

1. **الحاجة غير قابلة للقياس الكمي ولكنها قابلة للمقارنة:**

حيث إننا لا نستطيع قياس الحاجة بوحدات قياس دقيقة كما هو الحال في ظواهر أخرى كالطول أو الوزن. فالطول يقاس مثلا بالمتر أو السنتمتر، والوزن يقاس مثلا بالطن او الكيلوغرام ...ألخ. أما الحاجة فلا توجد وحدة قياس يمكن استخدامها في قياس مدى شدة الحاجة. ومع ذلك، فان الفرد يمكنه ان يقارن بين حاجاته المتنوعة وان يرتبها حسب أهميتها أو حسب شدة إلحاحها، كأن يقول مثلا ان الحاجة إلى الطعام اشد إلحاحا من الحاجة إلى الترف...وهكذا.

2. **الحاجة مسألة نسبية:**

حيث نلاحظ ان درجة شدة الحاجة تختلف من فرد إلى آخر وتختلف بالنسبة لنفس الشخص من فترة زمنية لأخرى ومن مكان لآخر. فالافراد يختلفون فيما بينهم من حيث ترتيبهم للحاجات. فالحاجة إلى الطعام تحتل أهمية قصوى بالنسبة للفقراء، بينما تحتل هذه الحاجة أهمية ثانوية بالنسبة للأغنياء. وكذلك تختلف درجة شدة الحاجة من مكان لآخر. فحاجة الفرد إلى كوب ماء في مكان بعيد في الصحراء اشد من حاجته إلى نفس كوب الماء إذا كان هذا الفرد يجلس بجوار النهر.

3. **بعض الحاجات تتصف بالدورية والتجدد**

حيث هناك بعض الحاجات يتكرر إحساس الفرد بها اكثر من مرة. بمعنى انه بعد ان يشبع الفرد حاجته بالوسيلة المناسبة،

تعاود هذه الحاجة نفسها بالظهور مرة أخرى، كالحاجة إلى الطعام أو الحاجة إلى الملبس... الخ.

4. **الحاجات الإنسانية تتصف بالتنوع والتزايد:**

فالإنسان لا يشعر بحاجة واحدة ولكنه يشعر بالعديد من الحاجات، مثل الحاجة إلى الطعام أو الشراب أو الراحة أو الاستماع إلى قطعة موسيقية أو مشاهدة مباراة كرة القدم...الخ. بالإضافة إلى هذا التنوع الكبير للحاجات الانسانية، فانها تتصف بالتزايد. فمع مرور الوقت ومع التطور التكنولوجي تتزايد الحاجات البشرية بحيث لا يكاد الفرد يشبع مجموعة من الحاجات التي كان يتطلع إليها حتى يجد نفسه وقد ظهرت له مجموعة جديدة من الحاجات لم تكن موجودة من قبل.

ويمكن إرجاع تزايد الحاجات الإنسانية إلى عدة أسباب أهمها:

أ. زيادة عدد السكان في كل دولة وفي العالم ككل: فكل إنسان جديد يضاف إلى العالم يؤدي إلى إضافة حاجاته إلى حاجات الأفراد الموجودين قبله. وهكذا كلما كان معدل نمو السكان مرتفعا كلما أدى ذلك إلى سرعة تزايد الحاجات.

ب. التقدم التكنولوجي والحضاري: حيث يؤدي التقدم التكنولوجي والحضاري إلى ابتكار وإيجاد سلع وخدمات جديدة، الأمر الذي يؤدي إلى نشأة الحاجة إلى تلك السلع والخدمات.

ج. تقدم وسائل الاتصال وفنون الدعاية والإعلان: حيث يؤدي ذلك إلى زيادة الحاجات من خلال تغذية الميل للمحاكاة والتقليد.

وحيث ان الحاجات البشرية متنوعة ومتزايدة مع الزمن، وحيث ان الموارد أو وسائل إشباع تلك الحاجات لا تتزايد بنفس الدرجة، فلابد من إجراء عملية مفاضلة أو موازنة بين الحاجات المتعددة لتحديد الحاجات

الأولى (أي الجديرة) بالإشباع والحاجات التي يمكن تأجيل إشباعها. وعملية المفاضلة المذكورة تتم سواء على مستوى الفرد أو على مستوى المجتمع ككل وهذا ما يثير مسالة الاختيار بين وسائل الاشباع التي توفرها الموارد النادرة.

ثانيا: ندرة الموارد الاقتصادية (أو وسائل إشباع الحاجات)

ان الحاجات، بما تتسم من تنوع وتجدد وتزايد، لا تكون سوى جانب واحد من جوانب المشكلة الاقتصادية، فالمشكلة لا تنشأ فقط نتيجة لوجود هذه الحاجات وإلحاحها على الافراد، ولكنها تنشأ لأن الموارد المتاحة عادة ما تكون نادرة وقاصرة عن إشباع كل هذه الحاجات. فالموارد هي الأشياء التي تستخدم بشكل مباشر أو غير مباشر في إشباع الحاجات الإنسانية. ولكي يكون المورد اقتصاديا أي حتى يمكن ان نطلق عليه هذه الصفة لا بد من توافر مجموعة من الخصائص هي:

1- ان يكون المورد نافعا أي يعطي منفعة، والمنفعة هي عبارة عن قدرة الشيء على إشباع الحاجة. ومعنى ذلك ان الشيء (المورد) لكي يعتبر اقتصاديا لابد ان يكون قادرا على إشباع حاجة ما من الحاجات البشرية. فإذا وجد شيء ما ولم يعرف له الإنسان استخداما معينا لإشباع إحدى الحاجات البشرية، فان هذا الشيء لا يعتبر موردا اقتصاديا.

2- ان يكون المورد قابلا للاستخدام أي أن يكون متاحا للاستخدام في إشباع الحاجات البشرية. فإذا وجدت معادن في باطن الأرض ولم تكن هناك وسيلة لاستخراجها، فإنها لا تعتبر موردا اقتصاديا. وتظل كذلك حتى يتمكن الانسان، مع التطور التكنولوجي، من اكتشاف طريقة ما لاستخراجها، وهنا فقط تعتبر موردا اقتصاديا.

3- ان يكون المورد نادرا ندرة نسبية، بمعنى ان الكمية المتاحة منه لا تكفي لإشباع كل الحاجة إليه. فإذا كانت الكمية المتاحة من هذا المورد تفي لإشباع كل الحاجة إليه، فانه يعتبر موردا غير اقتصادي.

4- ان يكون المورد غير متخصص، بمعنى إمكانية توجيهه لإشباع اكثر من حاجة إنسانية، فمثلا الأرض الزراعية مورد غير متخصص حيث يمكن استخدامها في زراعة القطن أو القمح أو استخدامها لبناء المساكن أو المصانع...الخ.

ومن الملاحظ ان الموارد أو الأشياء التي تستخدم في إشباع الحاجة قد تكون مادية كالطعام، والملابس، والسيارة، وهذه تسمى سلعاً. وقد تكون غير مادية كخدمة الطبيب أو المحامي أو المهندس...الخ، وهذه تسمى خدمات. ومعنى ذلك ان وسائل إشباع الحاجات هي كل السلع والخدمات التي تحقق ذلك الإشباع.وهنالك عدة تقسيمات للسلع منها:

أ. السلع الحرة والسلع الاقتصادية:

أ-1- السلع الحرة: هي السلع التي تتواجد في الطبيعة بشكل يفوق الحاجة إليها وبالتالي لا يوجد ما يدعو لبذل جهد لإنتاجها أو دفع مقابل (ثمن) للحصول عليها مثل الهواء أو أشعة الشمس...الخ. فالكميات المتاحة من هذه الأشياء تفي لإشباع حاجات جميع الأفراد. ومن ثم لا تثير هذه الأشياء أية مشكلة اقتصادية، وعليه فإنها تخرج من نطاق دراسة الاقتصاد.

أ-2- السلع الاقتصادية: وهي السلع التي لا تتواجد في الطبيعة بالكميات التي تكفي لإشباع الحاجة إليها أو لا توجد بالصورة المناسبة أو في المكان المناسب. وبالتالي لابد للإنسان من ان يبذل جهدا للحصول عليها أو لجعلها بالصورة أو في المكان الملائم لإشباع الحاجة، وبالتالي لابد وان يكون هناك مقابل (ثمن) للحصول

عليها مثل الطعام والملابس والسيارة...الخ. وهذه السلع هي موضوع الدراسات الاقتصادية.

ب. السلع الاستهلاكية والسلع الإنتاجية:

ب-1- السلع الاستهلاكية: هي السلع التي تستخدم في إشباع الحاجات البشرية بصورة مباشرة مثل الطعام والملابس...الخ. وتنقسم إلى نوعين:

● سلع استهلاكية غير معمرة: وهي تستخدم في إشباع الحاجة الإنسانية مرة واحدة، حيث تفنى بمجرد الاستخدام كالغذاء. أو تستخدم في إشباع الحاجة الإنسانية عددا قليلا من المرات كالملابس.

● سلع استهلاكية معمرة: وهي السلع التي تعطي منفعتها على مدى فترة من الزمن مثل السيارة أو الثلاجة أو الغسالة...الخ.

ب-2- السلع الإنتاجية: هي التي تستخدم في إشباع الحاجة الإنسانية بطريقة غير مباشرة أي عن طريق استخدامها في إنتاج سلع وخدمات تستخدم في إشباع الحاجة الإنسانية. وتنقسم السلع الإنتاجية إلى:

● سلع وسيطة: كالجلود والحديد والإسمنت حيث تستخدم في إنتاج المنتجات الجلدية أو المساكن. وهذا النوع من السلع الإنتاجية يدخل بكامل قيمته في تكاليف السلعة النهائية.

● سلع رأسمالية: كالآلات والمعدات، حيث لا تستهلك مباشرة بل يستهلك ما تساهم في إنتاجه من سلع. وهذا النوع من المنتجات لا يدخل بكامل قيمته في السلعة النهائية.

ج. السلع المتكاملة والسلع المتنافسة

ج-1- السلع المتكاملة: يقال لسلعتين (y,x) انهما متكاملتان إذا كان لابد مـن استخدامهما معا في إشباع نفس الحاجة، مثل الشاي والسكر أو الثلاجة والكهرباء...الخ. فالسلع السابقة لا بد وان تستخدم معا في إشباع حاجة معينة.

ج-2- السلع المتنافسة أو البديلة: يقال لسلعتين (y,x) انهما بديلتان إذا كان يمكن استخدام أي منهما في إشباع نفس الحاجة ومثال ذلك، الشاي والقهوة حيث يمكن استخدام أي منهما في إشباع الحاجة إلى مشروب ساخن. ومـن الأمثلـة الأخرى الأقمشـة القطنيـة والأقمشـة الصوفية...الخ. وتختلف درجة كمال هـذه العلاقة البديلة حسب درجة السهولة التي يمكن بها إحلال سلعة محل الأخرى في إشباع الحاجة.

د. السلع الضرورية والسلع الكمالية.

د-أ- السلع الضرورية: هي التي تشبع حاجة ملحة لدى الفرد أو المجتمع ولا يمكن الاستغناء عنها بسهولة مثل الطعام او الملابس او السكن...الخ.

د-2- السلع الكماليـة: هـي التي تشـبع حاجـة اقل إلحاحا لـدى الفرد أو المجتمع وبالتالي فان المستهلكين لا يقومـون بشـرائها إلا عند مستوى مرتفع نسبيا من الـدخل، وبعـد ان يكونـوا قـد اشبعوا كـل أو معظم حاجاتهم الملحة.

أما الخدمات فشأنها شأن السلع، يمكن ان تنقسم أو تبوب إلى مجموعة مـن التقسـيمات. فالخـدمات يمكـن ان تقسـم بـين خـدمات حرة وخدمات اقتصادية، وان كان هذا التقسيم غير ذي أهمية، لأن ما يمكن ان نعتبره خـدمات حرة محدود للغاية (وقد يكون من اهم الخدمات الحرة تلك التي

تقدمها ربة البيت لاسرتها، وان كان بعض الاقتصاديين يعتبرون ان هـذه الخدمات، على الرغم من عدم وجود ثمن مقابل لهـا، إلا انه يمكن ان تحتسب قيمة معينة لها تعادل ما يمكن ان يدفع للغير مقابل هـذه الخدمة). كـما ان الخدمات يمكن ان تقسم إلى خدمات استهلاكية وخدمات إنتاجيـة، فخـدمة المغني أو الحلاق تعتبر خدمة استهلاكية، لأنها تشبع حاجـة مباشرة في نفس الانسان في حين ان خدمة المهندس أو الطبيب البيطري تعتبر خـدمات انتاجيـة، لأنها تشبع الحاجات البشرية بطريقة غير مباشرة، عـن طريـق مـا تسـهم بـه في إنتاج سلع أو خدمات أخرى.

أركان المشكلة الاقتصادية

سبق ان أوضـحنا ان المشكلة الاقتصادية التـي تواجههـا كـل الأنظمـة الاقتصادية على اختلاف انواعها هـي تعدد الحاجـات وندرة المـوارد اللازمـة لإشباعها. وان كـل نظام اقتصادي يحاول ان يتبع أسـلوبا يتفق وفلسـفته لتوزيع الموارد الاقتصادية النادرة بين فروع الإنتاج المختلفة، وأسلوبا خاصا في توزيع الإنتاج بين قنوات الاستهلاك المختلفة آخذا بنظر الاعتبار ترتيب هـذه الحاجات حسب الأولويات. وعليه فان كل الأنظمة الاقتصادية علـى اختـلاف أنواعها تواجه ثلاثة أبعاد أو أركان رئيسية للمشكلة يحاول كل واحد منهـا ان يجيب على سؤال من الأسئلة التالية:

1- ماذا ننتج؟ ويقصد به تكوين سلم التفضيل الجماعي.
2- كيف ننتج؟ ويقصد به تنظيم عملية الإنتاج.
3- لمن ننتج؟ ويقصد به توزيع الإنتاج.

وفيما يلي مفهوم كل ركن من اركان المشكلة:

1- **ماذا ننتج (سلم التفضيل الجماعي)** : أي ماذا يتم إنتاجه من سلع وخدمات لتتماشى مع رغبات وحاجات المجتمع التي يسعى لاشباعها، وما هي الكمية التي يتم إنتاجها، فمن المعروف في المجتمع المعاصر أنه توجد حاجات متعددة ومنافسة للأفراد في مجموعتهم. ولأن وسائل إشباع هذه الحاجات نادرة. فان الأمر يستلزم ضرورة ترتيب هذه الحاجات حسب أولويتها والتوفيق بين المتعارض منها. وبمعنى آخر، فبسبب ظروف الندرة النسبية يتعين تحديد احتياجات المجتمع من السلع والخدمات تحديدا نوعيا، (أي السلع والخدمات المراد إنتاجها) وكميا (أي الكمية المنتجة من كل نوع منها)، ثم ترتب هذه الاحتياجات وفقا لأهميتها النسبية. وهذا ما يعرف بسلم التفضيل الجماعي.

2- **كيف ننتج (تنظيم عملية الإنتاج)**: أي ما هي الطريقة التي يتم اتباعها في عملية الإنتاج، فبعد ان تتحدد احتياجات المجتمع من مختلف السلع والخدمات ويتم ترتيبها وفقا لأهميتها النسبية. لابد من معرفة الكيفية التي تتم بها عملية إنتاج هذه الاحتياجات، وكذلك المشكلات التي تحيط بهذه العملية من ظروف الندرة النسبية لعوامل الإنتاج. وبمعنى آخر لابد من تنظيم عملية الإنتاج، أي حصر كل الموارد الإنتاجية المتاحة وتعبئتها وتخصيصها على الأستخدامات المختلفة، هذا فضلا عن تنظيم الإنتاج في كل قطاعات الاقتصاد القومي بل وفي كل وحدة إنتاجية بحيث يتدنى حجم الضياع الاقتصادي للموارد الإنتاجية النادرة إلى أدنى حد ممكن.

3- **لمن ننتج (توزيع الإنتاج)**: أي لمن يكون هذا الإنتاج، فبعد ان يحدد المجتمع رغباته نوعا وكما ويقوم بإنتاج مختلف السلع والخدمات اللازمة لإشباع هذه الرغبات، فلا بد له من التوصل إلى طريقة يمكن من خلالها توزيع هذا الإنتاج على مختلف الأفراد الذين ساهموا في تحقيقه. وبمعنى آخر يتعين تحديد مساحة كل عنصر من العناصر الإنتاجية التي ساهمت

في عملية الإنتاج بحيث يستلم صاحب كل عنصر إنتاجي على نصيبه من الناتج النهائي وفقا لهذه المساهمة.

أنماط حل المشكلة الاقتصادية

ان طريقة حل المشكلة الاقتصادية تعتمد على النظام الاقتصادي القائم. حيث يمكن تعريف النظام الاقتصادي بأنه مجموعة الآليات والمؤسسات التي تصنع وتنفذ القرارات المتعلقة بتخصيص الموارد لتحقيق أهداف اقتصادية. أو بعبارة أخرى هو جميع المؤسسات والمنظمات والقوانين والقواعد والقيم وأنماط السلوك التي تؤثر مباشرة أو عن طريق غير مباشر على السلوك الاقتصادي والنتائج الاقتصادية. وعلى هذا الأساس فابعاد المشكلة الاقتصادية في ماذا...وكيف...ولمن ننتج وضمان النمو الاقتصادي، لا تقتصر على مجتمع دون آخر وكما أسلفنا. فهي مشاكل تنجم عن ندرة الموارد (عوامل الإنتاج) التي تعاني منها جميع المجتمعات بغض النظر عن النظام الاقتصادي الذي تتبعه، وسواء كانت هذه المجتمعات صغيرة جدا أو كبيرة جدا. وهناك ثلاثة أنماط لحل المشكلة الاقتصادية:-

1. ان نترك لجهاز الأسعار (الثمن) الحرية المطلقة للإجابة على الاسئلة نفسها في ظل الملكية الخاصة، ودون تدخل من جانب الدولة أو أي سلطة. وهذا هو النظام الرأسمالي.

2. ان تسيطر سلطة عليا على زمام الموارد الاقتصادية المتاحة، وتتخذ القرارات في شأن ماذا... ولمن ننتج؟ وقت مشيئتها... وهذا هو النظام الاشتراكي.

3. أن نجمع بين مزايا الاسلوبين (الراسمالي والاشتراكي) معا والاستفادة منها في نظام واحد وهذا هو النظام المختلط.

وسنتناول بالشرح هذه الأنماط الثلاثة:

أولا: النظام الاقتصادي الرأسمالي:

يقوم النظام الاقتصادي الرأسمالي على عدد من الأسس أبرزها:

أ. الملكية الخاصة لعناصر الإنتاج: حيث الفرد حر في امتلاك ما يشاء وبأي قدر، وحر في التعاقد والعمل في النشاط الذي يرغبه وإنشاء المشروعات الخاصة مهما كان حجمها أو شكلها الثانوي أو مجال نشاطها.

ب. الدافع الفردي: قام النظام الرأسمالي أصلا بهدف تحقيق مصلحة الفرد أولا ومصلحة الجماعة أخيرا. ولذلك فان دافع النظام الرأسمالي هو الدافع الفردي وخصوصا دافع الربح.

ج. آلية السوق أو نظام السوق: يقوم النظام الرأسمالي بحل المشكلة الاقتصادية عن طريق آلية السوق او آلية السعر حيث تتفاعل قوى العرض والطلب لتحديد السعر وتحقيق رغبات المنتجين (أقصى ربح) والمستهلكين (أقصى إشباع).

د. تقييد دور الدولة: يعمل النظام الرأسمالي على تقييد دور الدولة في النشاط الاقتصادي وحصر دورها في رعاية العدل والأمن. أما النشاط الاقتصادي فيترك أمره كليا للأفراد.

ويتم التعرف على (ماذا ننتج) عن طريق آلية أسعار السلع والخدمات الاستهلاكية. فالسلع أو الخدمات الأكثر أهمية يزيد الطلب عليها. ومع بقاء العوامل الأخرى على حالها يرتفع سعرها. الأمر الذي يغري المنتجين بإنتاج المزيد منها بدافع تحقيق الربح، والعكس صحيح. كما يتم التوصل إلى (كيف ننتج) عن طريق مقارنة إيرادات المنتجين مع تكاليف الإنتاج، للتعرف على معدلات الربح لمختلف نواحي النشاط الإنتاجي. وبالطبع سيتم تخصيص الموارد الإنتاجية الأكثر كفاءة لتحقيق اكبر ربح صافي ممكن.

أما (لمن ننتج) فجهاز السعر يقدم حلا لمشكلة توزيع الإنتاج حيث يتحدد نصيب كل فرد من الناتج القومي بحجم القوة الشرائية المتاحة لديه والتي تتحدد بحجم دخله، ويتحدد حجم دخله بكمية ونوع ما يمتلكه الفرد من خدمات إنتاجية من ناحية، وبسعر هذه الخدمات من ناحية اخرى، وبالطبع من يمتلك خدمات إنتاجية ذات سعر أعلى سوف يزيد دخله، فتزيد قوته الشرائية، فيزيد نصيبه من الناتج القومي، والعكس صحيح.

ثانيا: النظام الاقتصادي الاشتراكي (الاقتصاد المخطط)

يقوم النظام الاقتصادي الاشتراكي (الاقتصاد المخطط) على عدد من الأسس أبرزها:-

أ- سيادة الملكية العامة لعناصر الإنتاج والتي تمتلكها الدولة أما الملكية الخاصة فهي محصورة في أضيق نطاق.

ب- يقوم النظام الاشتراكي على فلسفة جماعية هدفها الأساس هو المصلحة العامة وليس المصلحة الخاصة. حيث الهدف تحقيق الكفاية أي حسن استغلال الموارد الاقتصادية والعدل أي عدالة توزيع الدخول والثروات في المجتمع بين مختلف أفراده.

ج- يقوم النظام الاشتراكي بحل المشكلة الاقتصادية عن طريق آلية التخطيط، حيث تقوم الدولة باتباع أسلوب التخطيط المركزي الشامل في توزيع موارد المجتمع بين القطاعات والأنشطة الاقتصادية المختلفة بقصد إشباع حاجات المجتمع.

د- الدور الواسع للدولة، حيث تتميز بدرجة عالية من المركزية في اتخاذ القرارات التي تقوم بها السلطات التخطيطية الحكومية. وفي هذا النظام يكون دور الأفراد محدودا ويخضع سلوكهم تبعا للأوامر الصادرة من الأجهزة المركزية.

ان جهاز التخطيط هو الذي يقوم بتحديد نوعيه وكمية السلع والخدمات المطلوب إنتاجها (ماذا ننتج). كذلك جهاز التخطيط هو الذي يقوم بعملية الإنتاج من حيث تعبئة الموارد الاقتصادية اللازمة لترجمة رغبات أفراد المجتمع إلى سلع وخدمات متاحة (كيف ننتج). وهو الذي يقوم بتحديد الأجور والمكافأة التي يحصل عليها العاملون في مختلف المجالات (لمن ننتج).

ثالثا: النظام الاقتصادي المختلط

نظرا للانتقادات الموجهة لكل من النظامين السابقين، اتجهت العديد من بلدان العالم إلى اتباع نظام وسطي يحمل بعض ملامح النظامين، ويطلق على هذا النظام اصطلاح نظام الاقتصاد المختلط. ويتميز أساسا بالملكية الخاصة لعناصر الإنتاج كما في النظام الرأسمالي، ولكن مع تدخل الدولة في أمور معينة مثل ملكية الدولة لبعض عناصر الإنتاج والمشروعات الإنتاجية التي يطلق عليها مشروعات القطاع العام.

والمشكلة الاقتصادية تعالج في هذا النظام عن طريق نظام السوق والأسعار كما في ظل النظام الرأسمالي، ولكن الدولة تتدخل بصورة متزايدة، لأسباب مختلفة، مما يؤدي إلى نتائج مغايرة لتلك التي تحصل عليها في ظل النظامين الآخرين.

وقد اتجهت بعض النظم الاقتصادية نحو الأخذ بأحسن ما في النظامين السابقين. فيباشر الأفراد نشاطهم الإنتاجي في المشروعات الخاصة. بينما يسيطر القطاع العام حكوميا او محليا على المشروعات المؤممة وعلى بعض الأنشطة الاقتصادية الأخرى. ولا يتمتع القطاع الخاص بحرية مطلقة، فهناك قواعد وتنظيمات تفرض قيودا تختلف من مشروع لآخر. ان القطاع العام يتولى:

1- إنتاج السلع والخدمات التي ترفض المشروعات الخاصة الدخول فيها لأسباب فنية أو مالية.

2- إنتاج السلع والخدمات التي تستطيع الدولة إنتاجها بكفاءة اكبر نظرا لما تحتاج إليه من أبحاث وإمكانيات يعجز عنها الأفراد مثل المركبات العامة والخزانات العامة.

3- التغلب على مشكلة التفاوت الكبير في توزيع الثروة والدخل وضمانة:

أ- حد أدنى لمعيشة الفرد.

ب- فرصا متكافئة للجميع.

4- حماية المواطن العادي سواء كان منتجا أو مستهلكا من مراكز القوى الاقتصادية التي تتحكم فيه كما في حالة الاحتكار.

5- القضاء على عوامل الاحتكار التي قد تقضي على كفاءة جهاز الأسعار.

6- إدخال تعديلات على جهاز الأسعار منعا للإغراق كما يحدث في حالة القحط كتدخل لجان تحديد القيمة الايجارية للعقارات.

7- مراقبة المنظم ولفت نظره إلى الكلفة الاجتماعية او المنفعة القومية التي لا تقل أهمية عن الربح النقدي.

8- تنظيم الإنتاج بما يحقق سياسة التوظيف الكامل.

9- تحسين ميزان المدفوعات حتى يتحقق تكوين احتياطي من العملات الأجنبية والمساهمة في إعانة الدول الأكثر تخلفاً.

10- تنفيذ سياسة تثبيت الأسعار .

11- ضمان النمو الاقتصادي للإنتاج القومي.

اذن وبغض النظر عن النظام المتبع، فان المجتمعات المختلفة تحاول اختيار النمط الذي يوفر تعبئة مواردها الاقتصادية لغرض توجيهها إلى افضل استخدام يحقق لها أعلى مستوى معيشي.

أهداف المجتمع الاقتصادي

اتفق الاقتصاديين على تحديد أربعة أهداف اقتصادية يسعى أي مجتمع إلى تحقيقها وهي:

1. رفع الكفاءة الانتاجية، بما أن الموارد محدودة، فعلى كل مجتمع العمل على الا ستغلال الأمثل لعناصر الانتاج والحرص على الحفاظ عليها ، ويمكن التمييـز بين نوعين من الكفاءة ، الأول الكفاءة الفنية أو الانتاجية والتي تعني انتاج أكبر كمية من السلع والخدمات باستخدام أقل كمية مـن المـوارد الانتاجيـة وباقل كلفة ممكنة ، والنوع الثاني هو الكفاءة الاقتصادية ، والتي تعني انتاج السلع والخدمات بالكميات التي يرغبها المجتمع وعليه فان المجتمع يهـدف إلى تحقيق الكفاءة الانتاجية والاقتصادية.

2. النمو الاقتصادي ، أي زيادة كمية السلع والخدمات التي يمكن انتاجها في المجتمع مع مرور الزمن.

3. استقرار الاسعار ، أي تفـادي التقلبـات التـي قـد تطرأ علـى أسعار السلع والخدمات وتؤثر على دخول أفراد المجتمع بشكل غير مرغوب والعمل علـى اضفاء درجة مقبولة من الاستقرار على الاسعار لأن لهذا تأثيره علـى الثقـة في الاقتصاد.

4. تحقيق عدالة في توزيع الـدخل رغم أن هذا الهدف هـو مكان جدال بـين الاقتصاديين ، وذلك كونه يخضع لمعايير غير واضحة حسب تفسيرات كل مجتمع ومعتقداته وفلسفته كمفهوم العدالة ، إلا أن كل مجتمع يهدف إلى توزيع الدخل أو الانتاج الذي يتم تحقيقه بين أفراده بالطريقة التـي يراهـا عادلة.

منحنى إمكانيات الإنتاج

أحد المهام الأساسية لأي نظام اقتصادي هو التغلب على ندرة الموارد الاقتصادية بتخصيصها على اوجه الإنتاج المختلفة بغرض تحقيق أقصى- قدر ممكن من السلع والخدمات. وعندما يتم توظيف جميع موارد المجتمع. يقال ان الاقتصاد يعمل بأقصى طاقته، فإذا تحقق ذلك فان إنتاج المزيد من سلعه معينة يعني بالضرورة انخفاض إنتاج سلعة أخرى.

ويوضح الشكل رقم(1) نموذجا مبسطا لمشكلة تخصيص الموارد على اوجه الإنتاج المختلفة، حيث تم تمثيلها بيانيا. يفترض النموذج مجتمعا يستخدم موارده المحدودة في إشباع رغبتين فقط هما الغذاء والملابس. ويبين الشكل ان المجتمع إذا خصص كل موارده لإنتاج الغذاء، فسوف ينتج كمية قدرها (OA) وفي تلك الحالة لن توجد لديه اية موارد لإنتاج ما يحتاجه المجتمع من الملابس. وفي الوقت ذاته يستطيع هذا المجتمع إذا ما خصص جميع موارده لإنتاج الملابس إنتاج كمية قدرها (OD)، وفي تلك الحالة لن يتبقى للمجتمع أية موارد لإنتاج أي قدر من الغذاء. وتوضح نقاط المنحنى (AD) مجموعات لكميات مختلفة من سلعتين يمكن للمجتمع إنتاجهما بموارده المحدودة في حالة توظيفها بالكامل كما في النقطة (B, C) ويطلق على هذا المنحنى منحنى إمكانيات الإنتاج.

شكل رقم (1) منحنى إمكانيات الإنتاج

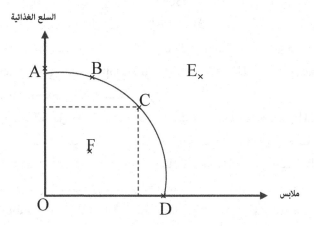

ويمكن للمجتمع اختيار أي وضع على هذا المنحنى، ولكن لا يمكن تجاوزه للوصول للنقطة (E) لأن موارد المجتمع محدودة، وعليه فان الوصول للنقط (E) يمثل نمو اقتصادي يتطلب زيادة موارد المجتمع عن طريق التقدم التكنولوجي والمكتشفات والتعليم والتدريب. كذلك ان أي نقطة اسفل هذا المنحنى تعتبر غير مرغوبة، لأن هذا يعني ان جزءاً من موارد المجتمع معطلة كما في النقطة (F).

النمو الاقتصادي ومنحنى إمكانيات الإنتاج:

بالرغم من ان نقاطا خارج منحنى إمكانيات الإنتاج تمثل توليفات لا يمكن الوصول إليها في ضوء الموارد الاقتصادية المتاحة حاليا للاقتصاد، فان حدوث تطور تكنولوجي أو اكتشاف كميات كبيرة وجديدة من موارد لم تكن معروفة سابقا سوف تسهم في سعي المجتمع للوصول إلى نقطة كالنقطة

(E) ولعل من افضل الأمثلة التي تساق في هـذا الصـدد، هـو استخدام الأسـمدة الكيماويـة في الزراعـة، حيـث يـؤدي إلى زيـادة كبـيرة في إنتـاج السـلع الغذائية.

وفي حالة التطور التكنولوجي، فان منحنى إمكانيات الإنتاج سوف ينتقل إلى الخارج ليصل إلى النقطة (E) مـثلا. أمـا ماهيـة هـذا الانتقال وهـل سيصبح موازيا للمنحنى السابق أم لا فانه يعتمد على علاقة التكنولوجيا الجديدة ومـدى صلاحية التطور الذي طرأ عليها بالنسبة لإنتاج السلعتين. فعلـى سـبيل المثـال، يمكن ان ينتقل المنحنى بشكل مـواز إذا كان التطور التكنولوجي يحـافظ علـى نفس معدل الاستخدام السابق للموارد، وهـذا موضح في الشكل رقم (2).

شكل رقم (2) أثر التطور التكنولوجي العام في الاقتصاد

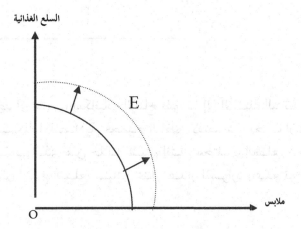

في حـين إذا اصبح التقـدم التكنولوجي في صـالح السـلع الغذائيـة دون الملابس. كما هو الحال في مثالنا السابق، فان منحنى إمكانيات الإنتـاج الجديـد سيكون بهذه الصورة الموضحة في الشكل رقم (3) إذ تمكننا المـوارد الإضافيـة مـن إنتاج المزيد من السلع الغذائية، دون زيادة في عدد الملابس.

شكل رقم (3) اثر التطور التكنولوجي الجزئي في الاقتصاد

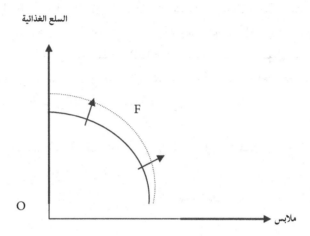

بذلك نجد ان منحنى إمكانيات الإنتاج يقودنا إلى الأسئلة الثلاثة التي تتمخض عـن المشكلة الاقتصادية. فجميع النظم الاقتصادية يجب ان تقرر الطريقـة أو الأسـلوب الـذي مـن خلاله سـيتم إنتاج مختلف السلع. فاختيـار الأسلوب غير الأمثل لإنتاج السـلع، سينتج عنه إهـدار للمـوارد وعـدم توظيفهـا بكفاءة .

Economic	
Factors of Production	عوامل الإنتاج
Scarcity	الندرة
Income	
Capital	رأس المال
Land	
Labor	
Income	
Production (Producing)	
Institution	
Free Goods	
Stock Exchange	
Living level	
Technological Improvement	
Opportunity cost	
Production Posibilities Curve	
Socialization	
Competition	
Consumers	
Capitalist Economic System	
Centrally Planned (socialist) economic system	

📖

القاموس الاقتصادي

Economics	علم الاقتصاد
Factors of Production	عوامل الإنتاج (عناصر الإنتاج)
Scarcity	**الندرة**
Economic Problem	المشكلة الاقتصادية
Resources	موارد
Capital	راس المال
Land	الارض
Labor	العمالة
Income	الدخل
Production Efficiency	الكفاءة الإنتاجية
Inefficiency	عدم الكفاءة
Public Goods	السلع العامة
Market Mechanism	آلية السوق
Unemployed	معطل
Technological Improvement	تطور تقني
Opportunity Cost	تكلفة الفرصة البديلة
Production Possibilities Curve	منحنى إمكانيات الإنتاج
Specialization	تخصص
Competition	المنافسة
Consumers	المستهلكون
Capitalistic Economic System	النظام الاقتصادي الرأسمالي
(Centrally Planned) Socialistic Economic System	النظام الاقتصادي الاشتراكي (المخطط)

Mixed Economic System	النظام الاقتصادي المختلط
Choice	الاختيار
Desires	الرغبات
Rational Behavior	عقلانية السلوك
Market	السوق
Economic Growth	النمو الاقتصادي
Price Stability	استقرار الأسعار

أسئلة الفصل

1. عـرف المشـكلة الاقتصـادية؟ واشرح هـذه العبـارة (لـو كانت المـوارد الاقتصادية غير محدودة لما وجدت المشكلة الاقتصادية).

2. ما المقصود بالندرة؟ اضرب مثالا عليها.

3. قارن بين النظام الاقتصادي الرأسمالي والنظام الاقتصادي الاشتراكي؟

4. ما هي الحاجات وما أنواعها؟ اكتب أهم صفاتها؟.

5. لماذا تقل أهمية الدور الذي يلعبه السعر في النظام الاقتصادي المخطط؟

6. ما الهدف من استخدام منحنى إمكانيات الإنتاج؟

7. ما الفرق بين نقطة تقع داخـل منحنى إمكانيات الإنتاج ونقطة تقـع خارجه؟

8. "المشكلة الاقتصادية لا تظهر في النظم الاقتصادية (المخططة) الاشتراكية، لأن الحكومة تمتلك جميع المـوارد الاقتصادية وتقـوم بتوزيـع المنتجـات على الأفراد" ناقش.

9. كيف يتم إشباع رغبات المستهلكين في ظل النظام الاقتصادي المخطط؟

10. ما هي الأسئلة الثلاثة التي يهدف كل نظام اقتصادي إلى الإجابة عنها؟

11. ما المقصود بالنظام الاقتصادي المختلط؟ ما هي اوجـه التشـابه بـين هـذا النظام والنظام الرأسمالي؟ والنظام الاشتراكي؟

12. اذكر أهم النظم الاقتصادية التي تعرفها؟ وما هي السمات الأساسية التـي يقوم عليها النظام الاشتراكي؟

13. إذا كان أمامك منحنى إمكانيات الإنتاج التالي بين على الرسم:
   أ.   حالة نمو اقتصادي متوازن.
   ب. حالة انكماش اقتصادي متوازن.
   ج.   حالة نمو اقتصادي في إنتاج السلع الصناعية فقط.

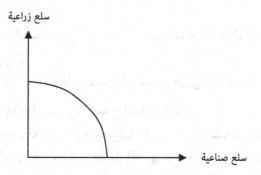

14. الشكل التالي يبين منحنى إمكانيات الإنتاج لمجتمع ما عند إنتاج الشعير والملابس، وضح ما تعني كل من النقاط A وB وC.

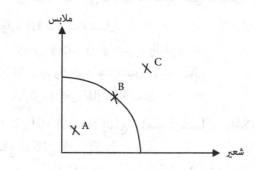

15 – اختار الاجابة الصحيحة :

● لنظام الاقتصادي الذي يترك للحكومة حرية مطلقة في تحديد مواقع المصانع والمحلات ونوعياتها في البلاد هو:

أ. النظام الاشتراكي، لأنه يمنح الحكومة سلطات تقرير كيفية الإنتاج.

ب. النظام الراسمالي والنظام الاشتراكي لأنهما يمنحان الحكومة سلطات تؤثر في الاقتصاد .

ج. النظام الراسمالي، وذلك حتى لا يسئ المنتجون عملية اتخاذ القرارات.

د. النظام المختلط، لأنه يضمن للحكومة حسن اتخاذ القرارات.

● المشكلة الاقتصادية هي الإصلاح النظري الذي يؤكد

أ. ان الدول تختلف في إمكانياتها، إلا إنها لا تختلف في رغباتها.

ب. ان الدول تختلف في رغباتها، إلا إنها لا تختلف في إمكانياتها.

ج. ان العمل (الإنسان)، والأرض، وراس المال لا تكفي لتوفير ما يرغب فيه أفراد المجتمع.

د. ان الشعوب التي تستهلك القليل هي الأفضل.

● الموارد الاقتصادية تشمل:

أ. الارض، والإنسان، والأسهم والنقود.

ب. الاسهم، والنقود، والإنسان وراس المال.

ج. الأرض، وراس المال، والإنسان.

● إذا كان أمام الاقتصاد إنتاج سلعتين: المساكن والمكائن وتخصص في إنتاج المكائن، فانه يكون:

أ. على نقطة تقع على محور المكائن ضمن منحنى إمكانيات الإنتاج.

ب.   على نقطة تقع على محور المكائن ضمن منحنى إمكانيات الإنتاج.

ج.   على نقطة تقع في منتصف المسافة على منحنى إمكانيات الإنتاج.

د.   على نقطة تقع اسفل منحنى إمكانيات الإنتاج لأنه ينتج سلعة واحدة فقط.

- في النظام الرأسمالي:

أ.   المستهلكون يحددون سعر السلعة.

ب.   المنتجون يحددون سعر السلعة.

ج.   يتحدد السعر في السوق تبعا لرغبات جميع المنتجين وجميع المستهلكين.

د.   الحكومة تحدد سعر السلعة.

ه.   لا شيء مما ذكر أعلاه صحيح.

- في النظام الاشتراكي:

أ.   يملك الأفراد وسائل الإنتاج.

ب.   تمتلك الدولة وسائل الإنتاج.

ج.   يملك كل من الأفراد والدولة وسائل الإنتاج.

- السلع الاستهلاكية:

أ.   هي السلع التي تستخدم في إشباع الحاجة الإنسانية لمرة واحدة فقط.

ب.   هي السلع التي تستخدم في إشباع الحاجة الإنسانية بطريقة غير مباشرة.

ج.   هي السلع التي تستخدم في إشباع الحاجة البشرية بصورة مباشرة

الفصل الثاني

الطلب والعرض والسعر التوازني

الطلـــــب

أولا: مفهوم الطلب

يعرف الطلب على سلعة أو خدمة بأنه الكميات التي يكون المستهلكون مستعدين وقادرين على شرائها عند الأسعار المختلفة وفي فترة زمنية محددة. مع افتراض بقاء العوامل الأخرى ثابتة.

ولتوضيح هذا التعريف لابد من ملاحظة ما يلي:

1. لكي يكون هناك طلب على السلعة يجب ان يكون المستهلكون مستعدين وقادرين على الشراء. أي ان الاستعداد أو الرغبة يجب ان تكون مصحوبة بالقدرة على الشراء. فتوفر الرغبة دون القدرة الشرائية أو توفر القدرة الشرائية دون الرغبة لا تكفي لتحقيق الطلب. مثال ذلك ان يكون لك الرغبة لشراء جهاز كمبيوتر ولكنك لا تمتلك القدرة على شرائه فلن يكون هناك طلبا على السلعة. وكذلك فان توفر القدرة على شراء جهاز كمبيوتر دون توفر الرغبة في ذلك فلن يكون هناك أيضا طلبا على السلعة. إذا لكي يتحقق الطلب يجب ان يكون المستهلكون قادرين وراغبين (مستعدين) للشراء.
2. ان التعريف ينصرف إلى الكميات المطلوبة. وليس إلى كمية واحدة عند سعر معين. أي يجب ان نفرق بين الطلب والكمية المطلوبة. فالطلب هو جدول الكميات المختلفة التي يطلبها المستهلكون عند

الأسعار المختلفة. بينما الكمية المطلوبة هي كمية معينة من هذا الجدول عند سعر معين. وسنأتي لاحقا على توضيح ذلك.

3. ان الطلب يجب ان يرتبط بفترة زمنية معينة. فلا يكفي ان نقول مثلا ان المستهلكين يطلبون مئة وحدة من سلعة عندما يكون سعر الوحدة خمسون دينارا. بل يجب ان نحدد الفترة التي يطلب فيها المستهلكون هذه الكمية عند هذا السعر. فهل يرغبون في شراءها خلال يوم واحد أو أسبوع أو شهر أو سنة.
4. ان التعريف يفترض ان الكميات المطلوبة (في جدول الطلب) لا تتأثر بغير الأسعار المختلفة للسلعة نفسها. حيث ان هناك عوامل أخرى بالإضافة إلى سعر السلعة تؤثر على الكميات المطلوبة. غير إننا عند دراسة الطلب نجعل هذه العوامل ثابتة لكي نتمكن من التركيز على العلاقة بين سعر السلعة والكمية المطلوبة منها. وهذه العوامل هي (ذوق المستهلك، دخله، توقعاته...الخ) وسنأتي على ذكرها أيضا.

ثانيا: جدول الطلب

وهو عبارة عن جدول يتكون من عمودين أحدهما يوضح أسعار السلعة في السوق والآخر يوضح الكميات التي يكون المستهلكون على استعداد لشرائها عند هذه الأسعار وخلال فترة زمنية محددة. لاحظ في الجدول رقم (1) طلب المستهلكون على التفاح خلال شهر واحد وهو مثال لجدول الطلب.

جدول رقم (1)

طلب المستهلكون على التفاح خلال شهر واحد

النقطة	السعر(P) (دينار)	الكمية المطلوبة(Q) (ألف طن)
A	10	2
B	8	4
C	6	9
D	5	11
E	4	13

ويوضح الجدول أعلاه ان هناك علاقة عكسية بين الكمية المطلوبة من السلعة وسعرها. فعندما يكون السعر السائد عشرة دنانير، كانت الكمية المطلوبة ألفي طن. وعندما انخفض السعر إلى ثمانية دنانير ارتفعت الكمية إلى أربعة آلاف طن. وهكذا فكلما انخفض السعر كلما زادت الكمية التي يطلبها المستهلكون. ويتميز جدول الطلب كوسيلة إيضاحية بالبساطة والوضوح في ابراز العلاقة بين الكمية المطلوبة والسعر.

ثالثا: قانون الطلب

ينص قانون الطلب على (ان هناك علاقة عكسية بين سعر سلعة معينة والكمية المطلوبة من تلك السلعة مع بقاء العوامل الأخرى ثابتة.)

وكما أوضحنا ان تعريف الطلب يفترض بقاء العوامل الأخرى ثابتة، حتى يكون التغير في الكمية المطلوبة راجعا إلى التغيير في سعر السلعة فقط. ومن هنا أيضا نلاحظ ان التعريف يركز على العلاقة التي يؤثر فيها السعر في الكمية المطلوبة، وليس العكس. أي ان السعر هو المتغير المستقل، والكمية المطلوبة هي المتغير التابع، والعلاقة بين السعر كمتغير مستقل، والكمية المطلوبة كمتغير تابع، علاقة عكسية.

رابعا: دالة الطلب

في ضوء ما تقدم يمكن القول ان الكمية المطلوبة من سلعة أو خدمة مـا،
والتي سنرمز لها Q^d تتوقف بصفة رئيسية على سعر السـلعة ذاتها (P_1)، ودخـل
المستهلك (I)، وأسـعار السـلع البديلـة الأخرى أو المكملـة ($P_2 P_3, \ldots P_n$) وذوق
المستهلك (T)، وعدد المستهلكين (N) وتوقعات المستهلكين (E).

ويمكن التعبير عن هذه العلاقة الدالية بـين الكمية المطلوبة والعوامـل السـابقة
المحددة لها كما يلي:

$$Q^d = f\ (P_1, P_2, P_3, \ldots I, T, N, E)$$

وعند بحث العلاقة بين الكمية المطلوبة من السلعة (Q^d) وسعرها فقـط
مع بقاء العوامل الأخرى على حالها (والتي تسمى العوامل المؤثرة على الطلب أو
ظروف الطلب) تصبح الكمية المطلوبة دالة في سعر السلعة فقـط. وتكـون دالـة
الطلب في هذه الحالة على الصورة التالية:

$$Q^d = f\ (P_1)$$

وبصفة عامة فان دالة الطلب، مثل أي دالـة أخـرى، لا تظهـر صراحـة
طبيعة العلاقة بين المتغير التابع والمتغير المستقل (أو المتغيرات المسـتقلة)، إلا ان
ذلك يمكن ان يحدث إذا اتخذت العلاقة الدالية شكل معادلـة جبريـة (خطيـة أو
غير خطية).

خامسا: منحنى الطلب

منحنى الطلب هو عبارة عن الرسم البياني لجدول الطلب، حيث يكون على شكل منحنى سالب الميل ينحدر من اعلى إلى اسفل وإلى اليمين كما يوضح العلاقة العكسية بين السعر والكمية المطلوبة. أي ان المنحني يصور قانون الطلب (كما في الشكل رقم 4) حيث نلاحظ انه يقيس على المحور الافقي الكمية المطلوبة وعلى المحور العمودي السعر.

فكل سعر وكمية مطلوبة مناظرة يتم تمثيلها بنقطة واحدة. ويتم التوصيل بين تلك النقاط ببعضها البعض بمنحنى يسمى منحنى الطلب وقد يكون هذا المنحني في شكل خط مستقيم أو في صورة منحني مقوس.

شكل رقم (4) يمثل منحنى الطلب

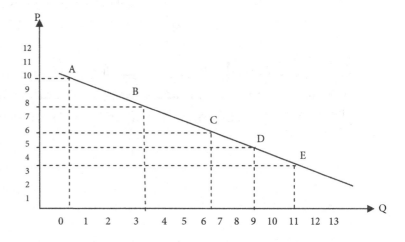

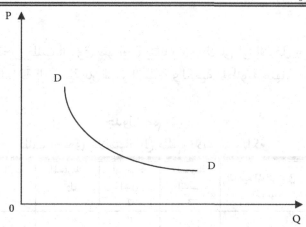

ويجب هنا ان نفرق بين منحنى طلب الفرد ومنحنى طلب السوق لكن جميعها تنحدر من أعلى إلى اسفل وإلى اليمين عاكسة بذلك قانون الطلب.

أ. منحنى طلب الفرد

وهو المنحنى الذي يعكس طلب مستهلك واحد على سلعة معينة وكما أوضحنا اعلاه فهو منحنى يميل مـن الأعلى إلى الاسـفل وإلى اليمـين مـما يعكس العلاقة العكسية بين سعر السلعة والكمية المطلوبة منها.

ب. منحنى طلب السوق

وهو المنحنى الذي يعكس طلب جميع المسـتهلكين عـلى سـلعة معينـة ونحصل عليه بالتجميع الافقي للكميات التي يرغب جميع المسـتهلكين في طلبها عند كل سعر. لاحظ الشكل البياني رقم (5) والجدول رقم (2) يوضح وجود ثلاث مستهلكين فقط في سوق سلعة معينة ولكل مـنهم جـدول طلب مختلـف عـن الآخر. حيث تم الحصول على جدول طلب السوق على تلك السلعة مـن تجميـع الكميات لكل مستهلك مقابل كل سعر، ثم قمنـا برسـم منحني الطلب الفـردي (لكل مستهلك على حدة) ومنحني طلب السوق وكما هو واضح في الشكل رقم (5).

ومنحنى طلب السوق هو ايضا ينحدر من الأعلى إلى الاسفل وإلى اليمين مما يعكس العلاقة العكسية بين سعر السلعة والكمية المطلوبة منها.

جدول رقم (2)
طلب السوق بالاستناد إلى طلب ثلاثة مستهلكين

الكمية المطلوبة في السوق (جميع المستهلكين) 1+2+3	المستهلك الثالث 3	المستهلك الثاني 2	المستهلك الأول 1	الكمية المطلوبة / السعر
11	6	0	5	10
16	8	2	6	8
20	10	3	7	6
24	12	4	8	4
28	14	5	9	2

شكل رقم (5)
اشتقاق منحنى الطلب الفردي (المستهلك) ومنحنى طلب السوق

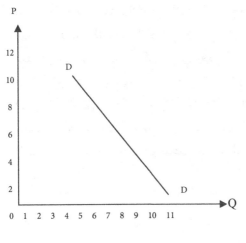

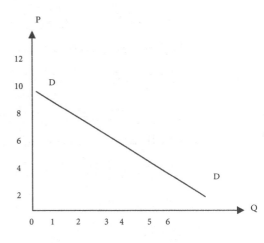

منحنى الطلب الفردي للمستهلك الأول   منحنى الطلب الفردي للمستهلك الثاني

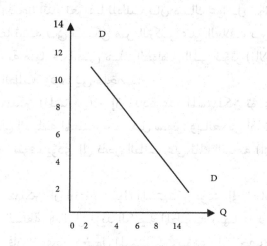

منحنى الطلب الفردي للمستهلك الثالث

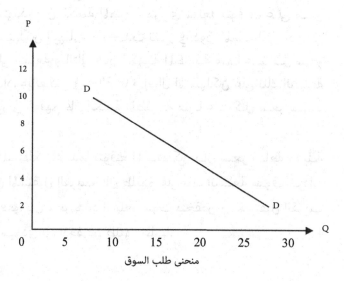

منحنى طلب السوق

42

سادسا: العوامل المؤثرة في الطلب

كما أوضحنا أثناء تعريفنا للطلب بان هناك عوامل تؤثر على الطلب ونفترض بقاءها ثابتة لكي نتمكن من التركيز على العلاقة بين سعر السلعة والكمية المطلوبة منها. فما هي هذه العوامل التي تؤثر (بالإضافة إلى سعر السلعة) على الطلب. وفيما يلي ملخصها:-

1. عدد المستهلكين (المشترين):- إن زيادة عدد المستهلكين تؤدي إلى زيادة الطلب على السلعة المعينة عند كل سعر. وبالعكس إذا نقص عدد المستهلكين سوف يؤدي إلى نقص الطلب على تلك السلعة (أي انخفاض الطلب).

2. دخول المستهلكين: ان ارتفاع دخول المستهلكين يؤدي إلى زيادة قدرتهم على شراء السلعة، وبالتالي تزيد الكمية المطلوبة منها عند كل سعر. وبالعكس فان انخفاض دخول المستهلكين يؤدي إلى انخفاض قدرتهم على شراء السلعة، وبالتالي تنخفض الكمية المطلوبة منها عند كل سعر.

3. ذوق المستهلكين: ان الكمية المطلوبة من أي سلعة تتوقف على مدى ميل المستهلكين إليها. فإذا حدث تغير في ذوق المستهلكين أدى إلى الإقبال على السلعة وبالتالي فان الكمية المطلوبة منها عند كل سعر سوف تزداد. وبالعكس في حالة عدم إقبال المستهلكين على تلك السلعة نتيجة تغير في ذوقهم فان الكمية المطلوبة منها عند كل سعر سوف تنخفض.

4. توقعات المستهلكين: عندما يتوقع المستهلكين بان سعر سلعة معينة سيرتفع في المستقبل القريب فان طلبهم على تلك السلعة سوف يزداد. أما إذا توقعوا بان سعر هذه السلعة سوف ينخفض في المستقبل القريب فان ذلك سيؤدي إلى انخفاض طلبهم عليها.

5. **أسعار السلع الأخرى:** فالملاحظ ان هناك سلعا تشبع عند الفرد نفس الحاجة (ولو بدرجات متفاوتة). ولا شك ان التغير في سعر واحدة من هذه السلع سيؤثر على الكمية المطلوبة من السلعة الأخرى ويمكن ان نجد الحالات التالية:

أ. **السلع البديلة:** وهي السلع التي يمكن استعمالها كبدائل (أي تشبع نفس الحاجة لدى المستهلك) مثل القهوة والشاي – التفاح والبرتقال. فارتفاع سعر القهوة يؤدي إلى الإقبال على استهلاك الشاي وبالتالي يؤدي إلى نقص الكميات المطلوبة من القهوة وزيادة الكميات المطلوبة من الشاي.

ب. **السلع المكملة:** وهي السلع التي تستعمل مع بعضها البعض (أي التي تستهلك معا حتى يتم اشباع الرغبة) مثل السيارة والبنزين والشاي والسكر. فان ارتفاع سعر السكر يؤدي إلى انخفاض الطلب عليه وبالتالي يؤدي إلى انخفاض الطلب على الشاي.

ولابد من الإشارة هنا إلى ان تغير ظروف هذه العوامل يؤدي إلى انتقال منحنى الطلب بأكمله إلى ناحية اليمين في حالة الزيادة أو إلى اليسار في حالة النقصان.

سابعا: التغير في الطلب والتغير في الكمية المطلوبة

يمكن التفريق بين مفهوم التغير في الكمية المطلوبة والتغير في الطلب وكما يلي:

أ. التغير في الكمية المطلوبة

إن التغير في الكمية المطلوبة يحدث نتيجة التغير في سعر سلعة معينة فقط مع بقاء العوامل الاخرى ثابتة ويتمثل ذلك بالانتقال من حالة إلى أخرى

داخل جدول الطلب، أي يتمثل بيانيا بالانتقال من نقطة إلى أخرى على نفس منحنى الطلب. وبالرجوع إلى الجدول رقم (1) نحصل على الشكل رقم (6) ونلاحظ ان العلاقة بين الكمية المطلوبة من السلعة وسعرها هي علاقة عكسية.

شكل رقم (6) يمثل التغير في الكمية المطلوبة نتيجة التغير في السعر

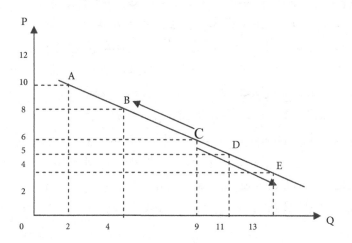

فعندما كان السعر السائد هو (6) دنانير كانت الكمية المطلوبة (9) وعندما انخفض السعر إلى (4) دنانير ازدادت الكمية المطلوبة إلى (13) وحدة أي إننا تحركنا من النقطة (C) إلى النقطة (E) على نفس منحنى الطلب. وبنفس الطريقة إذا زاد السعر إلى (8) دنانير انخفضت الكمية المطلوبة إلى (4) وحدة أي إننا تحركنا من النقطة (C) إلى النقطة (B) على نفس منحنى الطلب.

45

وهذا هو ما يقصده الاقتصاديون بقولهم تغير (الكمية المطلوبة). فالكمية تتغير استجابة لتغير السعر. أي إننا نتحرك من نقطة إلى اخرى على نفس منحنى الطلب دون ان ينتقل منحنى الطلب من موضعه.

ب. التغير في الطلب

ينشأ التغيير في الطلب، نتيجة تغير احد او كل العوامل الأخرى (غير السعر) المؤثرة في الطلب كالدخل والذوق والتوقعات...الخ. ويتمثل بيانيا بانتقال منحنى الطلب بأكمله من موضع إلى أخر (يمين او يسار) حسب طبيعة التغير الذي حدث في هذه العوامل أي إذا تغير بعض أو كل من هذه العوامل نكون بصدد جدول جديد ومنحنى جديد للطلب.

فعلى سبيل المثال إذا تغيرت دخول المستهلكين بالزيادة، فان ذلك يعني زيادة الكمية التي يطلبونها من السلعة عند مستوى السعر السائد في السوق. ويتم التعبير عن ذلك بيانيا بانتقال منحنى الطلب بأكمله ناحية اليمين وإلى أعلى. ويمكن توضيح ذلك من خلال جدول رقم (3) حيث يبين العمود الأول الأسعار المختلفة للسلعة، ويبين العمود الثاني الكميات التي يطلبها المستهلكون عند الأسعار المختلفة قبل تغير العوامل الأخرى، أما العمود الثالث فيبين الكميات التي يعرضها البائعون عند الأسعار المختلفة بعد تغير العوامل الأخرى تغيرا من شأنه ان يؤدي إلى زيادة الطلب، ويمثل العمود الرابع الكميات التي يطلبها المستهلكون عند الأسعار المختلفة بعد تغير العوامل الأخرى بما يؤدي إلى نقصان الطلب.

جدول رقم (3)
جدول الطلب للكميات المطلوبة نتيجة تغير العوامل الاخرى

الكمية المطلوبة بعد تغير العوامل الأخرى بالنقصان/ طن	الكمية المطلوبة بعد تغير العوامل الأخرى بالزيادة/طن	الكمية المطلوبة في الشهر/ طن	السعر دينار
1	3	2	10
3	6	4	8
4	8	6	7
7	12	9	6
10	14	11	5
11	16	13	4

حيث نلاحظ عند السعر 10 دينار تكون الكمية المطلوبة (3) طن
وواضح انها اكبر مما كان يطلبه المستهلكون عند نفس السعر(2) طن. وعندما
يصبح السعر (8) دينار، تصبح الكمية المطلوبة (6) طن، وهكذا نلاحظ في
العمود الثالث انه بعد تغير العوامل الاخرى حصلت زيادة الطلب وبالتالي انتقال
منحنى الطلب إلى جهة اليمين [لاحظ المنحنى (D_1D_1)] في الشكل رقم (7).
كذلك في حالة العمود الرابع والذي يوضح انخفاض الكميات التي يطلبها
المستهلكون نتيجة تغير العوامل الأخرى والذي أدى إلى انخفاض الطلب وبالتالي
انتقال منحنى الطلب إلى الجهة اليسرى [لاحظ المنحنى (D_2D_2)] في الشكل رقم
(7).

47

شكل رقم (7) انتقال منحنى الطلب نتيجة
تغير العوامل الأخرى

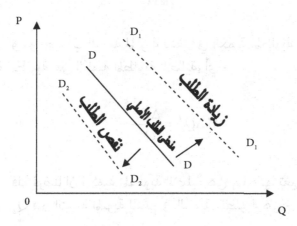

ثامنا: مرونات الطلب
أ. مرونة الطلب السعرية

مرونة الطلب السعرية هي مدى استجابة الكمية المطلوبة مـن سـلعة معينة للتغير في سعرها مع فرض العوامل الاخرى ثابتة. ويتم قياس المرونـة وفـق ما يلي:

$$\text{مرونة الطلب السعرية } (e^d) = \frac{\text{التغير النسبي في الكمية المطلوبة}}{\text{التغير النسبي في السعر}}$$

فإذا رمزنا للكمية المطلوبة بالرمز (Q) وللتغير فيها بالرمز (Q•)، ورمزنـا لسعر السلعة بالرمز (P) وللتغير في السعر بالرمز (P•)، فان المرونـة يعبـر عنهـا بالقانون التالي:

$$e^d = \frac{\%\Delta Q^d}{\%\Delta P}$$

ويتم احتساب النسبة المئوية للتغير في الكمية المطلوبة بقسمة التغير في الكمية المطلوبة على الكمية المطلوبة الأصلية، أي:-

$$\%\Delta Q^d = \frac{\Delta Q^d}{Q^d}$$

فلو فرضنا ان الكمية المطلوبة الاصلية هي Q_1 وانها تغيرت بحيث اصبحت Q_2 فان النسبة المئوية للتغير في الكمية المطلوبة هي:-

$$\%\Delta Q^d = \frac{Q_2 - Q_1}{Q_1}$$

وبنفس الطريقة فان النسبة المئوية للتغير في السعر هي:-

$$\%\Delta P = \frac{P_2 - P_1}{P_1}$$

حيث P_1 هو السعر الأصلي وP_2 هو السعر الجديد.

اذن فان معامل مرونة الطلب السعرية يمكن احتسابه على النحو التالي:

$$e^d = \frac{\frac{Q_2 - Q_1}{Q_1}}{\frac{P_2 - P_1}{P_1}}$$

وجدير بالذكر فان معامل مرونة الطلب السعرية يكون دائما ذا قيمة سالبة (باستثناء حالة المرونة = صفر) وذلك لأن نسبة التغير في الكمية ونسبة التغير في السعر، تختلفان في إشارة كل منها نتيجة العلاقة العكسية بين تغير السعر وتغير الكمية المطلوبة حسب قانون الطلب.

أ-1- أنواع مرونة الطلب السعرية

نلاحظ ان درجة ميل منحني الطلب توضح إلى حد ما مرونة الطلب. حيث انه كلما كان منحني الطلب اقل ميلا كلما ازدادت درجة مرونة الطلب. والعكس كلما كان منحني الطلب اكثر ميلا كلما قلت درجة المرونة. ويمكن إيضاح حالات مرونة الطلب السعرية وكما يلي:

1. **طلب مرن:** وهو الذي تكون القيمة العددية لمرونته اكبر من الواحد الصحيح (e>1) ذلك لأن التغير في الكمية المطلوبة اكبر من التغير في السعر.

شكل رقم (8) منحنى طلب مرن

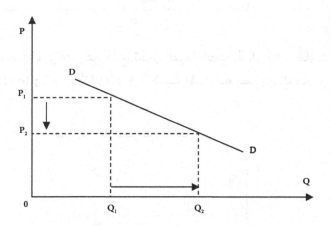

2. **طلب غير مرن:** وهو الـذي تكـون القيمـة العدديـة لمرونتـه اصغـر مـن الواحد (e<1) وذلك لان التغيـر في الكميـة المطلوبـة اقـل مـن التغيـر في السعر.

شكل رقم (9) منحنى طلب غير مرن

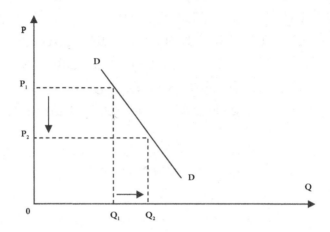

3. **طلب متكافئ المرونة:** وهو الذي تكون القيمة العددية لمرونته مساوية للواحد (e=1) وذلك لأن التغير في الكمية المطلوبة يساوي التغير في السعر.

شكل رقم (10) منحنى طلب متكافئ مرن

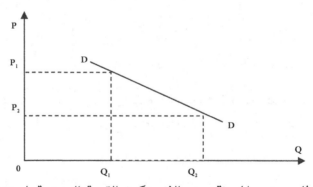

4. **طلب عديم المرونة:** وهو الذي تكون القيمة العددية لمرونته مساوية للصغر (e=0) وذلك لعدم تغير الكمية المطلوبة مهما تغير السعر.

شكل رقم (11) منحنى طلب عديم المرونة

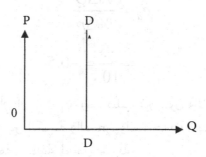

5. **طلب لانهائي المرونة**: وهو الذي تكون القيمة العددية لمرونته مساويــة لما لانهايـة ($e=\infty$) وذلك لأن تغير الكمية المطلوبة لانهـائي بمجرد تغير طفيف في السعر.

شكل رقم (12) منحنى طلب لانهائي المرونة

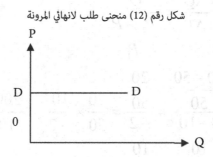

وجدير بالذكر ان الحالتان (4) و(5) نادرتين.

مثال (1): إذا ارتفع سعر القميص بنسبة 10% وانخفضت نتيجة لذلك الكمية المطلوبة من هذه القمصان بنسبة 5% وخلال أسبوع واحد. أوجد معامل مرونة الطلب على القمصان.

$$e_d = \frac{\%\Delta Q}{\%\Delta p}$$

$$= \frac{-5}{10} = -0.5$$

∴ $e_d=-0.5$ أي ان $e_d < 1$ وهو طلب غير مرن والإشارة السالبة تدل على العلاقة العكسية بين الكمية والسعر. ولقد جرت العادة إهمال الإشارة السالبة والأخذ بالقيمة المطلقة لمعامل المرونة.

مثال (2): إذا انخفض سعر كيلو التفاح من 10 دنانير إلى 8 دنانير ونتيجة لذلك زادت الكمية المطلوبة من 50 كيلو إلى 70 كيلو يوميا، أوجد معامل مرونة الطلب على التفاح.؟

$$e_d = \frac{\%\Delta Q}{\%\Delta P} = \frac{\frac{Q_2 - Q_1}{Q_1}}{\frac{P_2 - P_1}{P_1}}$$

$$= \frac{\frac{70-50}{50}}{\frac{8-10}{10}} = \frac{\frac{20}{50}}{\frac{-2}{10}} = \frac{20}{50} \times \frac{10}{-2} = \frac{200}{-100} = -2$$

∴ $e_d=2$ أي ان $e_d > 1$ وهو طلب مرن.

مثال (3): إذا زاد سعر البرتقال للكيلو الواحد من 12 دنانير إلى 16دينار ونتيجة لذلك انخفضت الكمية المطلوبة من 120 كيلو إلى 80 كيلو يوميا أوجد معامل مرونة الطلب على البرتقال.؟

$$e_d = \frac{\%\Delta Q}{\%\Delta p} = \frac{\dfrac{Q_2 - Q_1}{Q_1}}{\dfrac{P_2 - P_1}{P_1}}$$

$$= \frac{\dfrac{80 - 120}{120}}{\dfrac{16 - 12}{12}} = \frac{\dfrac{-40}{20}}{\dfrac{4}{12}} = \frac{1}{3} \times \frac{2}{1} = 1$$

$\therefore$ $e_d=1$ أي ان الطلب متكافئ المرونة.

اختلاف المرونة السعرية على منحنى الطلب

إذا كان منحنى الطلب خطيا ذا ميل سالب فان المرونة السعرية تختلف من نقطة إلى اخرى عليه. لاحظ الشكل رقم (13) ففي النقطة B والتي تقع في منتصف الخط تماما فان المرونة تساوي واحد ويكون الطلب احادي المرونة عند هذه النقطة. وكلما ارتفع سعر السلعة كلما كان الطلب اكثر مرونة، أي ان معامل المرونة سيكون اكبر من واحد. وكلما انخفض سعر السلعة كلما كان الطلب اقل مرونة، أي ان معامل المرونة سيكون اقل من واحد.

شكل رقم (13) اختلاف المرونة السعرية على منحنى الطلب

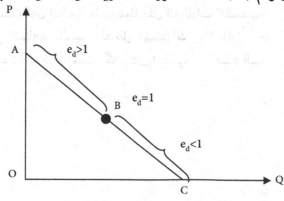

ومما تقدم نلاحظ ان مرونة الطلب ليست هي نفس ميل منحنى الطلب. وإذا كان منحنى الطلب ياخذ شكل خط مستقيم فان ميله يكون ثابتا، ولكن المرونة تختلف من نقطة إلى اخرى على منحنى الطلب، وكما أوضحنا.

أ-2. العوامل المؤثرة في مرونة الطلب السعرية:-

كما هو واضح فان مرونة الطلب السعرية تختلف من سلعة إلى أخرى نتيجة لعدة عوامل تؤثر فيها وهي كما يأتي:

أ-2-1. **وجود بدائل للسلعة:** حيث كلما توفر عدد كبير من البدائل للسلعة كلما ازدادت مرونة الطلب على هذه السلعة مثل أنواع معجون الأسنان ذات العلامات التجارية. وبالعكس كلما انخفض عدد البدائل كلما قلت مرونة الطلب على السلعة موضع الاهتمام مثل ملح الطعام. والسبب في ذلك يرجع إلى انه في الحالة الأولى، يسهل على المستهلك الانتقال إلى السلع البديلة إذا ارتفع سعر السلعة موضع الاهتمام، بينما يصعب عليه ذلك في الحالة الثانية.

أ-2-2. **ضرورة السلعة أو كماليتها:** كما هو معروف تنقسم السلع من حيث أهميتها إلى سلع ضرورية وأخرى كمالية. ومعنى السلعة الضرورية ان المستهلك يطلبها بغض النظر عن سعرها، بحيث لا تتأثر الكمية المطلوبة منها كثيرا بتغيرات الاسعار، مما يعني ان الطلب عليها يكون غير مرن. مثل الأدوية. وعكس ذلك يحدث إذا كانت السلعة كمالية حيث يكون الطلب عليها مرنا مثل النظارات الشمسية.

أ-2-3. **سعر السلعة بالنسبة لدخل المستهلك:** إذا كان سعر السلعة ضئيلا بالنسبة لدخول المستهلكين، فان الطلب على هذه السلعة يكون غالبا

غير مرن مثل الطلب على علبة الكبريت. أما السلع التي يكون سعرها عبئا كبيرا على دخول المستهلكين فان الطلب على هذه السلع يكون مرنا، مثل الطلب على الثلاجات أو السيارات.

أ-2-. **طول الفترة الزمنية:** من المتوقع ان تزداد مرونة الطلب على السلعة مع مرور الزمن نظرا لصعوبة التكيف في المدى القصير، خصوصا لعادات المستهلك الشرائية فإذا ما انخفض سعر السلعة واستمر السعر عند مستواه الجديد المنخفض، فان ذلك يسمح للمستهلك بتعديل نمط إنفاقه والبحث عن بدائل يحل السلعة المعنية محلها (أي يطلب كميات اكبر من السلعة المعينة مع مرور الوقت) مما يؤدي إلى زيادة مرونة الطلب في الأجل الطويل، وهذا يعني ان مرونة الطلب تتزايد مع مرور الزمن. مثل السمن الحيواني والسمن النباتي.

أ-3. أهمية مرونة الطلب السعرية

ترجع أهمية دراسة مرونة الطلب السعرية إلى عدة اعتبارات منها:

أ-3-1. أهمية مرونة الطلب بالنسبة للسياسة الضريبية: تتعدد الأهداف التي ترغب الدولة تحقيقها من السياسة الضريبية. فقد يكون هدفها هو تشجيع الصناعة المحلية، وقد يكون هدفها الحد من الاستهلاك، وقد يكون هدفها مالي بحت أي توفير موارد مالية لخزينة الدولة. وفي كل هذه الأحوال يجب على واضعي السياسة الضريبية ان يكونوا على بينة ومعرفة مسبقة عن قيمة مرونة الطلب السعرية للسلع التي يرغبون في فرض ضريبة جديدة عليها أو زيادة معدلات الضريبة المفروضة عليها فعلا وفي هذا الصدد نلاحظ ما يلي:

أ. إذا كان الهدف من فرض الضريبة هو هدف مالي، فانه على الدولة ان تختار مجموعة من السلع ذات الطلب غير المرن

لفرض الضريبة عليها، حيث يؤدي فرض الضريبية إلى ارتفاع السعر، فاذا كان الطلب غير مرن، فان الكميات المطلوبة لن تنخفض انخفاضا ملحوظا، الامر الذي يؤدي إلى زيادة حصيلة الضريبية.

ب. أما اذا كان الهدف من الضريبة هو الحد من استهلاك السلعة فان على الحكومة ان تختار سلعا ذات طلب مرن لفرض الضريبة عليها، حيث ان فرض الضريبة يؤدي إلى رفع السعر، الامر الذي يؤدي إلى انكماش الكمية المطلوبة بدرجة كبيرة طالما ان الطلب مرن.

أ-3-2. اهمية مرونة الطلب بالنسبة للمنتجين: إذا كان للمنتج (المنشاة) القدرة على تغير سعر السلعة التي ينتجها، فيهمه معرفة الاتجاه الذي يتم فيه التغيير سواء بالزيادة أو النقصان. ولكي يكون القرار رشيدا لابد وان تكون لدى المنتج معرفة بمرونة الطلب على السلعة التي ينتجها. فمثلا إذا كان المنتج يهدف إلى تعظيم الإيراد الكلي، فان الامر يتطلب معرفة أثر تغيير السعر على الإيراد الكلي. حيث ان:

الإيراد الكلي= الكمية المباعة × سعر بيع الوحدة

وبناء على ذلك إذا كان الطلب على السلعة مرنا فمن مصلحة المنتج خفض السعر، لأن ذلك يؤدي إلى زيادة الكمية المطلوبة بنسبة اكبر من نسبة الانخفاض في السعر، الامر الذي يؤدي إلى زيادة الإيراد الكلي. أما إذا كان الطلب على السلعة غير مرن، فمن مصلحة المنتج رفع السعر، لأن رفع السعر في هذه الحالة يؤدي إلى نقص الكمية المطلوبة بنسبة اقل من نسبة الارتفاع في السعر، الامر الذي يؤدي إلى زيادة الإيراد الكلي.

أ-3-3. اهمية مرونة الطلب بالنسبة لسياسة التمييز الاحتكاري: نلاحظ انه إذا كان هناك منتج محتكر ينتج احدى السلع، فانه يحاول ان يحقق اقصى ايراد ممكن من انتاجه لهذه السلعة، ولذلك فانه يحاول ان يفصل الاسواق عن بعضها البعض، وبيع السلعة الواحدة باسعار تختلف من سوق لآخر، ولكننا يجب ان نلاحظ ان ذلك لا يتحقق في الواقع، إلا اذا اختلفت مرونة الطلب السعرية من سوق لآخر. أما إذا كانت مرونة الطلب السعرية في هذه الاسواق واحدة، فانه يستحيل على المحتكر البيع باسعار مختلفة (أي يستحيل عليه تنفيذ سياسة التمييز الاحتكاري).

ب. مرونة الطلب الدخلية

مرونة الطلب الداخلية هي مدى استجابة الكمية المطلوبة من سلعة معينة للتغير في دخل المستهلك مع بقاء العوامل الاخرى ثابتة. ويتم قياسها وفق ما يلي:

$$\text{مرونة الطلب الداخلية } (e_I) = \frac{\text{التغير النسبي في الكمية المطلوبة}}{\text{التغير النسبي في الدخل}}$$

$$e_I = \frac{\%\Delta Q}{\%\Delta I}$$

وبنفس الطريقة التي أوضحناها في احتساب مرونة الطلب السعرية. فيمكن احتساب مرونة الطلب الداخلية على النحو التالي:

$$e_I = \frac{\dfrac{Q_2 - Q_1}{Q_1}}{\dfrac{I_2 - I_1}{I_1}}$$

ومن المفيد ان نلاحظ ما يلي:

ب -1 - إذا كانت مرونة الطلب الدخلية للسعلة ذات اشارة سالبة فان السلعة رديئة (دنيا). مثل الملابس المستعملة.

ب-2- إذا كانت مرونة الطلب الدخلية للسلعة ذات إشارة موجبة فان السلعة اعتيادية. مثل التفاح.

كذلك فان درجات مرونة الطلب الدخلية مشابهة إلى درجات مرونة الطلب السعرية حيث نلاحظ ما يلي:

1- إذا كانت القيمة العددية لمرونة الطلب الدخلية اكبر من الواحد ($e_I>1$) كان الطلب مرنا.

2- إذا كانت القيمة العددية لمرونة الطلب الدخلية اقل من الواحد ($e_I<1$)، كان الطلب غير مرن.

3- إذا كانت القيمة العددية لمرونة الطلب الدخلية مساوية للواحد ($e_I=1$) كان الطلب متكافئ المرونة.

مثال (1): إذا انخفض دخل مستهلك بنسبة (20%)، ادى إلى انخفاض الكمية التي يشتريها من التفاح بنسبة (5%). أوجد مرونة الطلب الدخلية؟

$$e_1 = \frac{\%\Delta Q}{\%\Delta I} = \frac{\%5}{\%20} = \frac{1}{4} = 0.25$$

∵ $e_I<1$ فان الطلب هو غير مرن. والإشارة الموجبة لمرونة الطلب الدخلية تعني ان السلعة اعتيادية.

مثال(2): يستهلك احد الاشخاص 3 قمصان مستعملة عندما كان دخله (600)دينار شهريا، وعندما زاد دخله إلى 700 دينار في الشهر

نقص استهلاكه إلى قميص مستعمل واحد. اوجد مرونة الطلب الدخلية.؟

$$e_I = \dfrac{\dfrac{Q_2 - Q_1}{Q_1}}{\dfrac{I_2 - I_1}{I_1}}$$

$$= \dfrac{\dfrac{1-3}{3}}{\dfrac{700-600}{600}} = \dfrac{\dfrac{-2}{3}}{\dfrac{100}{600}} = -4$$

$\because \ e_I > 1$ فان الطلب هو مرن، والإشارة السالبة لمرونة الطلب الدخلية تعني ان السلعة رديئة.

ج. مرونة الطلب المتقاطعة

هي مدى استجابة الكمية المطلوبة من سلعة معينة للتغير في سعر سلعة اخرى (بديلة أو مكملة) مع بقاء العوامل الاخرى ثابتة، ويتم قياسها وفق ما يلي:

مرونة الطلب المتقاطعة (e_{xy}) = $\dfrac{\text{التغير النسبي في الكمية المطلوبة من السلعة (x)}}{\text{التغير النسبي في سعر السلعة (Y)}}$

$$e_{xy} = \dfrac{\% \, \Delta Q_X}{\% \, \Delta P_Y}$$

$$e_{xy} = \frac{\dfrac{Q_{X2} - Q_{X1}}{Q_{X1}}}{\dfrac{P_{Y2} - P_{Y1}}{P_{Y1}}}$$

ومن المفيد ان نلاحظ ما يلي:

ج-1- إذا كانت مرونة الطلب المتقاطعة للسلعة ذات اشارة سالبة فان السلعتين مكملتان.

ج-2- إذا كانت مرونة الطلب المتقاطعة للسلعة ذات اشارة موجبة فان السلعتين بديلتان.

وكذلك فان درجات مرونة الطلب المتقاطعة هي نفسها التي أوضحناها في مرونة الطلب السعرية والدخلية.

مثال(1): إذا كان سعر البرتقال قد ارتفع بنسبة 20%، ونتيجة لـذلك فقد زادت الكمية التي يشتريها المستهلكون من التفاح بنسبة 60%. اوجد مرونة الطلب المتقاطعة للبرتقال والتفاح والعلاقة بينهما.؟

$$e_{XY} = \frac{\% \Delta Q_X}{\% \Delta P_Y} = \frac{60\%}{20\%} = +3$$

∵ $e_{X1} > 1$ ∴ فان الطلب هو مرن، والإشارة الموجبة تدل على ان العلاقة بين السلعتين متبادلتين.

مثال(2): إذا ازداد سعر الشاي من 10 دنانير إلى 15 دينار فان الكميـة المطلوبـة من السكر ستنخفض مـن 25كغم إلى 20كغم أوجـد مرونـة الطلـب المتقاطعة للشاي والسكر والعلاقة بينهما.؟

$$e_{XY} = \cfrac{\dfrac{Q_{X2} - Q_{X1}}{Q_{X1}}}{\dfrac{P_{Y2} - P_{Y1}}{P_{Y1}}}$$

$$= \cfrac{\dfrac{20 - 25}{25}}{\dfrac{15 - 10}{10}} = \cfrac{\dfrac{-5}{25}}{\dfrac{5}{10}} = \dfrac{-5}{25} \times \dfrac{10}{5} = -0.4$$

$\because e_{X1} < 1$ فان الطلب هو غير مرن، والإشارة السالبة تدل عـلى ان العلاقـة بين السلعتين مكملتين.

العـــــرض

أولا: مفهوم العرض

هو الكميات التي يكون البائعون (المنتجون) مستعدين وقادرين على بيعها عند كل سعر معين وفي فترة زمنية محددة مع افتراض بقاء العوامل الأخرى ثابتة.

ولتوضيح هذا التعريف لابد من ملاحظة ما يلي:

1- لكي يكون هناك عرض من السلعة يجب ان يكون البائعون (المنتجون) مستعدين وهذا الاستعداد (أو الرغبة) يجب ان يكون مصحوب بالقدرة على إنتاج السلعة.

2- ان التعريف ينصرف إلى الكميات المعروضة، وليس إلى كمية واحدة عند سعر معين، أي يجب ان نفرق بين العرض والكمية المعروضة. فالعرض هو جدول الكميات المختلفة التي يعرضها المنتجون أو البائعون عند الأسعار المختلفة. بينما الكمية المعروضة هي كمية معينة من جدول العرض عند سعر معين.

3- ان العرض يجب ان يرتبط بفترة زمنية معينة، حيث يجب ان نحدد الفترة الزمنية التي يعرض البائعون فيها الكميات المعروضة عند سعر معين.

4- ان الكميات المعروضة (في جدول العرض) لا تتأثر بغير الأسعار المختلفة للسلعة نفسها.

ثانيا: جدول العرض

وهو عبارة عن جدول يتكون من عمودين أحدهما يوضح أسعار السلعة في السوق والآخر يوضح الكميات التي يكون البائعون (المنتجون)

على استعداد لعرضها للبيع في السوق في فترة زمنية محددة. لاحظ في الجدول رقم (4) مثال لجدول العرض لإحدى السلع.

جدول رقم (4)
يمثل جدول العرض لإحدى السلع

الحالة	السعر (P) دينار	الكمية المعروضة (Q) ألف طن
A	10	13
B	8	11
C	6	9
D	5	4
E	4	2

ويوضح الجدول أعلاه ان هناك علاقة طردية بين الكمية المعروضة مع السلعة وسعرها. فعندما يكون السعر السائد (10) دينار، كانت الكمية المعروضة (13) ألف طن. وعندما انخفض السعر إلى (8) دينار انخفضت الكمية المعروضة إلى (11) ألف طن، وهكذا فكلما انخفض السعر كلما انخفضت الكمية التي يعرضها البائعون (المنتجون). ويشير جدول العرض كوسيلة إيضاحية بالبساطة والوضوح في إبراز العلاقة بين الكمية المعروضة والسعر.

ثالثا: قانون العرض

ينص قانون العرض على (ان هناك علاقة طردية بين سعر سلعة معينة والكمية المعروضة من تلك السلعة مع بقاء العوامل الأخرى ثابتة).

وكما أوضحنا ان تعريف العرض يفترض بقاء العوامل الأخرى ثابتة حتى يكون التغير في الكمية المعروضة راجعا إلى التغير في سعر السلعة فقط. كذلك نلاحظ ان التعريف يركز على العلاقة التي يؤثر فيها السعر في الكمية المعروضة، وليس العكس. أي ان السعر هو المتغير المستقل، والكمية المعروضة هي المتغير التابع، والعلاقة بين السعر كمتغير مستقل، والكمية المعروضة كمتغير تابع علاقة طردية.

رابعا: دالة العرض

في ضوء ما تقدم يمكن القول ان الكمية المعروضة من سلعة ما، تتوقف بصفة رئيسية على سعر السلعة ذاتها (P_1) واسعار عناصر الانتاج ($P_2, P_3...P_n$) والمستوى التقني (T) وعدد المنتجين (N) ويمكن التعبير عن هذه العلاقة الدالية بين الكمية المعروضة والعوامل المحددة لها في الصورة التالية:

$$f \ Q^2 = (P_1, P_2, P_3,...P_n, T, N)$$

وعند بحث العلاقة بين الكمية المعروضة وسعرها فقط مع بقاء العوامل الاخرى ثابتة فان دالة العرض تكون:

$$Q^2 = f(P_1)$$

خامسا: منحنى العرض

منحنى العرض هو عبارة عن الرسم البياني لجدول العرض، حيث يكون على شكل منحنى موجب الميل، أي يميل من الأسفل إلى الأعلى وإلى

اليمين، وبما يوضح العلاقة الطردية بين السعر والكمية المعروضة. أي ان منحنى العرض يصور لنا أو يعكس لنا قانون العرض. ويمكن تمثيل الكميات المعروضة في الجدول رقم (4) على شكل منحني كما هو في الشكل رقم (14). حيث نلاحظ انه يقيس على المحور الأفقي الكمية المعروضة وعلى المحور العمودي السعر. فكل سعر وكمية معروضة مناظرة يتم تمثيلها بنقطة واحدة. ويتم التوصيل بين تلك النقاط ببعضها البعض بمنحنى يسمى منحنى العرض، وقد يكون هذا المنحنى في شكل خط مستقيم أو في صورة منحنى مقوس.

شكل رقم (14) منحنى العرض

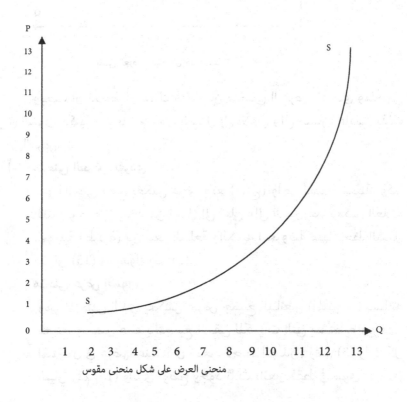

منحني العرض على شكل منحنى مقوس

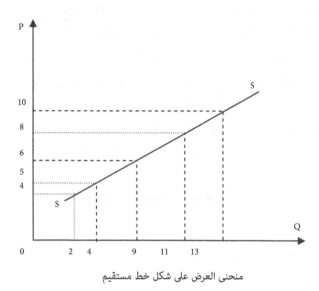

منحنى العرض على شكل خط مستقيم

ويجب ان نلاحظ أن هناك فرقاً بين منحنى العرض الفردي ومنحنى عرض السوق. لكنها جميعاً تتجه من الأسفل إلى الأعلى وإلى اليمين، عاكسة بذلك قانون العرض.

أ- منحنى العرض الفردي

هو المنحنى الذي يعكس عرض بائع (منتج) واحد لسلعة معينة. وكما قلنا هو منحنى يتجه من اسفل إلى أعلى وإلى اليمين مما يعكس العلاقة الموجبة (طردية) بين سعر السلعة والكمية المعروضة منها لاحظ الشكل البياني (15) والجدول رقم (5).

ب- منحنى عرض السوق

وهو المنحنى الذي يعكس عرض جميع البائعين (المنتجين) لسلعة معينة. ونحصل عليه بالتجميع الأفقي للكميات التي يستطيع ويرغب المنتجون في عرضها عند كل سعر. لاحظ الجدول رقم (5) والشكل البياني رقم (15) والذي يوضح وجود ثلاث بائعين فقط في سوق

سلعة معينة ولكل منهم جدول عرض مختلف عـن الآخـر. حيث تـم الحصول على جـدول عـرض السوق على تلك السلعة مـن تجميـع الكميات لكل بائع مقابل كل سعر. ثم قمنا برسم منحنى العرض الفردي (لكل بائع) ومنحنى السوق. ومنحنى عرض السوق هـو ايضا منحنى يتجه من اسفل إلى اعلى وإلى اليمين مما يعكس العلاقـة الموجبة بين سعر السلعة والكمية المعروضة منها.

جدول رقم (5)
يوضح عرض لسوق بالاستناد إلى ثلاث بائعين (منتجين)

الكمية المعروضة في السوق (جميع البائعين) 1+2+3	البائع الثالث 3	البائع الثاني 2	البائع الأول 1	الكمية السعر
11	6	0	5	2
16	8	2	6	4
20	10	3	7	6
24	12	4	8	8
28	14	5	9	10

شكل رقم (15) اشتقاق منحنى العرض الفردي (المنتج أو البائع) ومنحنى عرض السوق

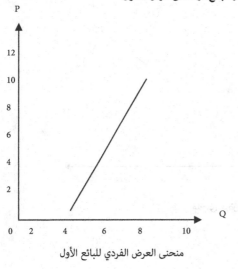

منحنى العرض الفردي للبائع الأول

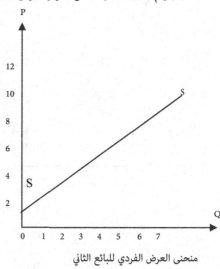

منحنى العرض الفردي للبائع الثاني

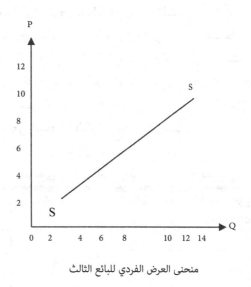

منحنى العرض الفردي للبائع الثالث

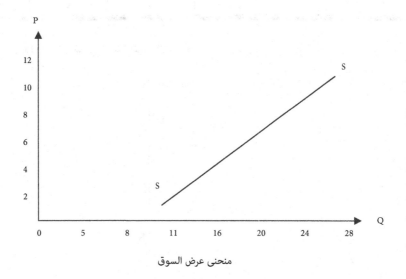

منحنى عرض السوق

سادسا: العوامل المؤثرة في العرض

كما اوضحنا اثناء تعريفنا للعرض بان هناك عوامل تؤثر على العرض ونفترض بقاءها ثابتة لكي نتمكن من التركيز على العلاقة بين سعر السلعة والكمية المعروضة منها. فما هي هذه العوامل التي تؤثر (بالإضافة إلى سعر السلعة) على العرض، وفيما يلي ملخصها:

1- **اسعار عناصر الانتاج:** ان زيادة اسعار عناصر الانتاج يؤدي إلى زيادة كلف الانتاج وهذا يجعل المنتجين (البائعين) يقللون الكمية التي يعرضونها عند كل سعر [أي انخفاض العرض،] والعكس يحدث عندما تنخفض اسعار عناصر الانتاج.

2- **المستوى الفني (التقني) للإنتاج:** إذا حدث تحسن في المستوى التقني للإنتاج (اي استخدام آلات اكثر كفاءة مثلا) فان متوسط كلفة انتاج السلعة ستنخفض، فيصبح من مصلحة المنتجين (البائعين) ان يزيدوا الكمية التي يعرضونها عند كل سعر، وبالعكس.

3- **عدد المنتجين (البائعين):** ان زيادة عدد المنتجين (البائعين) تؤدي إلى زيادة العرض على السلعة المعينة عند كل سعر، وبالعكس.

4- **مستوى الاعانات:** ان زيادة مستوى الاعانات التي تدفعها الدولة لأنتاج سلعة ما تعني تخفيضا في كلفة انتاجها بمقدار الإعانة وبذلك يصبح من مصلحة المنتجين ان يزيدوا الكمية التي يعرضونها عند كل سعر، وبالعكس.

5- **مستوى الضرائب:** ان زيادة مستوى الضرائب المفروضة على انتاج سلعة ما تعني زيادة في كلفة انتاجها بمقدار الضريبة، وبذلك يصبح من مصلحة المنتجين ان يخفضوا الكمية التي يعرضونها عند كل سعر، وبالعكس.

ويلاحظ مما تقدم ان تغير ظروف هذه العوامل يؤدي إلى انتقال منحنى العرض باكمله إلى ناحية اليمين في حالة زيادة العرض أو اليسار في

حالـة انخفـاض العـرض وحسـب طبيعـة التغيـر الـذي يحـدث للعوامـل وسنأتي على توضيح ذلك.

كما تجدر الإشارة إلى ان العوامل التـي يفتـرض ثباتها في حالة العـرض هـي غيـر العوامل التي يفترض ثباتها في حالة الطلب، أي ان هناك فارقا بين ظروف الطلـب وظروف العرض.

سابعا: التغير في العرض والتغير في الكمية المعروضة

ذكرنا خلال تعريفنا للعـرض ان ثمـة تفرقـة هامـة بـين العـرض والكميـة المعروضة. ولمزيد من التوضيح يمكننا تلخيص ذلك كما يلي:

أ. التغير في الكمية المعروضة

يؤدي التغير في سعر سلعة معينة إلى التغير في الكمية المعروضة ويتمثل ذلك بالانتقال مـن حالـة إلى اخـرى داخـل جـدول العـرض أي يتمثل ذلـك بيانيـا بالانتقال من نقطة إلى اخرى على نفس منحنى العرض. ومن الجدول رقم (4) نحصل على الشكل رقم (16) حيث نلاحظ ان العلاقـة بـين الكميـة المعروضـة من السلعة وسعرها علاقة عكسية.

شكل رقم (16) التغير في الكمية المعروضة

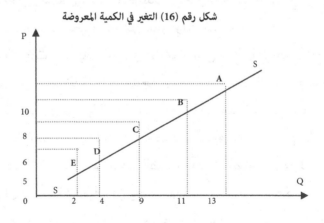

ونلاحظ عندما كان سعر السلعة (4) دينار فان الكمية المعروضة منها (2) ألف طن في الشهر كما في النقطة (E) وإذا ارتفع السعر إلى (8) دينار فان الكمية المعروضة ازدادت إلى (11) ألف طن كما في نقطة (B) وهكذا عند النقطة (A). أي اننا تحركنا من النقطة (A) إلى نقطة (B) إلى النقطة (C) على نفس منحنى العرض. وهذا ما يقصده الاقتصاديون بقولهم تغير الكمية المعروضة. فالكمية تتغير استجابة لتغير السعر فقط أي اننا نتحرك من نقطة إلى اخرى على نفس منحنى العرض دون ان ينتقل المنحنى من موقعه.

ب. التغير في العرض

وينجم التغير في العرض نتيجة لتغير العوامل الاخرى (غير السعر) المؤثرة في العرض والتي كنا نفترض ثباتها، كأسعار عناصر الانتاج والمستوى التقني وعدد المنتجون ومستوى الضرائب والاعانات (لاحظ الفقرة سادسا اعلاه) ويتمثل بانتقال منحنى العرض باكمله من موضع إلى آخر (يمين او يسار) حسب طبيعة التغير الذي حدث في هذه العوامل. أي إذا تغير بعض أو كل من هذه العوامل نكون بصدد جدول جديد ومنحنى جديد للعرض.

مثال: فيما يلي جدول للعرض يبين العمود الأول، الاسعار المختلفة للسلعة، ويبين العمود الثاني الكميات التي كان يعرضها البائعون عند الاسعار المختلفة قبل تغير العوامل الاخرى كما في الجدول رقم (6) أما العمود الثالث فيبين الكميات التي يعرضها البائعون عند الاسعار المختلفة بعد تغير العوامل الاخرى تغيرا من شأنه ان يؤدي إلى زيادة العرض، ويمثل العمود الرابع الكميات التي يعرضها البائعون عند الاسعار المختلفة بعد تغيير العوامل الاخرى بما يؤدي إلى نقصان العرض، لاحظ الشكل رقم (17).

جدول رقم (6)

جدول العرض للكميات المعروضة بعد تغير العوامل الاخرى

السعر (دينار)	الكمية المعروضة (ألف طن)	الكمية المعروضة بعد تغير العوامل الأخرى بالزيادة	الكمية المعروضة بعد تغير ظروف العرض بالنقصان
160	30	33	27
120	28	31	25
100	25	27	21
80	20	22	18
50	12	15	10
30	8	11	7
20	5	8	3

شكل رقم (17) التغير في العرض نتيجة التغير في العوامل الأخرى

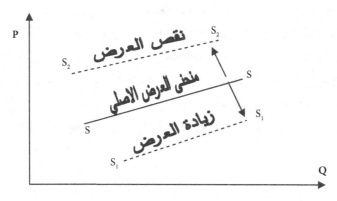

حيث نلاحظ انه عند السعر (160) دينار تكون الكمية المعروضة (33) الف طن وواضح انها اكبر مما كان يعرضه البائعون عند نفس السعر في الجدول السابق (30) ألف طن، وعندما يصبح السعر (120) دينار تصبح الكمية المعروضة (31) الف طن، وهكذا نتيجة لهذا التغير في العوامل أدى

إلى زيادة العرض وبالتالي إلى انتقال منحنى العرض إلى جهة اليمين لاحظ المنحنى (S_1S_1).

كذلك في حالة العمود الرابع والذي يوضح انخفاض الكميات التي يعرضها البائعون نتيجة تغير العوامل الاخرى والذي ادى إلى انخفاض العرض وبالتالي انتقال منحنى العرض إلى الجهة اليسرى لاحظ المنحنى (S_2S_2).

ثامنا: مرونة العرض

أ. مرونة العرض

هي مدى استجابة الكمية المعروضة من سلعة معينة للتغير في سعرها مع فرض العوامل الاخرى ثابتة. ويتم قياس المرونة وفقا لما يلي:

$$\text{المرونة } (e_S) = \frac{\text{التغير النسبي في الكمية المعروضة}}{\text{التغير النسبي في السعر}}$$

$$e_S = \frac{\%\Delta Q}{\%\Delta P}$$

$$\therefore \text{معامل مرونة العرض} = e_s = \frac{\dfrac{Q_2 - Q_1}{Q_1}}{\dfrac{P_2 - P_1}{P_1}}$$

وجدير بالذكر فان هذا القانون مشابه تماما لقانون مرونة الطلب مع فارق هام هو ان معامل مرونة العرض يكون دائما قيمة موجبة وذلك لأن نسبة التغير في الكمية، ونسبة التغير في السعر تتشابهان في اشارة كل منهما

نتيجة العلاقة الموجبة (طردية) بين تغير السعر وتغير الكمية المعروضة حسب قانون العرض.

ب. انواع مرونة العرض

بنفس الاسلوب الذي عرفناه في مرونة الطلب فاننا نلاحظ ان درجة ميل منحنى العرض توضح إلى حد ما درجة مرونة العرض. حيث انه كلما كان منحنى العرض اقل ميلا كلما ازدادت درجة مرونة العرض، والعكس كلما كان منحنى العرض اكثر ميلا كلما قلت درجة المرونة. ويمكن ايضاح ذلك بالاشكال التالية:

1- **عرض مرن:** وهو الذي تكون القيمة العددية لمرونته اكبر من الواحد الصحيح ($e_s > 1$) وذلك لأن التغير في الكمية المعروضة اكبر من التغير في السعر.

شكل رقم (18) منحنى عرض مرن

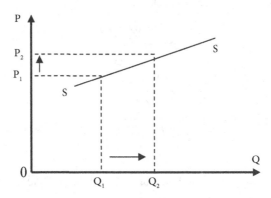

2- **عرض غير مرن:** وهو الـذي تكـون القيمة العددية لمرونته اصغر من الواحـد الصحيح ($e_s<1$) وذلك لأن التغير في الكمية المعروضة اقل من تغير السعر.

شكل رقم (19) منحنى عرض غير مرن

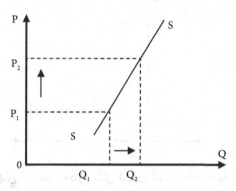

3- **عرض متكافئ المرونة:** وهو الذي تكـون القيمـة العددية لمرونتـه مسـاوية للواحـد ($e_s=1$) وذلـك لأن التغيـير في الكميـة المعروضـة يسـاوي التغيـير في السعر.

شكل رقم (20) منحنى عرض متكافئ المرونة

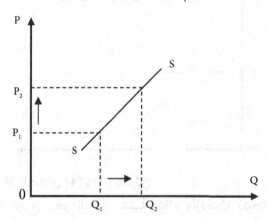

76

4- **عرض عديم المرونة:** وهو الذي تكون القيمة العددية لمرونته مساوية للصفر ($e_{S=0}$) وذلك لعدم تغير الكمية المعروضة مهما تغير السعر.

شكل رقم (21) منحنى عرض عديم المرونة

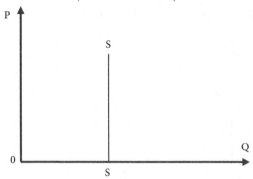

5- **طلب لا نهائي المرونة:** وهو الذي تكون القيمة العددية لمرونته مساوية لما لا نهاية ($e_s=\infty$) وذلك لأن تغير الكمية المعروضة لا نهائي بمجرد تغير طفيف في السعر.

شكل رقم (22) منحنى عرض لا نهائي المرونة

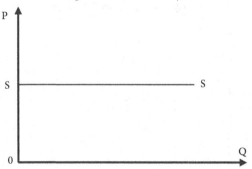

وجدير بالذكر ان الحالتان (4) و(5) نادرتين.

مثال (1): إذا ارتفع سعر التفاح بنسبة 5%، وازدادت نتيجة لذلك الكمية المعروضة من هذه السلعة بنسبة 10%. أوجد معامل مرونة العرض على التفاح.؟

$$e_S = \frac{\%\Delta Q}{\%\Delta P} = \frac{\%10}{\%5}$$

$$= \frac{2}{1} = 2$$

∴ $e_s = 2$ أي ان $e_s > 1$ وهذا يعني ان العرض مرن. والإشارة الموجبة تعكس قانون العرض.

ج- العوامل التي تؤثر في مرونة العرض

تختلف العوامل التي تؤثر في مرونة العرض باختلاف الـزمن (المـدة) موضع البحث:

ج-1. ففي الأمد القصير جدا – تتوقف مرونة العرض على قابلية السلعة للتخزين، وحجم المخزون منها. ذلك ان المدة القصيرة جدا هي تلك التي تكون من القصر بحيث لا تسمح باحداث أي تغيير في الكمية المعروضة عن طريق تغير حجم الانتاج (وهذه مسالة تختلف باختلاف السلع) وإنما يكون التغير في حجم المعروض عن طريق حجب كميات من السلعة عن السوق، او طرح كميات من السلعة في السوق. الامر الذي يتوقف على مدى قابلية السلعة للتخزين فكلما زادت هذه القابلية كلما كان عرض السلعة مرنا. وكلما قلت هذه القابلية كلما كان عرض السلعة عديم المرونة.

ج-2. أما في الأمد القصير – وهي المدة التي تسمح بالتغير في كمية الانتاج عن طريق تغير بعض عناصر الانتاج (كعنصر العمل، المواد الأولية...الخ) فكلما كان ذلك ممكنا كان عرض السلعة اكثر مرونة والعكس صحيح.

78

ج-3. أما في الأمد الطويل – فان مرونة العرض تتوقف على قابلية عناصر الانتاج للتغير من نشاط انتاجي إلى آخر. ففترة الامد الطويل تسمح بتغير حجم الانتاج عن طريق تغير كل عناصر الإنتاج (العمل، راس المال، الارض...الخ) فكلما زادت هذه القابلية كلما كان عرض السلعة اكثر مرونة في الأجل الطويل. وبالعكس كلما قلت هذه القابلية كلما كان عرض السلعة اقل مرونة.

والحقيقة ان التوسع والانكماش في الانتاج قد يكون سهلا في بعض القطاعات وصعبا في قطاعات اخرى. فمثلا في مجال الزراعة يحتاج انتاج الفاكهة مثل البرتقال – الى عدة سنوات قبل ان يزداد الانتاج. وعلى هذا فمرونة عرض البرتقال تكون قليلة في الأجل القصير، بينما في قطاع الصناعة يمكن زيادة الانتاج عن طريق زيادة عدد ساعات العمل، والمواد الأولية. وعليه فان مرونة عرض المنتجات الصناعية تكون كبيرة. وبصفة عامة يمكن القول بان مرونة العرض تتوقف على مدى سهولة احداث تغيرات في الانتاج.

مثال (2): إذا زاد سعر الكتاب من 5 دنانير إلى 6 دنانير ونتيجة لذلك زادت الكمية المعروضة من 20 إلى 22 نسخة يوميا، أوجد معامل مرونة العرض على الكتاب.؟

$$e_s = \frac{\dfrac{Q_2 - Q_1}{Q_1}}{\dfrac{P_2 - P_1}{P_1}} = \frac{\dfrac{22 - 20}{20}}{\dfrac{6 - 5}{5}} = \frac{\dfrac{2}{20}}{\dfrac{1}{5}} = \frac{1}{10} \times \frac{5}{1} = \frac{5}{10} = 0.5$$

∵ $e_s < 1$ اذن فان العرض هو عرض غير مرن.

السعر التوازني

أولا: مفهوم السعر التوازني

من الواضح ان السوق هو المكان الذي يلتقي فيه المستهلك والمنتج ليعرض الاخير سلعته عند مختلف مستويات الاسعار. بينما يحدد الاول الكمية التي يطلبها عند مختلف مستويات الاسعار، وما نسعى اليه في هذا الصدد هو الوصول إلى نقطة التوازن التي يقبل المستهلك عندها على الشراء والمنتج على البيع مما ينتج عنه الاتفاق على الكمية والسعر. ووفقا لذلك يتحدد سعر أي سلعة في السوق عن طريق تفاعل جانبي العرض والطلب (وهذا ما نطلق عليه بآلية السوق). حيث سبق وان راينا ان الطلب يوضح العلاقة بين الاسعار المختلفة والكميات التي يكون المشترون على استعداد لشرائها عند تلك الاسعار، ورأينا ان العلاقة التي يوضحها منحنى الطلب هي علاقة عكسية بمعنى ان المشترين لن يقبلوا على شراء كميات كبيرة من السلعة إلا إذا كان سعرها منخفضا، أما إذا كان السعر السائد في السوق مرتفعا، فلن يقبل المشترون الا على شراء كميات صغيرة من السلعة.

ومن ناحية اخرى، رأينا ان العرض يوضح علاقة طردية بين الاسعار المختلفة والكميات التي يكون المنتجون على استعداد لعرضها في السوق. بحيث يكون المنتجون على استعداد سوى لعرض كميات كبيرة من السلعة إذا كان السعر السائد في السوق مرتفعا، وبالعكس لن يقبلوا عرض سوى كميات صغيرة من السلعة، إذا كان السعر السائد في السوق منخفضا.

هذا التعارض بين قوى العرض والطلب، أي بين رغبات المنتجين الذين يرغبون في سيادة اسعار مرتفعة ورغبات المشترين (المستهلكين) الذين يرغبون في سيادة اسعار منخفضة، هذا التعارض هو الذي يدفع السوق إلى حالة التوازن. وحالة التوازن هي الحالة التي تتحقق فيها رغبات كل من المنتجين والمستهلكين في آن واحد. أي هي الحالة التي تتساوى فيها الكمية

التي يرغب البائعون في بيعها مع الكمية التي يرغب المستهلكون في شراءها.

اذن السعر التوازني هو السعر الذي يتحدد عند تساوي الكمية المطلوبة والكمية المعروضة، وتسمى هذه الكمية بكمية التوازن. ولتوضيح ذلك نرى في الجدول (7) وجود اكثر من سعر وبالتالي تختلف الكميات المطلوبة والكميات المعروضة. فما هو السعر الذي سيتحدد في السوق؟ ولتوضيح ذلك نمثل الجدول برسم بياني لتقاطع منحنى العرض والطلب كما في الشكل (23) .

جدول رقم (7)

لكميات المطلوبة والمعروضة لسلعة ما في السوق

السعر(دينار)	الكمية المطلوبة(طن)	الكمية المعروضة(طن)	اتجاه السعر
10	2	13	إلى الأسفل
8	4	11	
6	9	9	تساوي
5	11	4	إلى الأعلى
4	13	2	

فمن البديهي ان السعر الذي سيسود في السوق هو ذلك السعر الذي تتلاقى عنده رغبات كل من المستهلكين والمنتجين، ومن الجدول أعلاه نلاحظ ان الرغبات تتلاقى عند السعر (6) دينار. وعند هذا السعر نجد ان الكمية التي يرغب المستهلكون في شرائها، تساوي الكمية التي يرغب المنتجون في عرضها في السوق. لذلك فان السعر (6) دينار هو سعر توازي والكمية (9) وحدات هي كمية توازنية كما في النقطة (E) والتي تسمى نقطة التوازن وان كل سعر يفوق أو يقل عن السعر التوازني لن يبقى طويلا ولا بد ان يتغير ويعود إلى حالة التوازن.

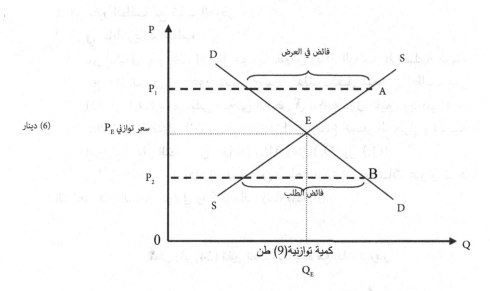

شكل رقم (23) منحنى توازن السوق

وعند أي سعر أعلى من السعر التوازني (6) دينار مثلا، كما في (P_1) نجد ان الكمية المعروضة كما في النقطة (A) تفوق الكمية المطلوبة. ومثل هذا السعر لا يمكن ان يستمر في السوق. لأن زيادة الكمية المعروضة هذه تؤدي إلى حدوث فائض في العرض (أي نقص في الطلب) وفائض العرض هذا هو الذي يدفع بالسعر إلى أسفل ليعود إلى مستوى التوازن.

وبالمثل عند سعر اقل من السعر التوازي (6) دينار مثلا كما في (P_2) نجد ان الكمية المطلوبة في (B) تفوق الكمية المعروضة، ومثل هذا السعر لا يمكن ان يستمر في السوق. لأن الزيادة في الكمية المطلوبة تؤدي إلى حدوث فائض في الطلب (أي نقص في العرض)، وفائض الطلب هذا هو الذي الذي يدفع بالسعر إلى اعلى ليعود إلى مستوى التوازن.

ثانيا. تغيرات الطلب والعرض وأثرها في السعر التوازني

1. اثر تغير الطلب مع ثبات العرض.

أ. في حالة زيادة الطلب

من الشكل رقم (24) نلاحظ نموذجا يفترض زيادة الطلب على سلعة معينة مع بقاء العرض ثابتا دون تغيير. ونتيجة لذلك ينتقل منحنى الطلب من (D) إلى (D₁) بينما يبقى منحنى العرض في مكانه دون تغيير. ويترتب على ذلك تغير نقطة التوازن من (E) إلى (E₁)، وارتفاع السعر التوازني والكمية التوازنية على التوالي من (P) إلى (P₁)، ومن (QE) إلى (Q₁).

اذن فانه عندما يزداد الطلب على سلعة معينة مع ثبات عرض تلك السلعة، فان السعر التوازني والكمية التوازنية يزدادان.

شكل رقم (24) تغير الطلب بالزيادة مع ثبات العرض

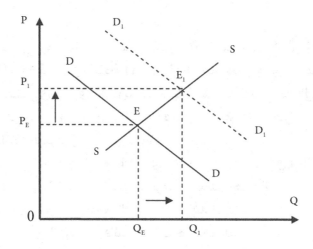

ب. في حالة انخفاض الطلب.

أما في حالة انخفاض الطلب على سلعة ما كما في الشكل رقم (25)، مع بقاء عرض السلعة ثابتا دون تغيير. فان منحنى الطلب سينتقل من (D) إلى (D_2) بينما يبقى منحنى العرض في مكانه دون تغيير. ويترتب على ذلك تغير نقطة التوازن من E إلى E_2، وانخفاض السعر التوازي والكمية التوازنية من (P_E) إلى (P_2) ومن Q_E إلى Q_2 على التوالي.

وعليه فعندما ينخفض الطلب على سلعة معينة، مع ثبات عرض تلك السلعة فان السعر التوازني والكمية التوازنية ينخفضان.

شكل رقم (25) تغير الطلب بالنقصان مع ثبات العرض

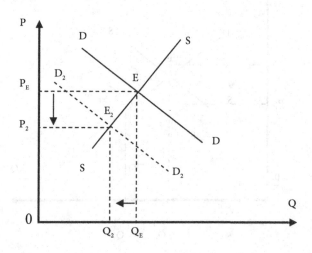

2 . اثر تغير العرض مع ثبات الطلب

أ. في حالة زيادة العرض

من الشكل رقم (26) نلاحظ نموذجا يفترض زيادة العرض لسلعة معينة مع بقاء الطلب ثابت دون تغيير ونتيجة لذلك ينتقل منحنى العرض من (S) إلى (S_1) مع بقاء منحنى الطلب في مكانه دون تغير، ونتيجة لذلك تتغير نقطة التوازن من (E) إلى (E_1) وينخفض السعر التوازني من (P_E) إلى (P_1)، وتزداد الكمية المباعة والمشتراة من (Q_E) إلى (Q_1).

أي عندما يزداد عرض سلعة معينة مع ثبات الطلب على هذه السلعة فان السعر التوازي ينخفض وتزداد الكمية التوازنية.

شكل رقم (26) تغير العرض بالزيادة مع ثبات الطلب

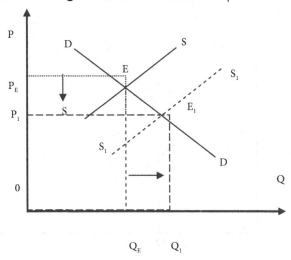

ب.   في حالة انخفاض العرض.

أما في حالة انخفاض العرض على سلعة ما كما في الشكل (27) مـع بقـاء الطلب ثابت دون تغير. فان منحنى العرض سـينتقل مـن (S) إلى (S₂) مـع بقاء منحنى الطلب في مكانه، ونتيجة لذلك تغيرت نقطة التـوازن مـن (E) إلى (E₂)، ويرتفع السعر التوازني من (P_E) إلى (P₂) وتنخفض الكمية المباعة والمشتراة من (Q_E إلى Q₂).

أي انه عندما ينخفض عرض سلعة معينة مع بقاء ظروف الطلـب ثابتـة فان السعر التوازني يرتفع، بينما تنخفض الكمية التوازنية.

شكل رقم (27) تغير العرض بالنقصان مع ثبات الطلب

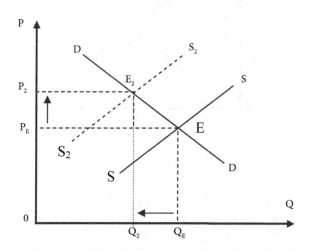

التغير المتزامن في منحنى الطلب وفي منحنى العرض

إلى جانب التغير الذي قد طرأ على منحنى الطلب أو منحنى العـرض بمعـزل عن الآخر من الممكن ان يتغير المنحنيـات في الوقت نفسه أمـا في الاتجـاه نفسه أو في اتجاهين متعاكسين. فيمكن ان ينتقل أي منهما بمسافة اكبر مـن الآخر، او بمسافة مساوية للآخر، فإذا انتقلا في الاتجاه نفسه وبالمسافة نفسها فان السعر لن يتغير، في حين ان الكمية سوف تتغير.

86

اما إذا انتقلا إلى اتجاهين متعاكسين وبالمسافة نفسها، فان كمية التوازن لــن تتغير، في حين ان سعر التوازن سيتغير. (هذه حالات متروكة للقارئ)

شكل رقم (28) تغير العرض والطلب باتجاهين متعاكسين وبالمسافة نفسها

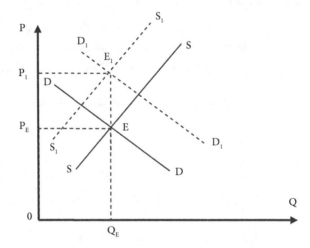

📖

القاموس الاقتصادي

Consumer's Behavior	سلوك المستهلك
Product's Behavior	سلوك المنتج
Quantity Supplied	الكمية المعروضة
Quantity Demanded	الكمية المطلوبة
Demand	الطلب
Supply	العرض
Demand Curve	منحنى الطلب
Supply Curve	منحنى العرض
Equilibrium	التوازن
Price	السعر
Market Demand Curve	منحنى طلب السوق
Law of Demand	قانون الطلب
Demand Function	دالة الطلب
Ceteris paribus	ثبــات بــاقي العوامــل (مــع بقــاء العوامل الأولى ثابتة)
Normal Good	سلعة عادية
Inferior Good	سلعة رديئة
Substitutes	سلع بديلة
Complements	سلع مكملة

Labor Market	سوق العمل
Market Supply Curve	منحنى عرض السوق
Supply Function	دالة العرض
Equilibrium Price	سعر التوازن
Equilibrium Quantity	كمية التوازن
Surplus	الفائض
Shortage	العجز
Slope	الميل
Revenues	الإيرادات
Price Elasticity of Demand	المرونة السعرية للطلب
Elastic Demand Curve	منحنى طلب مرن أو عالي المرونة
Inelastic Demand Curve	منحنى طلب منخفض أو عديم المرونة
Unitary Elastic Demand Curve	منحنى طلب متكافئ المرونة
Infinitely Elastic Demand Curve	منحنى طلب لانهائي المرونة
Necessities	السلع الضرورية
Luxuries	السلع الكمالية
Income Elasticity of Demand	مرونة الدخلية
Cross-Elasticity of Demand	مرونة الطلب التقاطعية
Price Elasticity of Supply	مرونة العرض السعرية

أسئلة الفصل ؟

1. ما نوع العلاقة بين الكمية المطلوبة والسعر؟ وهل تستطيع تبرير طبيعة هـذه العلاقة؟ وهل تستطيع ان تذكر سلعة تكون العلاقة بين الكمية منها والسعر خلافا لذلك؟

2. باستخدام الجدول التالي، ارسم منحنى الطلب:

سعر السلعة	الكمية المطلوبة
20	1
18	2
16	3
14	4
12	5
10	6

3. باستخدام الجدول التالي، أوجد طلب السوق ثم ارسمه بيانيا:

سعر السلعة	الكمية المطلوبة (فاطمة)	الكمية المطلوبة (محمد)
10	2	0
8	4	2
6	6	3
4	8	4
2	10	5

4. افترض ان سعر صنف من السلع قد ارتفع من 10 دينار إلى 20 دينار، مما ادى إلى انخفاض الكمية المطلوبة من 8 وحدات إلى 5 وحدات، بين هذا بيانيا.

91

5. نفترض ان دخل المستهلك ارتفع من 100 دينار إلى 150 دينار، ما أثر هذا على منحنى الطلب، إذ عرفنا ان الكمية المطلوبة قد زادت من 10وحدات إلى 20 وحدة؟
6. قارن بين اثر الارتفاع في سعر سلعة معنية على منحنى الطلب، وبين اثر الزيادة في دخل المستهلك على المنحنى ذاته.
7. ما المقصود بعبارة "مع الحفاظ على باقي العوامل ثابتة" وما هي اهميتها؟
8. باستخدام الجدول التالي، وضح بالرسم طبيعة العلاقة بين الكمية والسعر.

الكمية المعروضة	سعر السلعة
20	10
22	20
24	30
26	40
28	50
30	60

9. اذكر سلعة ما وسلعة اخرى بديلة لها، وسلعة ما وسلعة اخرى مكملة لها.
10. ما هي العوامل التي يؤدي التغير فيها إلى التحرك في منحنى الطلب؟ ثم قارن اثر هذا بتغير في سعر السلعة على منحنى الطلب والكمية المطلوبة.
11. اذا ارتفع سعر سلعة معينة بمقدار 50% بينما ازداد الطلب عليها بنسبة 15%، احسب مرونة الطلب السعرية واذكر نوع السلعة مع الرسم.
12. إذا ارتفع سعر سلعة (أ) بمقدار الضعف وانخفض الطلب على السلعة (ب) بمقدار النصف. احسب معامل مرونة الطلب المتقاطعة. ثم حدد نوع السلعة.
13. لنفرض ان دخل شخص ما ارتفع بمقدار 50% وارتفع طلبه على سلعة معينة بمقدار 5%. احسب معامل مرونة الطلب الدخلية . ثم حدد نوع السلعة؟

14. ما المقصوّد بالتوازن؟ اشرح هذه العبارة (أي مستوى سعر اعلى أو اقل من سعر التوازن لا يمثل توازنا)؟

15. بين أثر انخفاض دخل المستهلك في نقطة التوازن.

16. وضح بيانيا كيف يؤثر كل من العرض والطلب على السعر التوازني في الحالات التالية:

    أ.   في حالة زيادة الطلب مع ثبات العرض.

    ب. في حالة انخفاض العرض مع ثبات منحنى الطلب.

17. كيف يمكن باستخدام منحنى العرض ومنحنى الطلب ان تمثل حدوث ارتفاع في السعر بالرغم من زيادة في العرض؟

18. أوجد نقطة التوازن بيانيا باستخدام الجدول التالي:

الكمية المطلوبة	الكمية المعروضة	سعر السلعة
110	30	2
100	40	3
90	50	4
80	60	5
70	70	6
60	80	7
50	90	8

أ- ما هو وضع السوق عند مستوى السعر 6 دينار؟

ب- ما هو وضع السوق عند مستوى السعر 8 دينار؟

19. هل يمكن ان ينتقل منحنى الطلب وينتقل العرض في نفس الوقت؟ ما هي النتائج المحتملة في السوق إذا تناقص الطلب في نفس الوقت الذي زاد فيه العرض؟

20. ما الفرق بين المرونة السعرية للطلب والمرونة السعرية للعرض؟ وما هي العوامل التي يمكن ان تؤثر على هاتين المرونتين؟

21. بين بالرسم اثر زيادة سعر السلعة في الكمية المطلوبة مفترضا وجود ثلاث منحنيات طلب مختلفة المرونة؟

22. بين بالرسم شكل منحنى عرض عديم المرونة؟

23. افترض انه بالرغم من ارتفاع سعر سلعة ما بشكل كبير، إلا ان المنتجين لم يعرضوا كميات اضافية من هذه السلعة. كيف يمكنك تبرير هذا؟

24 - اختر الإجابة الصحيحة

- طلب السوق هو حاصل جمع الاسعار والكميات المطلوبة.
  أ. صح
  ب. خطأ

1. منحنى الطلب سالب الميل لأن:-
   أ. الكمية المطلوبة تتناقص إذا تناقص السعر، وتتزايد كلما ارتفع.
   ب. الكمية المعروضة تتناقص إذا تناقص السعر، وتتزايد كلما ارتفع.
   ج. الكمية المطلوبة تتناقص إذا ارتفع السعر، وتتزايد كلما تناقص السعر.
   د. الكمية المعروضة تتزايد إذا ارتفع السعر، وتتناقص كلما تناقص.

- إذا ارتفع سعر عصير البرتقال، فان منحنى طلب المستهلك على عصير التفاح، سوف:
  أ. ينتقل إلى اليمين، وتزيد الكمية المطلوبة إذا ثبت سعر عصير التفاح.
  ب. يبقى كما هو، وتزيد الكمية المطلوبة إذا ثبت سعر عصر التفاح.

ج. ينتقل إلى اليسار، وتزيد الكمية المطلوبة إذا ثبت سعر عصير التفاح.

د. يبقى كما هو، وتزيد الكمية المطلوبة إذا ارتفع سعر عصير التفاح.

- إذا تناقص عدد المنتجين، فإن

أ. منحنى الطلب ينتقل إلى اليسار مؤديا إلى تناقص الكمية المعروضة.

ب. منحنى العرض ينتقل إلى اليمين مؤديا إلى تناقص الكمية المعروضة.

ج. منحنى العرض ينتقل إلى اليسار مؤديا إلى تناقص الكمية المعروضة.

د. منحنى الطلب ينتقل إلى اليسار مؤديا إلى تناقص الكمية المطلوبة.

- إذا تناقص دخل المستهلك فإن طلبه على الدواء الذي يتناوله بشكل دائم لابد ان يتناقص، مقارنة بطلبه على السلع الكمالية.

أ. صح

ب. خطأ

- العامل الوحيد الذي يؤدي تغير فيه إلى الانتقال على منحنى الطلب أو منحنى العرض هو:-

أ. الدخل.

ب. التكنولوجيا.

ج. سعر السلعة.

د. اسعار عناصر الإنتاج.

- سعر التوازن هو سعر ثابت.

أ. صح

ب. خطأ

- إذا كان سعر السوق أعلى من سعر التوازن، فإنه يتوقع ان.
  - أ. يرتفع السعر حتى يتلاشى الفائض.
  - ب. يرتفع السعر حتى يتلاشى العجز.
  - ج. يتناقص السعر حتى يتلاشى الفائض.
  - د. يتناقص السعر حتى يتلاشى العجز.

- إذا ثبت منحنى الطلب فان تناقص عدد المنتجين يؤدي إلى.
  - أ. ارتفاع السعر وتناقص كمية التوازن.
  - ب. تناقص السعر وتناقص كمية التوازن.
  - ج. تناقص الكمية المطلوبة وزيادة الكمية المعروضة.
  - د. زيادة الكمية المطلوبة وتناقص الكمية المعروضة.

- إذا ارتفع سعر العنب الاسود وهو بديل عن العنب الأبيض فان الطلب على العنب الأبيض.
  - أ. يزيد
  - ب. يتناقص
  - ج. لايتغير
  - د. يعتمد على العرض

- إذا كانت نسبة الخصم في سعر تذاكر السفر وصلت إلى 30%، في الوقت الذي زادت نسبة المبيعات بنسبة 25%، فهذا يعني ان منحنى الطلب:
  - أ. منخفض المرونة في السعر.
  - ب. عديم المرونة في السعر.
  - ج. متقاطع المرونة في السعر.
  - د. عالي المرونة في السعر.

- المرونة التقاطعية للسلع المكملة موجبة.

  أ. صح

  ب. خطأ

- إذا كانت مرونة الدخل اكبر من واحد، فإن السلعة.

  أ. ضرورية.

  ب. رديئة.

  ج. متغيرة.

  د. كمالية.

- إذا كـان التغـير في السـعر يسـاوي صفرا، فإن المرونـة السـعرية للعرض تكون.

  أ. منخفضة.

  ب. مطلقة.

  ج. غير معروفة.

  د. عالية.

- افترض ان سعر القلم تناقص من نصف دينار إلى ربع دينار، مما ادى إلى تناقص الكميات المنتجة من 1200 وحدة إلى 850 وحدة، تصبح المرونة السعرية للعرض.

  أ.0.58

  ب. 0.41

  ج. 0.58-

  د. 0.84

98

الفصل الثالث

توازن المستهلك

من خلال دراستنا لمنحنى الطلب تعرفنا على العوامل التي تؤثر في قرار المستهلك المعني بشراء السلع فعند تغيير السعر بمقدار معين فان المستهلكين سيكون لهم رد فعل اتجاه طلب السلعة حسب ماتحقق لهم من اشباع ورضا، فالبعض سوف يطلبها بشكل كبير ، والبعض الاخر بشكل اقل والبعض الاخر لايطلبها . وهكذا نجد ان لكل فرد من افراد المجتمع له رد فعل خاص به بالنسبة للتغيرات التي تحدث في الأسعار والدخول ، أي بمعنى آخر يكون لكل فرد في السوق جدولاً للطلب خاص به ، ويختلف عن جدول الطلب للأفراد الآخرين ، ومن مجموع هذه الجداول الفردية للطلب يتكون الطلب الكلي للسوق .

وعليه ولكي نتعرف على العوامل التي تحدد طلب السوق او الطلب الكلي على سلعة ما ، لابد لنا من التعرف على العوامل التي تحدد الطلب الفردي للمستهلكين ، وفي هذا الفصل سنبحث في تحليل سلوك المستهلك وكيفية وصوله إلى حالة التوازن واشتقاق منحنى طلبه من خلال اسلوبين للتحليل هما :

- **الأول : نظرية تحليل المنفعة .**
- **الثاني : نظرية تحليل منحنيات السواء .**

- أولاً : نظرية تحليل المنفعة .

المنفعة ليست شيئاً منظورا بل هي شعور داخلي يكتسبه المستهلك مـن جراء استهلاكه للسلعة أو (الخدمة) فالسلعة تطلب مـن جانـب الأفـراد لغـرض إشباع الحاجات البشرية ، سواء بأسلوب مباشر أو غير مباشر . وقـدرة السـلع علـى إشباع الحاجات ، يطلق عليها الإقتصاديون مصطلح (المنفعة) . فالمنفعة هي تعبير عـن علاقة نفسية تربط بين شخص معين وسلعة معينة في ظل ظروف معينة ، ومـن ذلك نستنتج أن المنفعة ظاهرة نسبية ، تختلـف مـن شخص لآخر ، بـل وتختلـف بالنسبة للشخص الواحد بتغير المكان وتغير الزمان وتغير الظروف العامة المحيطة به ، وعلى ذلك فإن سلعة ما قد يكون لها منفعة لشخص ، ولا يكون لها اي منفعـة لشخص ثاني ، وقد تسبب ضررا لشخص ثالث. فالسيجارة قد تعطي لشخص مدخن منفعة ما ، ولكنها لاتعطي منفعة للاشخاص الغير مدخنين بل قد تسبب لهم ضررا، ، وأدوات التجميل ليس لها منفعة بالنسبة للرجال ، اما للنساء فمنفعتها كبيرة مـن إمرأة لأخرى حسب الذوق او العمر او غير ذلك.

و كلمة منفعة بالمعنى الاقتصادي تختلـف عـن معنـى كلمـة نفـع ، فالسلعة تزداد منفعتها بالنسـبة للشخص كلـما ازدادت قـدرتها علـى إشعاره بأنـه سـيكون أحسن حالاً بعد استهلاكها ، فرغم مضار السكائر الا انها تعطي للمـدخنين منفعـة لانها تشبع حاجة في نفوسهم ، بغض النظر عما إذا كان هـذا السـلوك متمشياً مـع أخلاقيات المجتمع أم لا .

المنفعة الحدية والمنفعة الكلية

المنفعة الحدية (MU)هي المنفعة المتحققة من استهلاك وحدة إضافية من سلعة معينة ، فإذا قام المستهلك بأخذ أكثر من وحدة فإن المنفعة

الحدية هي دائماً منفعة الوحدة الأخيرة مـن السـلعة ، ويفـترض أصحاب هذه النظرية أن أي سلعة قابلة للتجزئة إلى وحدات متناهية في الصغروان بالإمكان قياس المنفعة المشتقة من كل وحدة من هذه الوحدات على حدة قياساً عدديا.

أما المنفعة الكلية (TU) فهي مجموع المنافع المتحققة نتيجة لاستخدام مجموعة من الوحدات ، بمعنى آخر المنفعة المتحققة للمستهلك من سلعة ما جراء استهلاكه لكمية من هذه السلعة في فترة زمنية معينة . فإذا قام المستهلك بتناول خمسة تفاحات خلال يوم ما فإن المنفعة الكلية هي ما يحصل عليه المستهلك مـن إشباع نتيجة استهلاك الكمية المذكورة من التفاح .

وعليه فإن الشعور بالإشباع الـذي يحصل عليـه المسـتهلك مـن اسـتهلاك الوحدة الواحدة مـن السـلعة يطلـق عليـه بالمنفعـة الحديـة ، في حين أن إجمالي الإشباع (المنافع) الذي يحصل عليه من استهلاك السلعة يسـمى بالمنفعة الكليـة، وهنا نجد أن المنفعة الكلية هي حاصل جمع المنافع الحديـة بعـد استهلاك عـدد معين من الوحدات والأمثلة القادمة توضح تفاصيل ذلك .

قانون تناقص المنفعة الحدية

ان منفعة السلعة تختلف من شخص لآخر ومـن زمـان لاخـر ، وأيضـاً تختلـف حسب تغير الكمية المستهلكة منها ، فالكمية التي يستهلكها فرد مـن سـلعة تبـين درجة إلحاح الحاجة التي تشبعها هذه السلعة. ان العلاقـة التي تـربط بـين مـا يحصل عليه الفرد مـن منفعـة نتيجـة لاسـتهلاكه لسـلعة مـا ، وبـين الكميـة التـي يستهلكها من هذه السلعة اطلق عليها الاقتصاديون مصطلح قانون تناقص المنفعة الحدية . ويلاحظ أن العلاقة بين المنفعة والكمية قد تختلف من سلعة لأخـرى مـن حيث الدرجة ولكنها لا تختلـف مـن حيـث الإتجـاه . وللتعـرف علـى طبيعـة هـذه العلاقة واتجاهها نورد المثال التالي:

لنتصور أن شخصاً ما يستهلك وحدات متتالية من التفاح، وأن هذا الشخص سيحصل على قدر معين من المنفعة نتيجة لاستهلاكه الوحدة الأولى من التفاح، وسوف تزداد هذه المنفعة إذا ما استهلك الوحدة الثانية، ولكن هذه الوحدة الثانية، لا يكون لها من قوة الإشباع مثل ما للوحدة الأولى، وذلك لأن المستهلك يكون قد أشبع فعلاً جزء من حاجته إلى هذه السلعة بعد استهلاك الوحدة الأولى، وبالتالي تقل درجة هذه الحاجة التي لديه من السلعة. كذلك نجد أن استهلاك الشخص للوحدة الثالثة من شأنه أن يؤدي إلى زيادة المنفعة الكلية ولكن هذه الزيادة في المنفعة الكلية سوف تكون أقل من الزيادة التي سبق تحقيقها من استهلاكه للوحدة الثانية .

وهكذا ستزداد المنفعة الكلية بشكل متناقص، كلما استهلك وحدات اضافية من التفاح، وتسمى الزيادة في المنفعة الكلية المتحققة من زيادة الاستهلاك بمقدار وحدة واحدة بالمنفعة الحدية لهذه الوحدة والتفاصيل الواردة في الجدول رقم (8) توضح طبيعة العلاقة بين المنفعة والكمية المستهلكة وكذلك التفرقة بين المنفعة الكلية والحدية .

الجدول (8)
جدول المنفعة الكلية والمنفعة الحدية

MU المنفعة الحدية	TU المنفعة الكلية	Q عدد الوحدات المستهلكة من التفاح
-	4	1
4	7	2
3	9	3
2	10	4
1	10	5
0	0	6

الشكل : (29) المنفعة الكلية والمنفعة ا لحدية

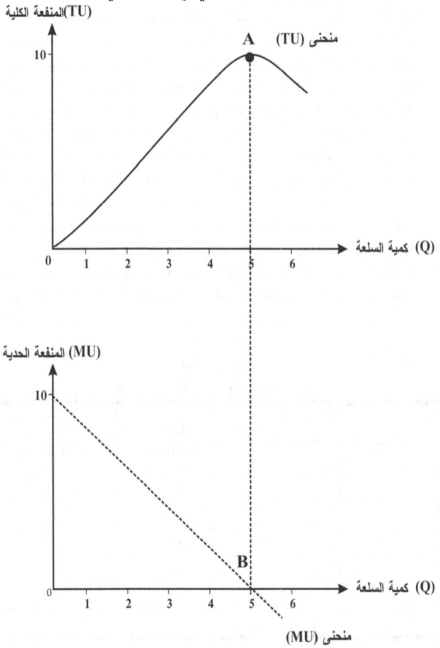

ومن جدول رقم (8) نلاحظ أن استهلاك وحدة واحدة مـن التفاح يخلـق منفعة معينة لدى مستهلكيها ، ورغم ان هذه المنفعة غير قابلة للقياس الكمي إلا أننا ولغرض التبسيط ، سنضع تصور بان المنفعة يمكن قياسها ولنفرض أن المستهلك يحصل على قدر من المنفعة يساوي 4 وحدة من وحدات المنافع ، وبالتالي تكون المنفعة الكلية للتفاحة الأولى 4 وتكون المنفعة الحدية لها 4 أيضاً ، في حين يـؤدي استهلاك الوحدة الثانية من التفاح إلى زيادة المنفعة الكلية إلى 7 وحدة أي أن هذه الوحدة تكون مسئولة عن زيادة المنفعة بمقدار 3 وحدة، وفي هذه الحالة يقال أن المنفعـة الكليـة للتفاحتين معاً 7 والمنفعة الحدية 3 ، وكـذلك نجـد أن استهلاك الوحدة الثالثة يزيد المنفعـة الكليـة إلى 9 ، أي أن هذه الوحدة تضيف 2 وحدة منفعة إلى المنفعة الكلية ، وفي هذه الحالة يقال أن المنفعة الكلية للتفاحات الثلاث 9 ، والمنفعة الحدية لها 2 .

ومما تقدم يمكن معرفة المنفعة الحدية بقياس الفرق بين مستويين متتاليين من المنفعة الكلية ، وعليه فإن استهلاك الوحدة الخامسة لا يحصل المسـتهلك علـى منفعة من استهلاكها ، إذن المنفعة الحدية لهذه الوحدة تساوي صفراً ، وهذا يعني ان المنفعة الحدية تصل الى الصفر عندما تصل المنفعة الكلية الى اقصاها اي عندما تكون حاجة المستهلك قد اشبعت تماما. إذن فإذا أراد المستهلك تعظيم المنافع الكلية ، أي تصبح المنفعة الكلية عند أكبر قيمة لها، فإنه سيتوقف علـى استهلاك الوحدة الخامسة ويعظم المنفعة الكلية عند الوحدة الرابعة . وعند وصول المنفعة الكلية إلى أقصى قيمة لها ، فإن هذا المستهلك يكون قد بلغ نقطة الإشباع . هـذا يعني أن مقادير المنافع ونقاط الاشباع يتوقع أن تختلف من مستهلك لآخر . ومن خلال التمثيل البياني للجدول رقم (8) والذي يوضح المنفعة الكلية والمنفعة الحدية نلاحظ أن منحنى المنفعة الكلية (TU) يزداد في البداية بمقادير متناقصـة حتى يصل إلى أقصى قيمة له

عند النقطة (A) والتي تمثل حالة الإشباع ثم يأخذ بعدها منحنى المنفعة الكلية بالتناقص عند استهلاك وحدات إضافية ، وعليه يمكن توضيح العلاقة بين المنفعة الكلية والمنفعة الحدية كما يأتي :

1- عندما تكون المنفعة الكلية متزايدة بمقادير متناقصة تكون المنفعة الحدية متناقصة ولكن تبقى موجبة وهذا يتحقق عند استهلاك الوحدات من(1- 5).

2- عندما تصل المنفعة الكلية إلى حدها الأقصى- عند النقطة (A) تصبح المنفعة الحدية مساوية إلى الصفر عند النقطة B حيث أن النقطة B تقابل النقطة A.

3- عندما تبدأ المنفعة الكلية بالتناقص عند الوحدة (5)، تكون المنفعة الحدية سالبة .

ومن كل ماتقدم يمكن أن نعرّف المنفعة الكلية لكمية معينة من سلعة ما ، بأنها ذلك الإشباع المتولد عن استهلاك هذه الكمية من السلعة ، في حين نعرف المنفعة الحدية لها بأنها ذلك الإشباع المتولد عن استهلاك الوحدة الأخيرة منها ، أو بتعبير أدق ، هي معدل تغير المنفعة الكلية بالنسبة للتغير في الكمية المستهلكة من السلعة .

ويمكن التعرف على العلاقة التي تربط بين الكمية المستهلكة والمنفعة لسلعة ما من خلال (قانون تناقص المنفعة الحدية) والذي ينص على ان استهلاك وحدات متتالية من سلعة ما يؤدي ، بعد حد معين ، إلى تناقص المنفعة الحدية لها، أو إلى تزايد المنفعة الكلية بمقادير متناقصة ".

ولابد من توفر بعض الشروط والتي يمكن إيجازها فيما يلي :

1- يجب أن تكون وحدات السلعة متجانسة من حيث الحجم أو النوعية ، وان اي اختلاف سوف لايتطابق مع منطق القانون ، فمثلا لانقبل وحدة معينة من سلعة تكون اكبر حجما لانها تعطي اشباعا اكثر من اخرى اقل حجما ، اذن التجانس شرط مطلوب .

2-   يجب ألا يكون هناك فارقاً زمنياً بـين اسـتهلاك الوحـدات المتتاليـة مـن
السلعة، لان ذلك قد يؤدي الى تغير ذوق المستهلك او تجدد حاجتـه مـن هـذه
السلعة .

3-   هناك القليل من السلع او الخدمات قد نجد من استهلاك الوحـدات الاولى
لبعضها زيادة في منفعتها الحدية وليس نقصانها ، بمعنى أن استهلاك الوحـدات
الأولى منها قد يزيد من منفعتها الحدية التـي يسـتهلكها الفـرد بعد حرمـان
طويل او لاول مرة ، مثل مشاهدة التلفزيون لاول مـرة قـد تغيـر مـن ذوق
المستهلك وتجعله في حاجة لمشاهدة التلفزيون اكثر من السابق وهـذه حـالات
محدودة .

4-   ينطبق قانون تناقص المنفعة علـى كـل السـلع ، مـع الاشارة الى ان درجـة
التناقص تختلف من سـلعة الى اخـرى ، فقـد يكون التناقص سريعـا يصـل الى
الصفر ويسبب ألما كتناول الخبز مثلا . او بطيئا متناقصا لايصل الى الصفر .

ان فالمنفعة الحدية هي التغير في المنفعة الكلية النـاتج عـن اسـتهلاك وحـدة
إضافية واحـدة ، وأن المسـتهلك يسـعى إلى تعظيم منفعتـه الكليـة ، وهـو
سيتوقف عن الاستهلاك عند الوحدة التي لا تضيف إلى منفعته الكلية منـافع
إضافية. ويمكن قياس المنفعة الحدية بالمعادلة التالية :

$$\text{المنفعة الحدية } (MU) = \frac{\text{التغير في المنفعة الكلية للسلعة } (\Delta TU)}{\text{التغير في الكمية المستهلكة من السلعة } (\Delta Q)}$$

$$= \frac{TU_2 - TU_1}{Q_2 - Q_1}$$

وبالرجوع الى الجدول رقم (8) يمكن استخراج منفعة الوحدة الثالثة :

$$MU = \frac{9-7}{3-2} = 2$$

وبنفس الطريقة ا يمكن إيجاد المنفعة الحدية لبقية الوحدات .

ومن تعريفنا للمنفعة الكلية ، يمكن صياغة المعادلة الرياضية لقياسها والتي تساوي مجموع المنافع الحدية عند ذلك المستوى أي :

المنفعة الكلية = مجموع المنافع الحدية عند الوحدة المستهلكة من السلعة ، أي أن :

$$TU = MU_1 + MU_2 + MU_3 + MU_4$$

ومن مثالنا السابق فإن المنفعة الكلية يمكن قياسها بالمعادلة:

المنفعة الكلية = المنفعة الحدية للوحدة الأولى + المنفعة الحدية للوحدة الثانية + المنفعة الحدية للوحدة الثالثة + المنفعة الحدية للوحدة الرابعة

$$TU = 4 + 3 + 2 + 1 + 0 = 10$$

توازن المستهلك

يهدف المستهلك من شراء السلع والخدمات ، إلى الحصول على أقصى إشباع ممكن لحاجاته ، وإذا أخذنا في الاعتبار أن للمستهلك دخل محدود من ناحية، وأن هذه السلع والخدمات لها أسعار في السوق من ناحية أخرى ، فان المستهلك يكون في حالة توازن (أو نقطة تعظيم المنفعة) عندما يتمكن فيها من توزيع دخله على أوجه الإنفاق المختلفة ، بالطريقة التي تضمن له الحصول على أقصى منفعة ممكنة ، في حدود دخله المحدود ، وفي ظل الأسعار السائدة في السوق . هذا الوضع يتحقق عند النقطة التي تكون فيها المنفعة الحدية لوحدة النقود (أو الدينار) مساوية للمنفعة الحدية للسلعة

مقسومة على ثمنها ، أي عندما تكون المنفعة الحدية للدينار = المنفعة الحدية للسلعة مقسومة على ثمنها :

$$\text{المنفعة الحدية للدينار} (MU_d) = \frac{\underline{\text{المنفعة الحدية للسلعة} (MU_x)}}{\text{ثمن السلعة} (P_x)}$$

فإذا ما افترضنا ان المستهلك يستطيع ان يوجه كل دخله لشراء سلعة معينة، او يزيد منها على حساب تقليل السلع الاخرى او يوزعه بالتساوي على السلع المتاحة في السوق ، بحيث يكون من الرشد الذي يوجه فيه انفاقه للحصول على اكبر منفعة من عملية الشراء . فاننا سنجده يقارن بين المنافع الحدية للسلع المختلفة التي يوجه انفاقه نحوها وبين اسعارها ، ثم يتخذ قراره بشراء تلك السلع التي تعطيه اكبر منفعة بالنسبة لوحدة النقود ، فمثلاً إذا كانت السوق تحتوي على سلعتين X و Y منافعها الحدية على الترتيب هي 60 و 20 وكانت أسعارها على التوالي هي 10 و 5 دينار ، فإن معنى ذلك أن السلعة X تعطي للمستهلك منفعة قدرها 60 ويدفع فيها ثمناً قدره 10 دنانير ، أي أن كل دينار ينفقه على هذه السلعة سوف يعطي له منفعة حدية مقدارها :

$$MU_{dx} = \frac{60}{10} = 6$$

كما ان السلعة Y تعطي للمستهلك منفعة مقدارها 20 ويدفع ثمنا قدره 5دينار، وان كل دينار يعطيه منفعة حدية مقدارها 4 وحدات.

$$MU_{dx} = \frac{20}{5} = 4$$

ومن ثم فإن المقارنة بين المنافع الحدية لوحدة النقود المنفقة على كل من هاتين السلعتين تبين أن من مصلحة المستهلك أن يقوم بشراء وحدات من السلعة X لانها تعطيه منفعة أكبر بالنسبة لوحدة النقود ، الا ان استهلاك

وحدات متتالية منها سوف يؤدي إلى تناقص منفعتها الحدية ، إلى الحد الذي تصبح فيه المنفعة الحدية لها مساوية للمنفعة الحدية للسلعة Y ، اي عندما تنخفض المنفعة الحدية للسلعة X إلى 40 وحدة مثلاً تصبح المنفعة الحدية للدينار المنفق على السلعة X هي :

$$MU_{dx} = \frac{40}{10} = 4$$

لذلك فالمستهلك هنا يقوم بشراء وحدات من السلعة X جنباً إلى جنب مع شرائه لوحدات من السلعة Y ، موزعا لإنفاقه على هاتين السلعتين ، بحيث تكون المنافع الحدية للنقود المنفقة على كل منهما متساوية .

نستنتج أن المستهلك يكون في حالة توازن ، إذا ما قام بتوزيع إنفاقه على السلع المختلفة ، بحيث تكون المنفعة الحدية للنقود المنفقة على أوجه الإنفاق المختلفة متساوية ، أي أنه ينفق كل دخله على السلعتين ، بحيث ان الشرط اللازم تحقيقه ليكون المستهلك في حالة توازن هو أن تكون المنفعة الحدية للدينار الأخير المنفق على السلعة X تساوي المنفعة الحدية للدينار الأخير المنفق على السلعة Y ويمكن التعبير عنها رياضيا :

بما أن المنفعة الحدية للدينار (النقود)= $\dfrac{\text{المنفعة الحدية للسلعة (MU)}}{\text{سعرها } P}$

إذن: $\dfrac{\text{المنفعة الحدية للسلعة X}}{\text{سعر السلعة X}} = \dfrac{\text{المنفعة الحدية للسلعة y}}{\text{سعر السلعة y}} = $ المنفعة الحدية للدينار (النقود)

$$\frac{MU_X}{P_X} = \frac{MU_y}{P_y} \; ...$$ وهو شرط التوازن

التوازن و التغير في ظروف السوق

تتسم الحياة الاقتصادية بالحركة الدائمة والتغير المستمر من فترة إلى أخرى، ونتيجة لذلك فان دخل المستهلك وأسعار السلع تكون عرضة للتغير ، وعليه أي تغير في أوضاع السوق ينعكس على وضع التوازن بالنسبة للمستهلك ، بحيث يظل دائماً شرط التوازن على ما هو عليه . ولذلك فإن المستهلك يغير من الكميات التي يطلبها من السلع المختلفة مع كل تغير في ظروف السوق .

فإذا افترضنا حدوث تغير في سعر السلعة x وليكن بالزيادة ، فإن معنى ذلك أن الحد الأول من معادلة شرط التوازن سوف يكون أقل من بقية الحدود ، لأن المقام أصبح أكبر ، وهذا يؤدي الى اختلاف في شرط التوازن، ويدفع المستهلك الى اعادة توزيع إنفاقه مرة أخرى بطريقة تعيده إلى وضع التوازن. ولتوضيح ذلك فان ارتفاع ثمن السلعة x سوف يجعل المنفعة الحدية للدينار المنفق على هذه السلعة أقل من ذلك المنفق على السلعة y . وبالتالي فإن المستهلك يحصل على منفعة أكبر إذا ما حول جزء من إنفاقه من x إلى y ، أي أنه ينقص من شراء السلعة x ويزيد من شراء السلعة y . ولكن من شأن ذلك أن يزيد المنفعة الحدية للسلعة y إلى الحد الذي تتساوى فيه المنافع الحدية للنقود المنفقة على كل منهما مرة أخرى .

وإذا افترضنا أنه عند التوازن كانت المنافع الحدية للسلعتين y,x هي 40 و 20 ، وكانت أسعارهما على الترتيب هي 10 و 5 فإنه في هذه الحالة يكون المستهلك في حالة توازن ، لأن شرط التوازن يكون متحققاً ، أي أن :

$$\frac{\text{المنفعة الحدية للسلعة X}}{\text{ثمن X}} = \frac{\text{المنفعة الحدية للسلعة y}}{\text{ثمن y}}$$

$$\frac{40}{10} = \frac{20}{5}$$

فإذا ما ارتفع سعر السلعة x مثلاً من 10 إلى 20 فإن التوازن سوف يختل لأن :

$$\frac{40}{10} \text{ لايساوي } \frac{20}{5}$$

أي أن المنفعة الحدية للنقود المنفقة على x ستكون2 ، في حين أن المنفعة الحدية للنقود المنفقة على y ستكون 4 ، وهذا معناه أن نقص الإنفاق على السلعة x بمقدار دينار واحد يجعل المستهلك يفقد وحدتين من وحدات المنافع، في حين أن توجيه هذا الدينار للإنفاق على y سوف يزيد المنفعة التي يحصل عليها المستهلك بمقدار أربعة وحدات ، ومن ثم تكون الحصيلة النهائية لهذا السلوك هو زيادة المنفعة الكلية بمقدار وحدتين ، أي أن المستهلك يكون في وضع أفضل . وهكذا نجد أن المستهلك يستمر في تحويل إنفاقه من السلعة x إلى السلعة y . ولكن كما نعرف من قانون تناقص المنفعة الحدية ، فإن نقص الشراء من السلعة x سوف يزيد من منفعتها الحدية ، كما أن زيادة الشراء من السلعة y سوف ينقص من منفعتها الحدية إلى الحد الذي ترتفع فيه المنفعة الحدية للسلعة x ، وتنخفض المنفعة الحدية للسلعة y إلى 10 مثلاً ، وهنا يكون المستهلك قد عاد مرة ثانية إلى وضع التوازن حيث تكون :

$$\frac{40}{20} = \frac{10}{5}$$

أما بالنسبة لأثر التغيير فان زيادة الدخل النقدي ، من شأنه أن يجعل كمية النقود التي يحتفظ بها الفرد على شكل مدخرات نقدية أكثر ، وبالتالي تصبح المنفعة الحدية للنقود المدخرة أقل من المنفعة الحدية للنقود المنفقة

على جميع أوجه الإنفاق على السلع المختلفة ، ومـن ثم فـإن المسـتهلك سوف يحول جزء مـن مدخراتـه إلى الإنفـاق عـلى جميع السـلع ، بحيـث تـزداد الكميات التي يطلبها منها جميعاً . وهذا التحول من شأنه أن يخفض من المنفعة لجميع السلع المشتراة بينما يزيد من المنفعة الحدية للنقود المدخرة حتـى يعـود التوازن مرة أخرى .

نستنتج من ذلك ان المستهلك الرشيد يعمل على :

أ- تحقيق اكبر منفعة ممكنة مـن دخلـه المحدود في ظل اسعار السـوق المتاحة .

ب- تفسير العوامل التي تؤدي الى زيادة الكمية المطلوبة من السلع في حالـة زيادة الدخل (العلاقة طردية).

ت- تفسير العوامل التي تؤدي الى انخفاض الكميـة المطلوبـة مـن السـلع في حالة ارتفاع سعرها (العلاقة عكسية).

عيوب نظرية المنفعة

لقد تعرض هـذا التحليـل الـذي اعتمـده العالم الانكليـزي الفريـد مارشـال لانتقادات عديدة . حيث من عيوب نظرية المنفعة هو افتراضها ان المنافع قابلة للقياس ، فمثلاً القول أن منفعة التفاح تساوي عشرة لا تعطي لنا معنـى محـدد . في حين أن المنفعة ليس لها وحدة للقياس. كما ان الشعور بالإشباع أو السـعادة أو الألم لها طابع الإحساس لا يمكن قياسها كمياً بمقياس متفق عليه كـما يقاس الوزن أو المسافة . كذلك فإن عدم قابلية بعض السلع للتجزئة أو التقسيم تجعل عملية مقارنة المنفعة الحدية للوحدات المتتالية المستهلكة مـن تلـك السـلعة عمليـة غير ممكنـة . فالسلع المعمرة كالثلاجة في المنزل لا يمكن تجزئتها وبالتـالي لا يمكـن تقـدير المنفعة الحدية للدينار الواحد منها ، وعليه فإن مبدأ استهلاك وحدات

صغيرة متتالية من السلعة لا تنطبق على هذه السلع وهكذا بالنسبة للسلع المشابهة. ان هذه العيوب قد ادت الى ظهور تحاليل جديدة كبديل عن هذا التحليل.

ثانياً : تحليل منحنيات السواء

تُعرّف منحنيات السواء بأنها تمثيل بياني لكل المجموعـات مـن السـلع والخدمات التي لو استهلكها المستهلك ، تعطيه نفس القدر من الإشباع ، أي أنها تمثل المجموعات التي يعتبرها المستهلك متساوية (سواء) مـن ناحيـة المنفعـة، وبالتالي لا يمكن تفضيل أي منها على الأخرى ، ومـن هنا جـاءت تسمية السواء بهذا الاسم . ويمكن تقريب فكرة منحنيات السواء من الأمثلة التالية : نفترض ان محمد كمستهلك لديه كمية معينة من التفاح ، ولتكن 14 تفاحة، وكمية معينة من الليمون ، ولتكن ليمونه واحدة ، وعليـه فهـو يحصـل عـلى قـدر معـين مـن الإشباع ، نتيجة استهلاكه هاتين الكميتين ، ورغم عدم قدرتـه عـلى قيـاس مقـدار هذا الاشباع او المنفعة الاّ أنه يستطيع الشعور بالتغير الـذي يحصـل عليـه سـواء بالزيادة أو النقصان في هذا الإشباع نتيجـة للتغـير في الكميـة المتاحـة لديـه مـن السلع ، كما يستطيع معرفة كميات السلع المختلفة التي تعطيه نفس المنفعـة ، فمثلاً قد يجد المستهلك محمد أن استهلاكه 10 تفاحات وليمونتين سوف تعطيـه نفس الإشباع الذي كان يحصل عليه من استهلاكه 14 تفاحة وليمونه واحـدة ، وهنا نجد ان إحلال ليمونة واحدة محل 4 تفاحات لن يغير من مستوى اشباعه ، ومن ثم فإن محمد لن يعارض في إستبدال 4 تفاحات بليمونة واحـدة ، ليصبـح لديه 10 تفاحات وليمونتين .

ويلاحظ أن محمد في وضعه الجديد ، سوف يكون لديـه كميـة أكبر مـن الليمون وكمية أقل من التفاح ، أي أن المنفعة الحدية للتفاح ستكون أعلى

بحيث أنه لو طلب منه التضحية بكمية معينة من التفاح مقابل الحصول على الليمونه الثالثة ، فإنه لن يكون على استعداد لأن يضحي باربعة تفاحات ، كما فعل سابقاً ، بل سيكتفي بالتضحية بثلاثة فقط ، وذلك لأن التفاح بالنسبة له أصبح أقل وفرة ، في حين أن الليمون أصبح أقل ندرة ، ومن ثم فإن 7 تفاحات و 3 ليمونات قد يكون لها نفس المنفعة عنده . ومرة أخرى نلاحظ أن النقص في كمية التفاح سوف تدفع بمنفعته الحدية إلى المزيد من الإرتفاع، بحيث لن يكون المستهلك على استعداد أن يبادل الليمونه الرابعة إلا مقابل تفاحتين فقط ليصبح عنده خمس تفاحات وأربعة ليمونات . وهكذا نجد أنه يمكننا بذلك أن نتتبع الكميات المختلفة من سلعتين ، والتي تعطي إشباعاً متساوياً لدى مستهلك معين .

جدول رقم (9)

الكميات المستهلكة من التفاح والليمون ومعدل الإحلال الحدي لها

المجموع	تفاحQx	ليمون Qy	المعدل الحدي للإحلال MRSxy
A	14	1	4
B	10	2	3
C	7	3	2
D	5	4	1
E	4	5	1
F	3	7	1/2
G	2	10	1/3
H	1	14	1/4

ومن الجدول رقم (9) والذي هو مثال على ماتقدم نلاحظ ان العمودين الأولين من هذا الجدول ، يبينان الكميات المختلفة من السلعتين التي تعطي إشباعاً متساوياً لمستهلك معين ، والعمود الثالث من هذا الجدول يبين الكميات المختلفة من التفاح التي يكون المستهلك على استعداد للتضحية بها مقابل

الحصول على وحدة إضافية من الليمـون ، بشرط ألا تغيـر مـن مستوى الإشباع الكلي الـذي يحصـل عليـه المسـتهلك ، ويعـرف ذلـك في الاقتصـاد باسـم **المعـدل الحدي للاحلال** (MRS) للليمون ، فمعدل الإحلال الحدي لسلعة معينة ولتكن x ، يعرّف على أنه الكمية التي يكون المستهلك على استعداد للتضحية بهـا مـن سلعة أخرى ولتكن y مقابل الحصول على وحدة إضافية من x ، بحيـث لا يـؤدي ذلك إلى تغير في مستوى إشباعه ، أن معدل الإحلال الحـدي يكـون متناقصـاً لأنـه بذلك يعكس مبدأ تناقص المنفعة الحدية . ويقاس بالمعادلة التالية :

$$\text{معدل الإحلال الحدي } MRS= \frac{(\Delta Q_x)\ x\ \text{التغير في الكمية المستهلكة من السلعة}}{(\Delta Q_y)\ y\ \text{التغير في الكمية المستهلكة من السلعة}}$$

ويمكن تمثيل الجدول رقم (9) بيانياً بمنحنى مقعراً يتجـه مـن أعـلى إلى أسفل ، كما هو مبين بالشكل رقم (30) ، يطلق عليه منحنى السـواء تكـون كـل نقطة عليه تمثل توليفة من كميات السلعتين x و y والتي تعطي نفس الاشباع . فالنقطة A مثلاً تمثل 5 وحدات مـن السـلعة x و4 وحـدات مـن السـلعة y ، والنقطة B تبين كمية اقل من السلعة x وكمية أكبر من السلعة y .

شكل (30) منحنى السواء

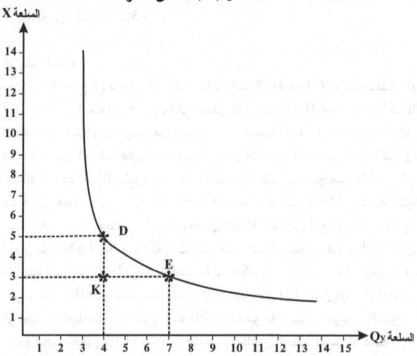

أن انتقال المستهلك من النقطة D إلى النقطة E إنمـا يعنـي أنـه يضـحي بالكمية DK من السلعة X مقابل الحصول على KE من السلعة y ، ومن ثم فإن ($\frac{DK}{KE}$) تمثل معدل الاحلال الحدي للسلعة y حيث انـه يحصل عـلى نفس الاشباع عندما يضحي بكمية من السلعة x مقابل الحصول عـلى وحـدة واحـدة من السلعة y وهو ماعبرنا عنه بمعدل الإحـلال الحـدي للسـلعة y . وبمـا أن ميل الخط AB هـومماس المنحنى عنـد النقطـة المـذكورة ، اذن يمكـن التعبـير عنـه بالمعادلة التالية :

$$\text{ميل الخط DE} = \frac{DK}{KE}$$

نستنتج أن معدل الإحلال الحدي للسلعة y عند أي نقاط المنحنى إنما يعبر عنـه ميل المنحنى عند هذه النقطة .

خريطة السواء

بالرجوع الى منحنى السواء الـوارد بالشـكل رقم (31) حيـث نقطـة E تمثل كمية من السلعتين x و y والتي تعطي قدر معين من المنفعة . فعند أخـذنا نقطة أخرى أعلى وإلى اليمين من المنحنى مثل النقطة E_1 فإننا نلاحظ أنها تمثـل كمية أكبر من كلتا السلعتين y,x . وبالتالي فان منفعتها أكبر مـن تلـك التـي في النقطة E ، وبما أن E_1 تقع على منحنى السواءC_1 فإننا نستنتج مـن ذلـك أن أي نقطة على منحنى السواء C_1 تمثل منفعة أكبر من تلك التي تمثلها أي نقطة علـى منحنى السواء C . وبنفس الصيغة نجد أن النقطة E_2 التي تقع إلى أعلى وناحية اليمين من النقطة C_1 تمثل كميـات أكبر مـن كلتـا السـلعتين y,x وبالتـالي فان منفعتها أعلى من تلك التي في النقطة E_1 . وهكذا كلما انتقلنا ناحية اليمين وإلى أعلى ، كلما انتقلنا إلى منحنيـات سـواء تمثـل مسـتوى أعلـى مـن الإشـباع أو مـن الرفاهية الاقتصادية . ومجموع هذه المنحنيات هو ما يسـمى بخريطـة السـواء . وهذه الخريطة تبين لنا الكميات المختلفة من سلعتين تعطي نفس المنفعة ، إذا كنا على منحنى سواء واحد ، كـما تبـين الكميـات المختلفـة مـن السـلعتين التـي تعطي مستويات مختلفة من المنافع ، إذا كنا ننتقل من منحنى إلى منحنى آخر .

شكل رقم (31) خارطة السواء

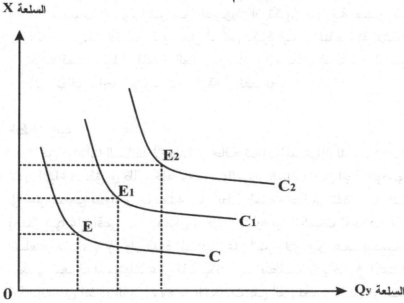

خصائص منحنيات السواء

1- إن منحنى السواء سالب الميل تنحدر من أعلى إلى أسفل والى اليمين ، ويفسر ذلك بسبب ثبات الإشباع الكلي على منحنى السواء الواحد، فعندما يتم التنازل عن مقدار من إحدى السلعتين لا بد وأن يعوض ذلك بمزيد من وحدات السلعة الأخرى ، أي أن العلاقة بين ما يستهلكه المستهلك من سلعة ما وما يستهلكه من السلعة الأخرى هي علاقة عكسية،إذا أراد المستهلك المحافظة على مستوى معين من المنفعة .

2- منحنى السواء ، يكون مقعر نحو نقطة الأصل ، ويفسر ذلك بتناقص المعدل الحدي للإحلال.

3- منحنيات السواء لا تتقاطع ، لأنها إذا تقاطعت تعطي نفس مستوى الإشباع عند نقطة التقاطع وهذا غير ممكن بالتعريف .

4- أن منحنيات السواء ليس من الضروري ان تكون متوازية بعضها مع البعض . وذلك لأنها لا تقوم على أساس فكرة قياس المنفعة أو الإشباع قياساً كمياً . وكما أن المعدل الحدي للإحلال بين سلعتين قد يتغير بالنسبة للمستهلك الواحد ، نتيجة لتغير ذوقه أو تفضيله .

خط الميزانية

من دراساتنا السابقة لاحظنا ان حالة توازن المستهلك للحصول على اقصى اشباع تتحقق في ظل دخله المحدود والاسعار السائدة من اجل الوصول الى أعلى منحنى سواء في خريطته . فخريطة السواء تعكس تفضيلاته التي يحصل فيها على اقصى اشباع ممكن في ظل اختياره بين الكميات المختلفة من السلعتين مثل x و y ، وان قدرة المستهلك على الشراء لاي من هذه الكميات لاتكفي لتعرف المستهلك على تفضيلاته ، بل يتطلب ان ياخذ في الاعتبار امكانياته على الشراء الفعلي ، وهذه الامكانات هي التي تحدد نطاق او حدة تفضيلاته واختياراته الممكنه.ويمكن التعبير عنها بيانيا بما يسمى بخط الميزانية او (خط السعر او الامكانيات) .

وبما ان المحددات التي تتحكم بسلوك المستهلك وقدرته على الطلب الفعلي هما دخله (I) واسعار السلع (P) التي يستهلكها ، اذن يمكن التعبير عن قيد الميزانية وفق المعادلة التالية :

$$I = P_x . Q_x + P_y .Q_y$$

اي ان خط الميزانية (خط السعر)

$$I = P_x . Q_x = P_y .Q_y$$

شكل رقم (32) خط الميزانية

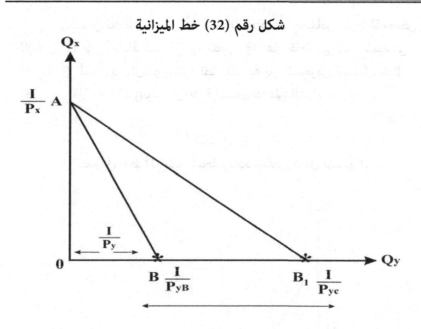

على اساس أن I هو أقصى ما يمكن أن ينفقه المستهلك لشراء أي كمية من السلعتين x وy أو أحدهما ، وأن Px . Py هما أسعار السلعتين على التوالي. وبالتالي فإن أية نقطة واقعة على الخط AB بالشكل (32) تكون في حدود إمكانياته . حيث تحدد إمكانية بالمساحة ABO وبالتالي فإنه يستطيع أن يحصل على أية مجموعة ممثلة بنقطة أسفل الخط AB أو واقعة عليه . أما بالنسبة لأي مجموعة أعلى من الخط AB فهي غير ممكنة ولا تحقق قيد الميزانية الممثل بالمعادلة السابقة .

ومن الشكل نلاحظ أن ميل خط السعر يساوي النسبة بين سعر السلعتين Px , Py . وهو ميل سالب ، وإذا فرض وانخفض سعر إحدى السلعتين ، وليكن سعر الوحدة من y ، فإن خط الميزانية يغير موقعه من ناحية السلعة y ، ويصبح AB (ميله يصبح أقل) . والعكس في حالة ارتفاع ثمن السلعة y ، مع بقاء ثمن x على ما هو عليه ، وبقاء الدخل

120

المخصص للإنفاق ثابت . أما في حالة زيادة أو انخفاض المبلغ المخصص للإنفاق (I) فإن معادلة قيد الميزانية تتغير ، وينتقل خط الميزانية بأكمله إلى أعلى أو إلى أسفل بشكل موازي ، (تظل النسبة بين السعرين ثابتة) ، شكل (33) إذن فإن خط الميزانية يبين قدرة المستهلك على الشراء .

شكل (33)
التغير في خط الميزانية نتيجة زيادة ونقص دخل المستهلك

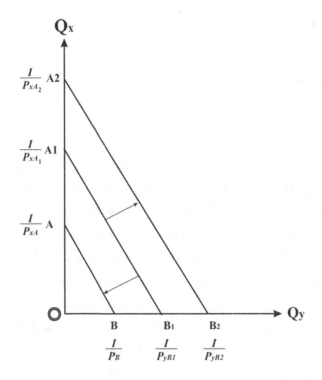

توازن المستهلك

عرفنا في الفقرات السابقة ان المستهلك يحـدد الكميـات التـي يسـتهلكها والتي تحقق له اقصى اشباع ممكن بالجمع بين تفضيلاته (منحنيـات السـواء) وامكانياته المحدده بخط الميزانية. والتي يمكن تمثيلها بيانياً في نقطة التـماس بين أعلى نقطة على منحنى السواء وخط الميزانية . وهـي النقطة التي تمثل كمية من السلعتين التي تحقق لـه أقصى إشـباع ممكن . أو بمعنى آخر هـي النقطة التي يصـل عنـدها المستهلك إلى حالـة التـوازن فيما يتعلـق باختيـاره للسلع التي يفضلها ، وفي حدود إمكانياته ، (الشكل 34) . ومـن الملاحـظ مـن الشكل أن وضع التوازن هو الممثل بنقطة E وليس أي نقطة أخرى مثل E_1 أو E_2 أوE3 . عند نقطة E ميل منحنى السواء يساوي ميل خط الميزانية .

شكل رقم (34) توازن المستهلك

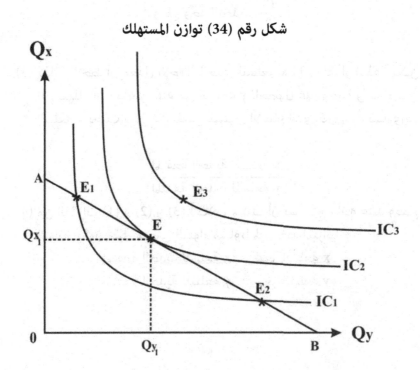

إذن شرط التوازن : من الشكل (34) ، نلاحظ أن معدل الإحلال الحدي للسلعة x محل السلعة y عند النقطة E ، يمثله ميل الخط الـذي يمـس المنحنـى عنـد هذه النقطة ، وكـما لاحظنـا مـن شرط التـوازن أن الخـط الـذي يمـس منحنى السواء عند هذه النقطة هو خط الميزانية (السعر) AB ، أي أنه عند التـوازن يكون :

(1) معدل الإحلال الحدي للسلعة X = ميل منحنى السواء = ميل خط السـعر .

(2) أن ميل خط الميزانية إنما يمثل الأسعار النسبية بين السلعتين ،

وعلى وجه التحديد $\dfrac{P_X}{P_y}$

(3) كذلك نلاحظ أن معدل الإحلال الحدي للسلعة x ، أي المقدار الـذي يمكن للمستهلك أن يستغني عنه من السلعة y للحصول على وحدة واحـدة مـن السلعة x بحيث يبقى عند نفس مستوى الإشباع الذي كان عليه يساوي :

$$\frac{\text{المنفعة الحدية للسلعة } x}{\text{المنفعة الحدية للسلعة } y}$$

(4) من الفقرات (1) و (2) و (3) أعـلاه ، يمكننـا أن نسـتنتج ، أنـه عنـد وضـع التوازن يكون ميل منحنى السواء مساويا لميل خط الميزانية :

$$\frac{\text{المنفعة الحدية للسلعة } x}{\text{المنفعة الحدية للسلعة } y} = \frac{\text{سعر السلعة } x}{\text{سعر السلعة } y}$$

123

وهو نفس الشرط الذي كنا قد توصلنا إليه في تحليلنا للمنفعة ، دون مـا حاجة لأن نفترض أن المنفعة يمكـن قياسـها ، ولكـن اكتفينـا بـافتراض أنهـا قابلـة للمقارنة فحسب .

اشتقاق منحنى الطلب

لاشتقاق منحنى طلب المستهلك على السلعة y نبدء بوضع التوازن عند النقطة A والتي يشتري فيها الكمية q_1 عند السعر p_1 (مع بقاء دخل المستهلك وسـعر السـلعة x دون تغييـر) ويمكـن تمثيـل هـذه النقطـة في الشـكل (35-أ) بالنقطة A وهكذا بالنسبة للنقاط الاخرى .يلاحظ ان الكميات المشتراة من السلعة x عند خط الميزانيـة AC تسـاوي q_1,q_2,q_3 وهـذا يعنـي ان الكميـة المطلوبة عند هـذا السـعر p_1 وقدرها q_1 تشكل نقطة علـى منحنى الطلب ، وعندما انخفض سعر السلعة الـ p_2 كمـا هـو مبـين في خط الميزانيـة AC زادت الكمية المشترات من السلعة الى q_2 وهذه نقطة ثانية على منحنى الطلب ، ولمـا انخفض سعر السـلعة الى p_3 زادت الكمية المشترات الى q_3 وهـذه نقـاط ثـلاث تشكل نقاط منحنى الطلب ، وبايصـال هـذه النقـاط مـع بعضـها يتكـون لـدينا منحنى الطلب لاحظ الشكل (35- ب).

الشكل رقم (35) رسم بياني لاشتقاق منحنى الطلب

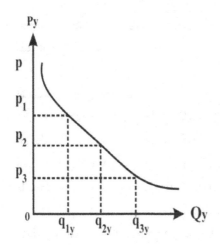
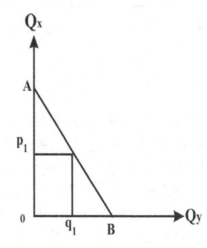

📖 القاموس الاقتصادي

utility	المنفعة
Marginal utility	المنفعة الحدية
Total utility	المنفعة الكلية
Law of diminisshing marginal utility	قانون تناقص المنفعة
Consumer suplus	فائض المستهلك
isoquant curves	منحنيات السواء
isoquant map	خريطة السواء
Budget constraint line	خط الميزانية
Consumer behavior	سلوك المستهلك
Consumers equilibrium	توازن المستهلك
Marginal rat of substitution	المعدل الحدي للاحلال

أسئلة الفصل ؟

1- ما هي طبيعة العلاقة بين المنفعة الحدية والمنفعة الكلية ؟وماذ
بقانون تناقص المنفعة ؟

2- ارسم خط الميزانية عندما يكون سعر السلعة يساوي 25 دينارا ، وسعر السلعة يساوي 10 دينار ، مع افتراض ان الدخل الشهري يساوي 100 دينار ؟

3- ماهي عيوب نظرية المنفعة ؟

4- عرّف ما ياتي: منحنى السواء ، خط الميزانية ، توازن المستهلك ؟

5- بماذا تعلل اثر انخفاض سعر احدى السلع على توازن المستهلك طبقا لتحليل منحنيات السواء ؟

6- اذكر الاجابة الصحيحة :

- اذا كانت المنفعة الحدية لاحدى السلع تساوي صفر فاننا نستنتج انه ليس هناك منفعة لهذه السلع؟
- يتحقق شرط التوازن طبقا لنظرية المنفعة الحدية عندما تتساوى النسبة بين المنافع الكلية للسلعتين مع السعر لكلا منهما ؟
- تتناقص المنفعة الحدية للسلعة بسبب تناقص المنفعة الكلية التي يحصل عليها المستهلك ؟
- اذا قرر المستهلك استهلاك سلعة واحدة ، فان نقطة التوازن هل تكون على كلا المحورين ، ام على احد المحورين ، ام اسفل قيد الميزانية ، ام خارج منحنى السواء ؟

الفصل الرابع
مفهوم الانتاج واشكاله

سبق ان أوضحنا ان اشباع الحاجات البشرية يتطلب توافر السلع
والخدمات، فالسلعة أو الخدمة هي وسيلة اشباع الحاجة. ولكن غالبية هذه
السلع والخدمات لا توجد في الطبيعة بالصورة التي تجعلها صالحة لأشباع
الحاجة، وتسمى عملية التحوير أو التعديل هذه بعملية الإنتاج. والموارد التي
تجري عليها عملية التحوير السابقة تسمى بعوامل الإنتاج.

إذن فالإنتاج هو النشاطات التي يتم فيها تحويل الموارد الاقتصادية إلى
سلع وخدمات. ويمكن تعريفه ايضا بانه أي نشاط يؤدي إلى خلق منفعة جديدة
(حيث لم يكن لها وجود) أو زيادة هذه المنفعة ويكون ذلك عن طريق احد
اشكال الإنتاج التالية:

1- **تغير شكل السلعة**: وهو ما يطلق عليه بخلق المنفعة الشكلية الذي يحدث
نتيجة تغير في شكل عوامل الإنتاج والحصول على سلعة أو خدمة يجعلها
اكثر قدرة على اشباع الحاجات البشرية، مثل تحويل القطن إلى غزل، أو
تحويل الغزل إلى اقمشة.

2- **نقل السلعة**: من مكان تكون فيه منفعتها منخفضة إلى مكان آخر تكون
فيه منفعتها مرتفعة: فنقل الخضروات والفاكهة من الريف إلى المدينة أو
نقل خام الحديد من المناجم إلى مصانع الحديد والصلب، كل هذه تعتبر
انشطة انتاجية، تزيد من منفعة السلعة بوضعها في المكان المناسب الذي
تكون فيه اكثر قدرة على اشباع الحاجات.

3- **خزن السلعة**: حيث ان نقل السلعة نقلا زمنيا من وقت تتوافر فيه وتقل
الحاجة إليها نسبيا، إلى وقت آخر تقل فيه السلعة وتزداد الحاجة إليها،

يعتبر نشاطا انتاجيا، مثل تخزين الأرز أو القمح في وقت الحصاد لعرضه في الأسواق على مدار السنة.

4- **اتاحة السلع**، للراغبين في الحصول عليها، باسلوب يتناسب مع حاجاتهم: فالتاجر الذي يقوم بتجميع العديد من السلع، باشكالها المختلفة، من مختلف المنتجين، لأتاحتها لألاف المستهلكية على اختلاف اذواقهم وميولهم، لينتقوا ما يشاؤن، هذا التاجر يقوم بعمل انتاجي لا يقل اهمية عن الصانع الذي يقوم بصنعها.

عوامل الإنتاج

اختلف الاقتصاديون في تصنيف عوامل الإنتاج (عناصر الإنتاج)، فبعض الاقتصاديين يكتفي بتصنيف تلك العناصر إلى قسمين أو عاملين هما (العمل والأرض)، بينما يرى فريق آخر ان عوامل الإنتاج هي ثلاث العمل والارض ورأس المال، ويرى فريق ثالث ان عوامل الإنتاج هي اربعة العمل والأرض ورأس المال والتنظيم. وهناك من يرى ضرورة اعتبار التكنولوجيا (التقنية) كعامل مستقل من عوامل الإنتاج. ورغم وجود الحجج التي يعتمد عليها كل فريق في مقولته، إلا ان هناك شبه اتفاق بين الاقتصاديين على ان عوامل الإنتاج هي اربعة:

1- الطبيعة (الأرض)

2- العمل

3- رأس المال

4- التنظيم

وفيما يلي نتناول كلا منها:

أولا: الطبيعة (الأرض)

يقصد بعامل (أو عنصر) الطبيعة، الأرض وما فوق سطحها وما في باطنها من ثروات طبيعية، أي ان عنصر الطبيعة يشمل الأرض الزراعية والغابات والمياه والمعادن والنفط والغازات الطبيعية...الخ. إذن فكلمة الأرض لا يقصد بها فقط سطحها المادي الذي يعيش عليه الإنسان، ولكن أيضا كافة الموارد التي وهبتها له الطبيعة والتي لا يمكن ان ينتجها.

ومنذ المراحل الأولى لتطور الفكر الأقتصادي كانت الأرض هي أول عنصر من عناصر الإنتاج التي اهتم بها الأقتصاديون. وذلك باعتبارها عاملا اساسيا يحدد امكانيات انتاج السلع والخدمات، وتتميز الأرض بعدة خصائص ابرزها:-

1- الأرض هبة مجانية من الطبيعة: فالأرض هبة من هبات الله سبحانه وتعالى ولم يبذل في وجودها جهد بشري، ومن ثم فليس لها كلفة انتاج. ولا يعني ذلك بطبيعة الحال عدم وجود ثمن لها. ان ثمنها مستمد من قدرتها ومن اقبال الناس على خدماتها، وزيادة طلبهم عليها، ورغبتهم في امتلاكها، ويكون هذا الثمن عائدا صافيا لمالكي الأرض.

2- الثبات النسبي للأرض: تتسم الأرض بثبات نسبي حيث لا يمكننا زيادتها أو التوسع فيها إلا في نطاق محدود. ولا يعني ذلك اننا وصلنا إلى الحد الأقصى في استغلالها، حيث ان التقدم العلمي يؤدي إلى ازدياد الثروات الطبيعية بعدة وسائل منها:

أ. الأكتشافات: فمن خلالها تصبح الثروات الموجودة في باطن الأرض موارد تسهم في النشاط الإنتاجي للمجتمع كالفحم والنفط والحديد وغيرها.

ب.   التطور التكنولوجي: ان التقدم العلمي والتطور التكنولوجي يساعد الانسان على تطوير العديد من الاستخدامات للموارد الطبيعية مما يجعلها ذات نفع كبير للأنسان. فكافة العناصر الطبيعية المستخدمة في الصناعة الحديثة كالنفط والمعادن، لم تصبح موارده هامة الا بفضل التقدم التكنولوجي والذي ادى الى تحسين طرق الإنتاج.

ج.   تقدم وسائل المواصلات فلا يكفي ان يعرف الانسان عن وجود الموارد في منطقة معينة، بل لابد من إمكانية نقلها إلى مناطق الاستخدام وبتكاليف منخفضة، ومن هنا تلعب وسائل المواصلات دورا هاما في استغلال الموارد الطبيعية.

ومن اهم الآثار المترتبة على ثبات الأرض، ان الزيادات المتتالية في السكان من شأنها ان تزيد الإنتاج الكلي بمقادير متناقصة، مما يترتب عليه ان يتناقص نصيب الفرد من الإنتاج، وتسمى هذه العلاقة بقانون الغلة، وسوف نأتي على شرحه.

3-   الأرض تتفاوت في نوعيتها وتجانسها: حيث تتفاوت الأرض كثيرا من حيث درجة الخصوبة ومن حيث الظروف المناخية ونوعية الثروات الطبيعية الموجودة على سطحها أو في باطنها. ويترتب على ذلك ظاهرة تسمى (الريع التفاوتي). فاصحاب الأرض يحصلون على عائد معين نظير اشتراكها في العملية الانتاجية يسمى (ريع)، ولكن اصحاب الارض المتميزة (الاكثر خصوبة مثلا) يحصلون على عائد لا تحصل عليه الأرض الاقل تميزا يسمى (الريع التفاوتي). وهذا العائد ما كان لينشأ لو كانت الأرض متجانسة.

ثانيا: العمل

يقصـد بالعمـل هـو كـل مجهـود اختيـاري يبذلـه الانسـان في العمليـة الإنتاجية، سواء كان هذا الجهد عضليا أو ذهنيا، ويترتب على ذلك خلـق منفعـة أو زيادتها وفي مقابل ذلك الحصول على أجـر. وعـلى هـذا الاسـاس فلـكي يكون الجهد المبـذول عمـلا بـالمعنى الاقتصادي، يجب ان تتوفـر فيه مجموعـة مـن الشروط هي:

1- ان يكون عملا بشريا وهذا الشرط يستبعد الجهد المبذول من عناصر غـير بشرية.

2- ان يترتب عليه إنتاج سلعة أو خدمة، فاي جهـد يبـذل ولا يترتب عليـه انتاج سلعة أو خدمة لا يدخل ضمن عنصر العمل.

3- ان يكون هذا العمل اختياريا وليس إجباريا.

4- ان يكون هذا الجهد مقابل أجـر. أي ان الجهـد المبـذول الـذي لا يحصل مقابله على اجر لا يدخل ضمن العمل بالمعنى الاقتصادي.

وهناك عدة تقسيمات للعمل منها:

أ. العمل المـاهر والعمـل غـير المـاهر – فالأول يتطلب الحصـول عـلى تعليم أو تدريب أما الثاني فلا يتطلب الحصول على مهارات خاصة.

ب. العمل الذهني والعمل العضلي.

ج. العمل الكتابي والعمل الحرفي...الخ.

ويعتبر عنصر العمل من أهم عناصر الإنتاج. فالعملية الإنتاجيـة لا يمكن ان تـتم بدونه، كـما ان العمليـة الإنتاجيـة نفسـها تـتم بغـرض اشباع حاجاتـه، ويحصل عنصر العمل مقابل اشتراكه في العملية الإنتاجية على عائد يسمى

(الأجر). كما انه لابد من الإشارة هنا ايضا على ان عنصر ــ العمـل يتوقف على حجم السكان وهيكل السكان من حيث العمر والنوع حيث نلاحظ:

-   كلما زاد حجم السكان زاد المعروض من الأيدي العاملة في سوق العمل فهناك علاقة طردية بين حجم السكان وعرض العمل.
-   كذلك كلما ازدادت نسبة السكان عنـد الاعمار المتوسطة كلمـا ازداد عرض العمل عند حجم معين للسكان.
-   كذلك كلما ازدادت نسبة الذكور في السكان، كلمـا ازداد عـرض العمـل عند حجم معين للسكان.

وهناك عوامل اخرى تؤثر على عرض العمل منها مستوى الأجور، العادات والظروف الاجتماعية، والدينية السائدة، وكذلك القوانين التي تحدد سن بداية ونهاية العمل. والحقيقة تقال ان العاملان المؤثران على حجم السكان. هما معدل الزيادة الطبيعية للسكان واتجاه حركة الهجرة.

ويمكن تصنيف البلاد من حيث الحجم الامثل للسكان إلى:

أ. **بلاد خفيفة السكان**ـ وهنا يكون عنصرـ العمـل غيـر كـاف لاستغلال باقي العناصر بصورة كاملة مثل البلدان المتقدمة.

ب. **بلاد كثيفة السكان** ــ وهنا يكون عنصر العمل اكثر مـما هـو ضروري لاستغلال باقي العناصر، وبالتالي يتبقى اجزاء من العمل معطلا، مثل البلدان النامية.

التخصص وتقسيم العمل:

ارتبط تقسيم العمل والتخصص بتطور النشاط الاقتصادي للأنسان منـذ قديم الزمان، وفي العصرـ الحديث ارتبط تقسيم العمـل بصورة وثيقـة الصـلة بالنشاط الإنتاجي، المرتبط بدوره بالتطور الصناعي والتكنولوجي، واصبح يمثل اهم عناصر مشكلة التنظيم العلمي للعمل. وقد عرض المفكر

الاقتصادي (آدم سمث) هذه المشكلة، من خلال نموذج صناعة الدبابيس التقليدي. فقد لاحظ ان عددا لا يتجاوز عشرة عمال يستطيعون ان ينجزوا (48) ألف دبوس يوميا. بشرط تقسيم عملية التصنيع إلى (18) عملية ووظيفة مختلفة، يوزع عليها العمال. بينما لو عمل كل عامل بمفرده لأنتاج الدبوس كاملا. لأنجز كل منهم عشرين دبوسا يوميا.

ويتمثل تقسيم العمل على مستوى الوحدة الإنتاجية في توزيع العاملين على مختلف عمليات التصنيع، خلال دورة كاملة لأنتاج سلعة وسيطة أو مادة أولية أو منتج نهائي. حيث نجد صاحب العمل أو الإدارة العليا على قمة النشاط الإنتاجي، ويقسم العمل التنفيذي إلى فني وإداري، كما يقسم العمل الفني إلى عمل ماهر وعمل يدوي... وهكذا ...بحيث اصبح تقسيم العمل ينصرف إلى تخصص العمال في اهداف أو اغرض مختلفة ولكنها متكاملة، وحسب طبيعة الوحدة الإنتاجية.

أما على مستوى الاقتصاد القومي، فان تقسيم العمل ينصرف إلى دور ووظيفة كل فرد في المجتمع ومدى انتمائه المهني أو الطبقي. ويترتب على تلك الأدوار عملية الصراع الاجتماعي، وتحديد نصيب كل فرد في توزيع ثمرات النمو (التوزيع الاجتماعي للدخل).

ولقد لوحظ ان لحجم السوق دورا رئيسيا في تقسيم العمل، وان هناك علاقة طردية بين حجم السوق والتخصص في العمل، ونتيجة لأتساع السوق من محلية إلى دولية، تكوّن تقسيم جديد للعمل على المستوى الدولي وخاصة بين الدول المتقدمة صناعيا وتقنيا، والدول المتخلفة والمتخصصة في انتاج المواد الأولية، والتي تعتبر سوقا للمنتجات الصناعية للدول المتقدمة، ومصدرا لإمدادها بالمواد الأولية.

ان للتخصص وتقسيم العمل المرتبط بالعملية الإنتاجية أثرين وميزتين هما:

أ. اثر اقتصادي يتمثل في زيادة الكفاءة الاقتصادية للوحدة الإنتاجية وزيادة انتاجية العمل، نتيجة تخصص كل عامل في عمل محدد واكتساب الخبرة وتوفير الوقت والجهد والمحافظة على الاجهزة والآلات وتبسيط العملية الإنتاجية...الخ.

ب. اثر اجتماعي يتمثل في تنمية علاقات التعاون بين العاملين وبث روح العمل الجماعي، وإذابة الدوافع الفردية في الدوافع الاجتماعية، وما يؤدي من تحسين لظروف العمل وتنمية وزيادة التعاون في الإنتاج.

وبالرغم من مزايا تقسيم العمل، إلا انه لا يخلو من المساوئ والسلبيات والتي غالبا ما تنعكس اثارها على العامل مثل الرتابة والملل، وانحصار الجهد والفكر في الجزيئات، وحدوث البطالة بالإضافة إلى ما يترتب عليه من خلق التعصب والصراع بين افراد المجتمع طبقا لأنتماءاتهم الوظيفية والمهنية....وغيرها.

ثالثا: رأس المال

يقصد برأس المال في صورته العينية، انه عبارة عن مجموعة الأصول والسلع الإنتاجية التي تستخدم في انتاج سلع اخرى، ومن ثم فهو يشمل الآلات والمعدات والمباني والمخزون من المواد الخام والسلع تحت التصنيع. أي ان راس المال هو أي سلعة تستخدم لاشباع الحاجات البشرية بطريقة غير مباشرة عن طريق استخدامها لأنتاج سلع اخرى سواء كانت استهلاكية أو انتاجية ويتعرض رأس المال لظاهرة تسمى (الاستهلاك الرأسمالي) أي تناقص قيمة الأصل الراسمالي نتيجة لأحد الاسباب الآتية:

1- **الاستخدام:** فاستخدام الآلة في العملية الإنتاجية يؤدي إلى ضياع جزء من قيمتها.

2- **مرور الزمن:** حيث تتناقص قيمة الآلة بمرور الزمن، حتى ولو لم تستخدم في الإنتاج وذلك لتعرضها للعوامل الجوية.

3- **التقادم الفني:** حيث تنخفض قيمة الآلة القديمة نتيجة ظهور آلة احدث منها أو اكثر كفاءة.

ويزداد رأس المال المملوك للمجتمع مع الزمن عن طريق ما يسمى (بالتكوين الراسمالي) وينقسم التكوين الراسمالي إلى جزئين:

أ- جزء يعوض الاستهلاك الذي تعرض لـ راس المال القديم، أي يقوم بعملية الاحلال محل الآلات التي اصابها التقادم.

ب- جزء آخر يعتبر اضافة صافية لرصيد راسمال، ويسمى بالتكوين الراسمالي الصافي، ويطلق الاقتصاديون على ذلك مصطلح (الاستثمار).

ويتم تمويل الاستثمار عن طريق ما يسمى (بالادخار) والذي هو استقطاع جزء من العوائد.

من ذلك نلاحظ ان الاستثمار بمعناه الحقيقي انما يعني بناء راسمال جديد لم يكن لـ وجود من قبل، أو زيادة رصيد المجتمع من رأس المال أو زيادة قدرته على الإنتاج.

انواع رأس المال: تطلق كلمة رأس المال على العديد من الاشياء المتباينة في اشكالها واحجامها ووظائفها، بل في مفاهيمها ايضا. لذلك اعتاد الاقتصاديون على تقسيم، راس المال إلى تقسيمات مختلفة سواء حسب مفهومه أو وظيفته أو حسب نوع الملكية التي يخضع لها. **ومن اهم التقسيمات ما يلي:**

1- رأس المال النقدي ورأس المال العيني:

راس المال النقدي: وهو ينصرف إلى النقود. وهذا هو المفهوم الشـائع لـدى العامة، حيث يقال ان المشروع (س) راسـماله عشـرون مليون دينار مثلا.

راس المال العيني: وهو عبارة عن السلع التي تستخدم في انتاج سلع اخرى. وبالتالي فهو يشمل الآلات والمعـدات والمبـاني...الخ. وهذا هو المفهوم الذي نقصده عندما نتكلم عـن راس المال كأحد عوامل الإنتاج.

2- راس المال الثابت وراس المال المتداول

راس المال الثابت: هو الذي يستخدم في العملية الإنتاجية اكثر مـن مـرة كـالالات والمبـاني. ولا يـدخل في تكلفـة السـلعة المنتجة سوى جزء منه.

راس المال المتداول: هو الذي يدخل في العملية الإنتاجيـة مـرة واحـدة كالمواد الخام والوقود. وبالتالي فانه يدخل بكامل قيمته ضمن تكلفة السلعة المنتجة.

3- راس المال المنتج وراس المال المستهلك

راس المال المنتج: هو الذي يستخدم لأنتاج اموال اخرى والتـي لا تشـبع بشكل مباشر حاجات المستهلكين كالمكائن والابنيـة والالات والمـواد الاوليـة الداخلـة في العمليـة الإنتاجية.

راس المال المستهلك: وهو الذي يشمل السـلع النهائيـة التـي يسـتخدمها المستهلكون لاشباع حاجـاتهم المباشرة كـالملبس والمسكن والاغذية وغيرها.

140

4- راس المال الخاص وراس المال الجماعي

راس المال الخاص: هو الذي يكون ملكا للأفراد سواء بصفتهم الشخصية أو في صورة شركات مساهمة.

راس المال الجماعي: هو الذي يكون مملوكا للمجتمع ككل ممثلا في حكومته.

هذا ويحصل اصحاب راس المال على عائد نظير اشتراكهم في العملية الإنتاجية ويسمى هذا العائد (بالفائدة).

رابعا: التنظيم

يقصد بالتنظيم، تلك العملية التي تتولى الجمع (التوليف) بين عوامل الإنتاج الثلاث الاخرى (الأرض والعمل وراس المال) بالنسب المطلوبة للحصول على انتاج معين بهدف الحصول على الربح. ويتحمل المنظم نتائج هذه العملية.

اذن يقصد بالمنظم، ذلك الشخص الذي يقوم بدراسة مشروع من المشروعات وتنفيذه وتسييره وتحمل نتائجه. فالقيام بنشاط انتاجي معين يتطلب ان يكون هناك شخص ما، أو مجموعة من الاشخاص، تقوم بدراسة وافية لأحتمالات نجاحه أو فشله، وذلك بعمل دراسة للأسواق، والتعرف على الطلب لما ينتجه هذا المشروع، سواء في الحاضر أو في المستقبل، كما تتعرف على كلفة الإنتاج، الثابتة منها والمتغيرة، وذلك بمعرفة اسعار عوامل الإنتاج في وقت انشاء المشروع وما يمكن ان يطرأ عليها من تغير في المستقبل. كما يتطلب انشاء مشروع معين ان يقوم شخص ما بدراسة الأسلوب الذي يتبع في الإنتاج، وتحديد افضل النسب التي تخرج بها عناصر الإنتاج المختلفة اللازمة لهذا المشروع، واختيار الموقع الذي يقام فيه، وتجميع راس المال اللازم واستثماره على شكل مبان وآلات وخامات. وليس

141

الامر قاصرا على مجرد انشاء المشروع أو تنفيذه، بل انه حتى بعد اكتمال الانشاء لابد لأي مشروع من مواجهة الكثير من المشاكل الخاصة بالتمويل والإنتاج والتسويق. ويحتاج إلى رقابة فعالة على النشاط الإنتاجي، ويحتاج إلى من يتخذ القرارات الخاصة بزيادة الإنتاج إذا ما زاد الطلب على السلع، أو انقاص الإنتاج إذا ما قل الطلب عليها. واخيرا وليس آخرا. فانه لابد من وجود شخص أو مجموعة من الاشخاص تتحمل نتيجة كل هذه الاعمال، او بمعنى آخر تاخذ على عاتقها المخاطر الناشئة عن كل هذه القرارات. ومثل هذا الشخص أو الاشخاص هو ما يسمى بالمنظم.

ومما تقدم فان أهم واجبات المنظم يمكن تلخيصها بما ياتي:

1- التوجيه الإداري: ويقصد به القدرة على تحديد المسؤوليات الإدارية من المشروع وتعيين الأشخاص المسؤولين عن تنفيذ سياسة المشروع.
2- تحمل المخاطر: ويتجلى ذلك من خلال استخدام أسلوب التنبوء لأوضاع السوق استنادا إلى أسس علمية. ويتم على ضوء ذلك تحديد مستوى الإنتاج والاسعار والتسويق وغيرها.
3- تطور المشروع: ويتم ذلك من خلال تطوير المكائن والمعدات والآلات المستخدمة فيه وتحسين ابنية، ونوعية انتاجه مع تقليل التكاليف.

ويحصل المنظم نظير مشاركته في العملية الإنتاجية على عائد يسمى الربح.

نظرية الإنتاج

تعد نظرية الإنتاج نقطة البدء لتحديد مستويات الإنتاج التي تحقق للمشروع اقصى الارباح. كذلك تساعد النظرية في تحليل تكاليف الإنتاج والكمية المعروضة، وعلى هذا فهي طرف اساسي في تحديد اسعار السلع وتستخدم نظرية الإنتاج في تحديد الطلب على عوامل الإنتاج، ومن ثم لها دورها في تحديد اسعار عناصر الإنتاج، وبالتالي تساعد في فهم نظرية التوزيع الوظيفي للدخل التي تتناول توزيع الإنتاج على عوامل الإنتاج التي ساهمت في توليده، وفي عملية الإنتاج نجد ان الوحدة الاقتصادية هي المشروع الذي يتخذ قرارات الإنتاج، ويحاول العمل للحصول على اقصى قدر من الارباح، فالمشروع من وجهة نظر الإنتاج يحاول تحقيق هذفه من خلال تغيير نسب عناصر الإنتاج التي يستخدمها أي من خلال الفن الإنتاجي.

اهداف المشروع

ان احد الفروض الاساسية للنظرية الاقتصادية هو ان قرارات الإنتاج التي تتخذها المشروعات يحكمها هدف تحقيق اقصى الارباح من عملياتها الإنتاجية، ورغم منطقية هذا الفرض إلا انه يبالغ في تبسيط عملية اتخاذ القرارات المتعلقة بالإنتاج. فقد تكون اهداف المشروع واحد أو اكثر من الأهداف التالية: تحقيق معدل عال للنمو، الاهتمام بالسيطرة على جزء من السوق، الاهتمام بخلق علاقات طيبة بين المشروع والعاملين، الاحتفاظ بعلاقات طيبة بعملائه. وبغض النظر عن اهداف المشروع المعلنة. فان تحقيق الكفاءة الفنية في الإنتاج تساهم في تحقيق هذه الاهداف. ويقصد بالكفاءة الفنية، تحقيق اقصى قدر من الإنتاج باقل ما يمكن من استخدام عوامل الإنتاج. ويعتبر الفن الإنتاجي أو ما يعرف بالتكنولوجيا، احد

المحددات الاساسية للكفاءة الفنية للأنتاج. ويقصد بالفن الإنتاجي، مجموعة معارف المجتمع التي تتعلق باساليب مزج عوامل الإنتاج.

دالة الإنتاج

نلاحظ ان عملية الإنتاج تعني محاولة تعديل أو تحوير الموارد المتاحة لجعلها صالحة لأشباع الحاجات البشرية. وقد سبق ورأينا ان الموارد المتاحة هي عبارة عن عوامل الإنتاج، أي الارض والعمل وراس المال والتنظيم. وعملية الإنتاج تتضمن محاولة مزج هذه العوامل بنسب معينة في محاولة الحصول على سلعة أو خدمة. فلإنتاج أي سلعة او خدمة لابد له من استخدام عناصر الإنتاج بنسب معينة، فدالة الإنتاج، كما يعرفها الاقتصاديون، هي عبارة عن العلاقة الفنية التي تربط الكمية المنتجة من سلعة معينة (باعتبارها متغيرا تابعا)، بالكميات المستخدمة من عوامل الإنتاج (باعتبارها متغيرات مستقلة).

ويمكن التعبير عن دالة الإنتاج في شكل جدول أو معادلة رياضية توضح اقصى كمية من الناتج التي يمكن انتاجها من مجموعة معينة من عوامل الإنتاج، بافتراض بقاء العوامل الاخرى التي تؤثر في الإنتاج ثابتة. والصيغة العامة التي تستخدم للتعبير عن دالة الإنتاج تتخذ المعادلة التالية:

$$Q = f \ (K, L, D,...)$$

حيث ان

Q = كمية الناتج خلال فترة زمنية معينة.

K = رأس المال المستخدم خلال نفس الفترة كالآلات.

D = الموارد الطبيعية المستخدمة خلال نفس الفترة.

L = كمية العمل المستخدم خلال نفس الفترة.

وطبقا للعلاقة الدالية اعلاه بين كمية الإنتاج وكمية عوامل الإنتاج يمكننا ان نلاحظ ان حدوث تغيرات في الكميات المستخدمة من عامل واحد أو اكثر مـن عوامل الإنتاج سوف يترتب عليه تغيرات مقابلة في حجم الإنتاج، وسـوف نتنـاول بالدراسة هذا النوع من دوال الإنتاج عند مناقشة قانون الغلة المتناقصة.

فمثلا ان الكمية المنتجة مـن السـلعة تعتمـد عـلى متغـيرين فقـط هـما الارض والعمل. حيث ان دالة الإنتاج تاخذ الشكل التالي:

$$Q = f (L, D)$$

وإذا افترضنا ان المساحة المستخدمة من الأرض ثابتة عند مستوى معـين. فان دالة الإنتاج تصبح كما يلي:

$$Q = f (L)$$

أي ان التغيرات في الكمية المنتجة من السلعة يكون سببها التغيرات التي تحدث في استخدام عنصر العمل.

الفترة الزمنية للإنتاج وتقسيم عوامل الإنتاج

سبق اشرنا ان دالة الإنتاج تتضـمن انواعـا مختلفـة مـن عوامـل الإنتـاج (عناصر الإنتاج) وهنا من المفيد ان نشير إلى اهتمام الاقتصاديين بفترتين زمنيتـين تستخدمان في تقسيم عوامل الإنتاج إلى مجموعتين الأولى عناصر الإنتاج الثابتـة، والثانية عناصر الإنتاج المتغيرة. وهاتان الفترتان الزمنيتان هما:

الأجل القصير: وهي الفترة الزمنية التي يمكن فيها للمشروع تغير الكمية المنتجة من خلال تغير كميات بعض عناصر الانتاج المستخدمة (مثل العمل)، بينما تظل كميات عنـاصر الانتـاج الاخـرى ثابتـة لصـعوبة تغيرهـا (مثـل المبـاني والآلات)، وتوصف العناصر التي يمكن تغييرها بعناصر

الإنتاج المتغيرة، ويطلق على العناصر الاخرى التي يصعب تغيرها بعناصر الإنتاج الثابتة وبطبيعة الحال كلما طالت الفترة الزمنية زاد عدد عناصر الإنتاج المتغيرة وانخفض عدد عناصر الإنتاج الثابتة ويلاحظ ان مفهوم الأجل القصير لا يرتبط بفترة زمنية معينة حيث تختلف المدة الزمنية من مشروع لآخر ومن صناعة إلى اخرى.

الأجل الطويل: وهي الفترة الزمنية التي تصبح خلالها جميع عناصر الإنتاج عناصر متغيرة، لأن المشروع يستطيع في هذه الفترة التوسع في المباني وتغييرها وإضافة أو تغيير الآلات والمكائن...الخ.

أنواع الإنتاج ومنحنياته

للتعرف على الكفاءة الفنية للمشروع، سنفترض نموذجا مبسطا لدالة الإنتاج، حيث تتحدد كمية الإنتاج في المشروع بعنصرين انتاجيين احدهما متغير هوالعمل، والآخر ثابت هو الأرض. وعلى هذا يمكن إعادة صياغة دالة الإنتاج (في الأجل القصير) على الوجه التالي:

$$Q = f(L, D)$$

وتحديد توليفة عناصر الإنتاج التي تحقق الكفاءة الفنية للمشروع تتطلب التعرف على العلاقة بين الناتج الكلي (أي كمية الإنتاج الكلية) وكمية عنصر الإنتاج المتغير (عدد العمال) المستخدم، بافتراض ثبات الأرض كعنصر- انتاجي ثان. ومن الجدول رقم (10) يمكن توضيح العلاقة بين الناتج الكلي وعنصر الإنتاج المتغير (العمل) مع ثبات عنصر- الإنتاج الثابت (الأرض). حيث نجد ان تشغيل عامل واحد مع مساحة كبيرة من الأرض ولتكن (20) دونم، سيؤدي إلى انتاج كمية معينة من محصول القمح ولتكن (5) طن. في حين ان تشغيل العامل الثاني لن يؤدي إلى زيادة الإنتاج الكلي

146

فحسب، ولكنه سيؤدي إلى رفع الكفاءة الإنتاجية لأنه سيتيح الفرصة أمام الاثنين لتقسيم العمل فيما بينهما، بحيث يزداد الإنتاج الكلي بنسبة اكبر من نسبة الزيادة في عدد العمال، بحيث تؤدي اضافة العامل الثاني إلى زيادة الإنتاج الكلي إلى (18) طن قمح. بمعنى ان العامل سيزيد الإنتاج الكلي بمقدار 13 وحدة. كذلك نجد ان إضافة العامل الثالث من شأنه ان يزيد من تقسيم العمل بين المشتغلين، ويزيد من فرص التخصص بينهم، مما يؤدي إلى زيادة الإنتاج الكلي بمقدار اكبر من الزيادة الناشئة عن إضافة العامل الثاني، وليصل الإنتاج الكلي إلى (30) وحدة. وهكذا نجد ان إضافة وحدات متتالية من العمل إلى مساحة كبيرة ثابتة من الأرض، سوف تؤدي إلى زيادة الإنتاج الكلي بمعدل متزايد.

جدول رقم (10)

الناتج الكلي ووحدات الأرض والعمل لأحد المشاريع

الناتج الحدي MP	الناتج المتوسط AP	الناتج الكلي TP = Q	وحدات العمل L	وحدات الأرض دونم D
-	-	صفر	-	20
5	5	5	1	20
13	9	18	2	20
12	10	30	3	20
10	10	40	4	20
5	9	45	5	20
3	8	48	6	20
1	7	49	7	20
صفر	6	49	8	20
4-	5	45	9	20
5-	4	40	10	20

ولكن ما ان نصل إلى العامل الرابع، في مثالنا هـذا، حتـى تكـون فـرص التخصص وتقسيم العمل قد استنفذت، بحيث تؤدي إضافة وحدات جديدة مـن العمل إلى زيادة الإنتاج الكلي بمعدل متناقص، فنجد ان العامل الخـامس سـوف يزيد الإنتاج الكلي بمقدار اقل من الزيادة الناشئة عن إضافة العامل الرابع، كمـا ان إضافة العامل السادس يؤدي إلى زيادة الإنتاج الكلي بمقدار اقل مـن الزيـادة الناشئة عن إضافة العامل الخامس. وهكذا نجد ان اضافة وحدات جديـدة مـن العمـل، مـع ثبـات الأرض سـوف يـؤدي إلى زيادة الإنتاج الكلـي ولكـن بمعـدل متناقص، ويلاحظ من الجدول رقم (10) انه يتضمن ثلاث متغيرات للإنتاج يمكن تمثيلها بالرسم على شكل منحنيات وهي كما يلي:-

1- الناتج الكلي (TP)

وهو عبارة عن إجمالي الكمية المنتجة من السـلعة والتـي نحصل عليهـا من إضافة وحدات من عنصر الإنتاج المتغير إلى عنصر الإنتاج الثابت ومن بيانات الجدول رقم (10) العمـود (3) فان شكل منحنـى الناتج الكلي يتجه إلى التزايـد المستمر في الناتج الكلي مع كل زيادة في عدد العمال إلى ان يصل الناتج الكلي إلى اقصاه عند استخدام المزرعة ثمانية عمال، بعدها يتجه النـاتج الكلـي إلى التنـاقص مع كل زيادة في عدد وحدات العمل، لاحظ الشكل رقم (36).

148

شكل رقم (36) منحنى الناتج الكلي

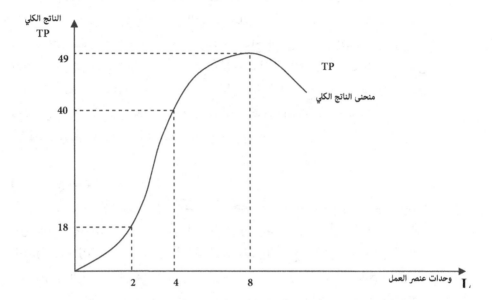

2- الناتج المتوسط (AP)

هو عبارة عن نصيب العامل الواحد من الناتج الكلي. ونحصل عليه عن طريق قسمة الناتج الكلي على عدد وحدات العمل (العنصر المتغير) المستخدمة. أي ان:-

$$\text{الناتج المتوسط (AP)} = \frac{\text{الناتج الكلي (TP)}}{\text{عدد العمال (L)}}$$

$$AP = \frac{TP}{L} = \frac{Q}{L}$$

ومن بيانات العمود رقم (2) والعمود رقم (3) في الجدول (10)، تتحدد قيم الناتج المتوسط عند كل مستوى من مستويات استخدام عنصر العمل، كما هو واضح في العمود رقم (4). ومن بيانات العمود رقم (4) يمكن رسم منحنى

الناتج المتوسط، حيث ان منحنى الناتج المتوسط لعنصر العمل يتجه إلى التزايد مع كل زيادة في عدد العمال التي يستخدمها المشروع، إلى ان يصل إلى اقصاه عند استخدام ثلاثة أو اربع وحدات من العمل، ثم يتجه بعد ذلك إلى التناقص مع استخدام المزيد من وحدات العمل. لاحظ الشكل رقم (37).

شكل رقم (37) منحنى الناتج الحدي والناتج المتوسط

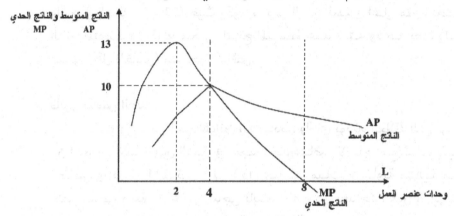

3- الناتج الحدي (MP)

هو التغير في الناتج الكلي نتيجة تغير كمية عنصر الإنتاج المتغير بوحدة واحدة أي ان :

$$\text{الناتج الحدي (MP)} = \frac{\text{التغير في الإنتاج الكلي } (\Delta TP)}{\text{التغيير في عنصر الإنتاج المتغير (العمال) } (\Delta L)}$$

$$MP = \frac{\Delta TP}{\Delta L} = \frac{\Delta Q}{\Delta L}$$

وفي مثالنا تم تحديد الناتج الحدي لعنصر العمل، في العمود الأخير من الجدول رقم (10) من خلال التغير في الناتج الكلي (محسوبا من العمود الثالث) نتيجة تغير عنصر العمل بوحدة واحدة (محسوبا من العمود الثاني)

خلال فترة زمنية معينة. وعلى هذا فالناتج الحدي لا يعني زيادة كمية الإنتاج نتيجة زيادة عنصر العمل بوحدة اضافية، بل يمثل التغير في الناتج الكلي عندما يتغير عنصر العمل بوحدة واحدة. أي ان الناتج الحدي يمثل المقارنة بين الناتج الكلي عند كمية معينة من عنصر العمل والناتج الكلي عند زيادة أو تخفيض كمية عنصر ـ العمل بوحدة واحدة مع ثبات كمية العنصر ـ الإنتاجي الثابت (الأرض). ومن بيانات العمود رقم (5) يمكن رسم منحنى الناتج الحدي وكما هو واضح في الشكل رقم (37) حيث يكون منحنى الناتج الحدي اعلى مـن منحنى الناتج المتوسط ثم يقطع منحنى الناتج المتوسط عند قمته ويتجه بعد ذلك بمستوى اقل (اخفض) منه نحو التناقص.

قانون تناقص الغلة

وهو واحد من أهم القوانين الاقتصادية، والذي يوضح العلاقة التي تربط بين التغير في الإنتاج وبين التغير في حجم احد عناصر الإنتاج، مع ثبات بقية العناصر. وينص هذا القانون على (إذا اضيفت كميات متساوية متتالية من عنصر انتاجي متغير إلى عنصر إنتاجي ثابت، فانه يؤدي بعد حد معين إلى تزايد الناتج الكلي بمعدل متناقص أو إلى تناقص الناتج الحدي).

ومما تقدم فان سريان قانون تناقص الغلة يتحقق عند:

أ. تغير عنصر انتاجي واحد مع ثبات العوامل الأخرى.

ب. ثبات الفن الإنتاجي، أي عدم تعرض اساليب الإنتاج للتغير.

ج. ان تكون الوحـدات المضافة مـن عنصر ـ الإنتـاج المتـغير، وحـدات متماثلة.

د. تغير معاملات الإنتاج، أي ان النسبة بين عناصر الإنتاج ليست ثابتة.

وبالرغم من هذه الفروض غير الواقعية، غير ان ظاهرة قانون تناقص الغلة حقيقية تم ملاحظتها في عالم الواقع. واحد اسباب قبول هذا القانون هو عدم وجود بديل آخر يمكن ان يفسر توقف المشروعات عن استخدام المزيد من عنصر العمل (أو عناصر الإنتاج الأخرى) بعد مستوى معين. ويمكن توضيح المراحل الثلاث لقانون تناقص الغلة استنادا إلى بيانات الجدول رقم (10) والشكل البياني رقم (38).

شكل رقم (38) مراحل قانون تناقص الغلة

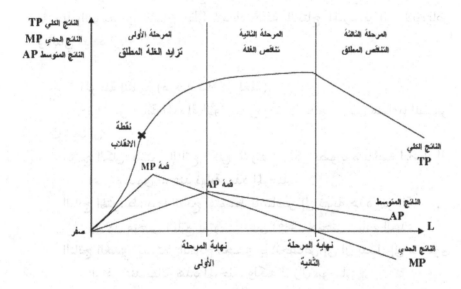

المرحلة الأولى (مرحلة تزايد الغلة المطلقة):

وتبدأ من الصفر حتى النقطة التي يتعادل عندها الناتج المتوسط والناتج الحدي حيث نجد ان:

الناتج الكلي: يزداد بصورة متزايدة (المنحنى يتقعر إلى الأسفل، ثم يبدأ بالتحدب إلى الأعلى وتسمى النقطة الفاصلة بين الحالتين بنقطة

152

الأنقلاب) حتى نقطة الانقلاب ثم يستمر بالزيادة ولكن بصورة متناقصة.

الناتج المتوسط: يزداد بصورة مستمرة إلى ان يصل إلى اعلى مستوى له في نهاية هذه المرحلة. ويكون منحنى الناتج المتوسط اسفل (تحت) منحنى الناتج الحدي.

الناتج الحدي: يزداد بصورة مستمرة إلى ان يصل أعلى مستوى له عند النقطة التي تقابل نقطة الانقلاب لمنحنى الناتج الكلي. ثم يبدأ بالانخفاض ويتقاطع مع قمة منحنى الناتج المتوسط عند نهاية المرحلة الأولى أي انهما يتعادلان.

ويمكن ملاحظة هذه المرحلة في الجدول رقم (10) إلى حد الوحدة الرابعة من وحدات عنصر الإنتاج المضافة (العمل). ومن صالح المشروع في هذه المرحلة التوسع في الإنتاج نظرا لأتجاه كلفة الإنتاج المتوسط إلى الانخفاض وبالتالي زيادة ارباح المشروع.

المرحلة الثانية (مرحلة تناقص الغلة):

وتبدأ من نهاية المرحلة الأولى حتى يصبح الناتج الحدي مساويا للصفر.

حيث نجد ان:

الناتج الكلي: يستمر الناتج الكلي بالارتفاع ولكن بصورة متناقصة ليصل إلى اعلى مستوى له عند نهاية هذه المرحلة.

الناتج المتوسط: يبدأ الناتج المتوسط بالتناقص إلى نهاية هذه المرحلة، ويكون منحنى الناتج المتوسط اعلى (فوق) منحنى الناتج الحدي.

الناتج الحدي: يستمر الناتج الحدي بالانخفاض إلى ان يصل إلى مستوى الصفر عند نهاية هذه المرحلة، ولكنه لا زال موجبا.

ويمكن ملاحظة هذه المرحلة في الجدول رقم (10) إلى حد الوحدة الثامنة. وتعتبر هذه المرحلة افضل مراحل الإنتاج. لأنها توفر المستوى الأمثل من عنصر الإنتاج المتغير للحصول على اعلى مستوى من الإنتاج الكلي.

المرحلة الثالثة (مرحلة التناقص المطلق):

وتبدأ من نهاية المرحلة الثانية حيث نجد:

الناتج الكلي: يبدأ الناتج الكلي بالتناقص المطلق كلما اضفنا وحدات جديدة من عنصر الإنتاج المتغير.

الناتج المتوسط: يستمر الناتج المتوسط بالتناقص.

الناتج الحدي: يستمر الناتج الحدي بالتناقص ويصبح سالبا.

ويمكن ملاحظة هذه المرحلة في الجدول رقم (8) في الوحدة التاسعة والعاشرة. ومن صالح المشروع عدم الدخول في هذه المرحلة والتوقف عن الانتاج، لأنها مرحلة غير منطقية تؤدي إلى ارتفاع التكاليف وتقليل الأرباح أو زيادة الخسائر.

تكاليف الانتاج ومنحنياتها:

تكاليف الإنتاج، هي جملة ما يدفعه المنتج من اثمان نقدية لعناصر الانتاج اللازمة لأنتاج كمية معينة من سلعة ما، أو لأنتاج وحدة إضافية من هذه السلعة. وتكتسب العلاقة بين تكاليف الانتاج من ناحية وحجم الانتاج من ناحية اخرى، اهمية بالنسبة للمنتجين، وذلك لأن المنتجين في سلوكهم انما يقارنون بين ما يدفعونه من تكاليف وبين ما يحصلون عليه من إيرادات. وسوف نتناول هنا المفاهيم المختلفة للتكاليف.

أولا: التكاليف في الأجل القصير

كما أوضحنا سابقا يتوقف حجم الإنتاج من سلعة أو خدمة معينة في صناعة معينة على ثلاث عوامل، عدد المنشآت التي تعمل في هذه الصناعة، وحجم هذه المنشآت، ومعدلات الانتاج. ويقصد بالفترة القصيرة هنا تلك الفترة التي تسمح فقط باحداث التغيرات الفنية للأنتاج من خلال تغير معدل الانتاج، ولكنها لا تكون من الطول بحيث تسمح باحداث تعديلات في حجم المنشآت أو تغيرات في عدد المنشآت في الصناعة المعنية، وعليه فان التكاليف الكلية للإنتاج يقصد بها كل ما يتحمله المشروع من تكاليف ترتبط بالعملية الإنتاجية، والتي يمكن تصنيفها إلى ثلاث اقسام هي:

أ. **التكاليف الثابتة TFC** : وهي التكاليف التي يتحملها المشروع بغض النظر عن حجم الانتاج، فهي ثابتة لا تتغير مهما تغيرت الكمية المنتجة، ويتحمل المشروع هذه التكاليف حتى إذا لم ينتج المشروع أي وحدة من السلعة. من الامثلة على هذه التكاليف ايجار المصنع، والمكائن واقساط التامين...الخ. ويتمثل منحنى التكاليف الثابتة بشكل خط افقي مستقيم. لاحظ الشكل رقم (39) والجدول رقم (11) العمود الثاني.

ب. **التكاليف المتغيرة TVC**: هي التكاليف التي تتغير حسب الكمية المنتجة، فهي تزيد بزيادة الكمية المنتجة، وتنقص بنقصانها. وإذا لم ينتج المشروع فلن يتحمل أي قدر من هذه التكاليف، أي إذا كانت الكمية المنتجة تساوي صفرا فان التكاليف المتغيرة تساوي صفرا كذلك. ومثال ذلك ثمن الخامات واجور العمال وتكلفة الوقود... الخ. وبالرسم فان منحنى التكاليف المتغيرة ياخذ شكله كما يلي:

أ. يبدأ المنحنى من نقطة الأصل، بمعنى ان التكاليف المتغيرة تساوي صفرا.

ب. يبدأ المنحنى محدبا (أي يتزايد بمعدل متناقص) في المراحل الأولى من الإنتاج ثم ياخذ شكل التقعر (أي يـزداد بصـورة متزايـدة)، وذلك نتيجة لانطباق قـانون تنـاقص الغلـة الـذي يعكس تزايد التكاليف.

شكل رقم (39) منحنيات التكاليف

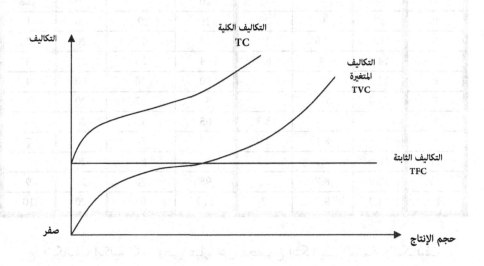

جدول (11)

تكاليف الإنتاج في الفترة القصيرة الآجل

وحدات الإنتاج Q (1)	التكاليف الكلية			التكاليف المتوسطة			التكاليف الحدية MC (8)
	التكاليف الثابتة TFC (2)	التكاليف المتغيرة TVC (3)	التكاليف الكلية TC (4)	متوسط التكاليف الثابتة AFC (5)	متوسط التكاليف المتغيرة AVC (6)	متوسط التكاليف الكلية ATC (7)	
صفر	20	صفر	20	-	-	-	-
1	20	9	29	20	9	29	9
2	20	17	37	10	8.5	18	8
3	20	24	44	6.7	8	14.7	7
4	20	30	50	5	7.5	12.5	6
5	20	37	57	4	7.4	11.4	7
6	20	45	65	3.3	7.7	10.8	8
7	20	54	74	2.9	8.1	10.5	9
8	20	65	85	2.5	8.1	10.6	11
9	20	78	98	2.2	8.7	10.9	13
10	20	93	113	2	9.3	11.3	15

ج. **التكاليف الكلية TC:** وهي عبارة عن مجموع التكاليف الثابتة والتكاليف المتغيرة عند مستوى معين من الإنتاج. والتكاليف الكلية تساوي التكاليف الثابتة عندما تكون كمية الإنتاج صفرا (لأن التكاليف المتغيرة تساوي صفرا). وتزداد كلما زادت كمية الإنتاج نظرا لزيادة التكاليف المتغيرة. وبالرسم فان منحنى التكاليف الكلية يشبه تماما منحنى التكاليف الكلية المتغيرة إلا انه يرتفع عنه بمسافة (عمودية) تمثل التكاليف الكلية الثابتة. لاحظ الشكل رقم (39) والجدول رقم (11) العمود الرابع. ومن التعريف نشتق المعادلة التالية:

$$TC = TVC + TFC$$

د. متوسطات التكاليف

بالإضافة إلى التكاليف الكلية، فان الاقتصاديين ورجال الاعمال يهتمون ايضا بحساب تكلفة الوحدة الواحدة، أي نصيب كل وحدة منتجة من التكاليف الثابتة والمتغيرة والكلية. وفيما يلي توضيح لذلك:

د-1 متوسط التكاليف الثابتة (AFC): يمثل متوسط التكاليف الثابتة نصيب الوحدة المنتجة من التكاليف الثابتة (الإجمالية) . ويمكن تحديد هذه التكاليف بقسمة التكاليف الثابتة على عدد الوحدات المنتجة (حجم الإنتاج)

$$\text{متوسط التكاليف الثابتة (AFC)} = \frac{\text{التكاليف الثابتة (TFC)}}{\text{حجم الإنتاج (Q)}}$$

$$AFC = \frac{TFC}{Q}$$

ومن بيانات الجدول رقم (11) العمود الخامس والشكل رقم (40) يمكن رسم منحنى متوسط التكاليف الثابتة، حيث ينحدر من أعلى إلى اسفل وإلى اليمين ويقترب من المحور السيني دون ان يلامسه، أي انه يتناقص بزيادة حجم الإنتاج ولكنه لا يصل إلى الصفر. حيث ان زيادة الإنتاج تقلل كلفة الوحدة الواحدة من التكاليف الثابتة.

شكل رقم (40) منحنيات متوسطات التكاليف

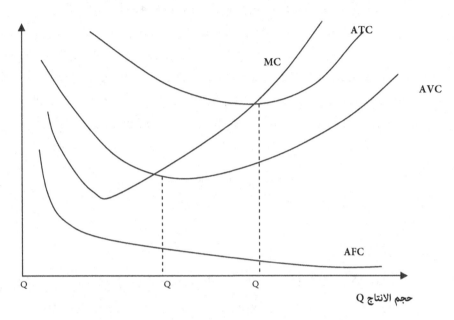

د- 2 متوسط التكاليف المتغيرة (AVC): يمثل متوسط التكاليف المتغيرة، نصيب الوحدة المنتجة من التكاليف المتغيرة. ويمكن تحديد هذه التكاليف بقسمة التكاليف المتغيرة على حجم الإنتاج أي ان:

$$متوسط التكاليف المتغيرة (AVC) = \frac{التكاليف المتغيرة (TVC)}{حجم الإنتاج (Q)}$$

$$AVC = \frac{TVC}{Q}$$

وواضح من بيانات الجدول رقم (11) العمود السادس، والشكل رقم (40) انه يمكن رسم منحنى متوسط التكاليف المتغيرة، حيث ينحدر من أعلى إلى أسفل وإلى اليمين ويصل إلى أدنى حد ممكن، ثم يتجه من أسفل إلى

159

أعلى وإلى اليمين، وهو عادة ما يأخذ شكل الحرف (U). ومعنى ذلك ان متوسط التكاليف المتغيرة يتناقص مع زيادة الإنتاج في المراحل الأولى لعملية الإنتاج ثم يصل متوسط التكاليف المتغيرة إلى ادنى حد له عند مستوى انتاج معين، ثم يبدأ في الزيادة. وعلى هذا فان منحنى متوسط الكاليف المتغيرة يكون مقلوبا لصورة منحنى الناتج المتوسط في قانون تناقص الغلة.

د-3 **متوسط التكاليف الكلية (ATC):** يمثل متوسط التكاليف الكلية، نصيب الوحدة المنتجة من التكاليف الكلية للإنتاج، ويمكن تحديد هذه التكاليف من خلال جمع متوسط التكاليف الثابتة مع متوسط التكاليف المتغيرة أو من خلال قسمة التكاليف الكلية على حجم الإنتاج أي ان:

متوسط التكاليف الكلية (ATC)=
متوسط التكاليف الثابتة(AFC)+متوسط التكاليف المتغيرة (AVC)

أو متوسط التكاليف الكلية (ATC) = $\dfrac{\text{التكاليف الكلية (TC)}}{\text{حجم الإنتاج (Q)}}$

$$ATC = \frac{TC}{Q}$$

وواضح من بيانات الجدول رقم (11) والعمود السابع والشكل رقم (40) ان منحنى متوسط التكاليف الكلية يأخذ شكل الحرف (U) وهو نفس شكل منحنى متوسط التكاليف المتغيرة ولكنه يقع دائما فوقه. وان (المسافة) بين منحنى متوسط التكاليف الكلية ومنحنى متوسط التكاليف المتغيرة يساوي متوسط التكاليف الثابتة. ويلاحظ بزيادة حجم الإنتاج فان البعد بين منحنى متوسط التكاليف الكلية ومتوسط التكاليف المتغيرة أي متوسط التكاليف الثابتة يتناقص.

160

هـ ـ التكاليف الحدية

تعرف التكاليف الحدية بانها التغير في التكاليف الكلية نتيجة تغير الإنتاج بوحدة واحدة، أي هي عبارة عن مقدار ما تضيفه كل وحدة منتجة إلى التكاليف الكلية. ويمكن تحديد هذه التكاليف بقسمة التغير في التكاليف الكلية (TC∙) على التغير في حجم الإنتاج (Q∙).

التكاليف الحدية (MC) = $\dfrac{\text{التغير في التكاليف الكلية } (\Delta TC)}{\text{حجم الإنتاج } (\Delta Q)}$

$$MC = \frac{\Delta TC}{\Delta Q}$$

وهنا لابد من التطرق إلى موضوع مهم وهو ان المشروع يصل إلى الحجم الأمثل للإنتاج عند النقطة التي يتساوى فيها متوسط التكاليف المتغيرة مع التكاليف الحدية. أي عندما يقطع منحنى التكاليف الحدية منحنى متوسط التكاليف المتغيرة في ادنى نقطة عليه، وكذلك يقطع متوسط التكاليف الكلية من ادنى نقطة عليه، لاحظ الشكل رقم (40). ومن بيانات الجدول رقم (11) العمود الثامن والشكل رقم (40) نلاحظ ان منحنى التكاليف الحدية يأخذ ايضا شكل الحرف (U) ويقطع منحنى متوسط التكاليف المتغيرة والكلية من اخفض نقطة، ان تفسير شكل المنحنى هو نفس التفسير الذي أطلقناه على متوسط منحنى التكاليف الثابتة والكلية وذلك نتيجة لقانون تناقص الغلة حيث يبدأ بالتناقص بزيادة الإنتاج وبعد ان يصل إلى ادنى مستوى له ترتفع مع استمرار الزيادة في الإنتاج.

كما نلاحظ بان منحنى متوسط التكاليف (المتغيرة والكلية) يستمر بالتناقص، ما دامت التكاليف الحدية اقل منها، وتستمر بالتزايد، ما دامت

161

التكاليف الحدية اعلى منها. وعندما يبلغ منحنى متوسط التكاليف (المتغيرة والكلية) ادنى مستوى له، فان منحنى التكاليف الحدية يقطعها (أي يساويها).

ثانيا: التكاليف في الأجل الطويل

كما بينا سابقا فان المشروع في الأجل الطويل يتمتع بقدرة أوسع على تغير كل عوامل الإنتاج، وبالتالي تعتبر جميع التكاليف في المدى الطويل تكاليف متغيرة، أي ان التكاليف الثابتة تساوي صفر، وبمعنى آخر فان المشروع في المدى الطويل يستطيع اضافة (تغير) آلالات جديدة، واستبدال آلالات القديمة باخرى اكثر كفاءة انتاجية وتوسيع المباني والقدرة الإنتاجية... الخ. وعليه فانه في الأمد الطويل تتحول متوسط التكاليف المتغيرة إلى نوع واحد هو متوسط التكاليف الكلية في الأمد الطويل. ومنحنى متوسط التكاليف الكلية في الأجل الطويل يأخذ شكل الحرف (U) وهو يشابه منحنى متوسط التكاليف في المدى القصير ولكنه اكثر توسعا منه وهو يبدأ في التناقص ويصل إلى ادنى مستوى له ثم يبدأ في الزيادة. ويلاحظ ان منحنى متوسط التكاليف الكلية في الأجل الطويل يحوي بداخله ويمس كل منحنيات متوسط التكاليف في المدى القصير، ولكن ليس في اخفض نقطة. ما عدا منحنى واحد هو الذي يمسه عند اخفض نقطة له (نقطة A في الشكل رقم 41).

شكل رقم (41) منحنى التكاليف في الأجل الطويل

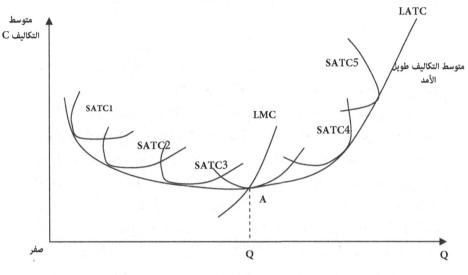

وعليه ستصل المنشاة إلى الحجم الأمثل عند ادنى نقطة على منحنى متوسط التكاليف في الأجل الطويل والقصير. وعند هذه النقطة تتساوى التكاليف الحدية في الأجل الطويل مع متوسط التكاليف الكلية في المدى الطويل، وذلك عندما يمر (يقطع) منحنى التكاليف الحدية من تلك النقطة (اخفض نقطة) على متوسط التكاليف في الأجل الطويل.

شكل رقم (42) توازن المنشأة في الأجل الطويل

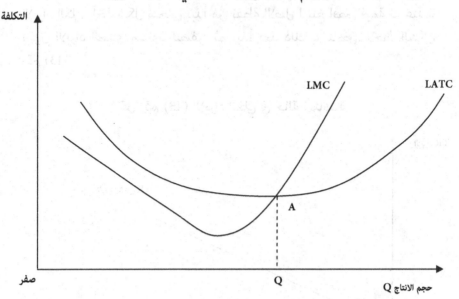

ويلاحظ ان حجم الإنتاج الأمثل في الأجل الطويل هو حجم الإنتاج الذي يصل عنده متوسط التكاليف إلى أدنى مستوى له.

إيرادات الإنتاج

يقصد بالإيراد، الأموال التي يحصل عليها المشروع ثمنـا للكميـة المنتجـة، ويمكن ان يقسم إلى ثلاث اقسام.

أ. **الإيراد الكلي (TR):** هي كافـة الأمـوال التـي يحصـل عليهـا المشـروع ثمنـا للكمية المنتجة من سلعة معينة. ويستخرج وفق المعادلة التالية:

الإيراد الكلي (TR) = حجم الإنتاج (Q) × سعر السلعة (P)

$$TR = P \cdot Q$$

ويمكن تمثيل منحنى الإيراد الكلي في حالة المنافسة التامة بخط مستقيم يبدأ من نقطة الأصل لاحظ الشكل رقم (42). أما في حالة الاحتكار فان منحنى الإيراد الكلي يأخذ شكل منحنى يبدأ من نقطة الأصل ليبلغ اقصى قيمة له عندما يكون الإيراد الحدي مساويا للصفر، ثم يبدأ بعد ذلك بالتناقص. لاحظ الشكل رقم (43).

شكل رقم (43) الإيراد الكلي في حالة المنافسة

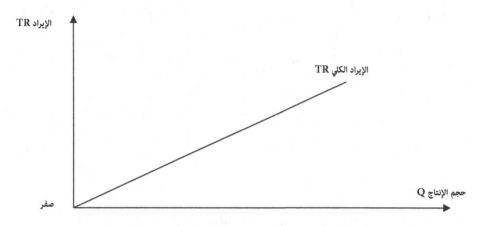

ب. **الإيراد المتوسط (AR)** : هـو نصـيب الوحـدة الواحـدة (السـلعة) مـن الإيراد الكلي. ويستخرج وفق المعادلة التالية:

$$الإيراد المتوسط (AR) = \frac{الإيراد الكلي (TR)}{حجم الإنتاج (Q)}$$

$$AR = \frac{TR}{Q}$$

ويمكن تمثيل منحنى الإيراد المتوسط في حالة المنافسة التامة بخط مستقيم موازي للمحور الأفقي لاحظ الشكل رقم (45). وهو في هذه الحالة

165

يساوي السعر. أما في حالة الاحتكار فان متوسط الإيراد عبارة عن خط مستقيم ينحدر من أعلى إلى اسفل ويقطع المحور العمودي عند الكمية صفر. ويقطع المحور الأفقي عند نقطة يكون عندها السعر معادلا للصفر. ومتوسط الإيراد هنا يساوي الطلب. لاحظ الشكل رقم (44).

شكل رقم (44) منحنيات الإيراد في حالة الإحتكار

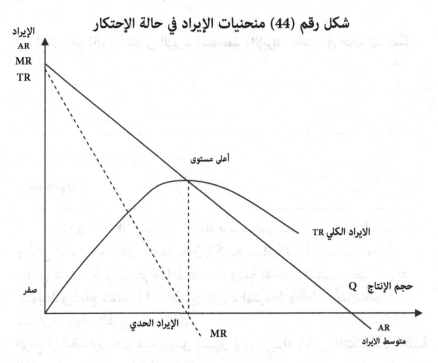

ج. **الإيراد الحدي (MR):** هو التغير في الإيراد الكلي نتيجة التغير في كمية الإنتاج بوحدة واحدة، ويستخرج وفق المعادلة التالية:

$$\text{الإيراد الحدي (MR)} = \frac{\text{التغير في الإيراد الكلي (}\Delta TR\text{)}}{\text{التغير في الإنتاج (}\Delta Q\text{)}}$$

$$MR = \frac{\Delta TR}{\Delta Q}$$

ويمكن تمثيل منحنى الإيراد الحدي في حالة المنافسة بخط مستقيم موازي للمحور الافقي أي انه يتطابق مع الإيراد المتوسط أو السعر لاحظ الشكل رقم (45).

شكل رقم (45) منحنى الإيراد المتوسط والإيراد الحدي في حالة المنافسة

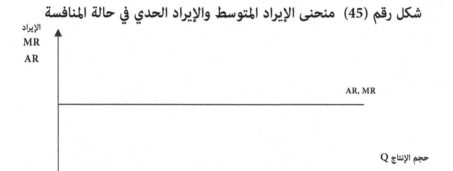

أما في حالة الاحتكار فيمثل بخط مستقيم ينحدر من أعلى إلى أسفل ويقطع المحور العمودي عندما تكون الكمية مساويا للصفر ويقطع المحور الافقي عندما يكون السعر معادل للصفر. ويقع المنحنى اسفل منحنى الإيراد المتوسط ويقطع منتصف المسافة بين الإيراد المتوسط ونقطة الأصل بصورة متساوية. لاحظ الشكل رقم (44).

الربح أو الخسارة: هو عبارة عن الفرق بين الإيراد الكلي والتكاليف الكلية للمشروع. ويستخرج وفق المعادلة:

الربح الكلي (TT) = الإيراد الكلي (TR) – التكاليف الكلية (TC)

TT = TR - TC

167

ويختار المنتج مستوى الانتاج الذي يكون فيه إجمالي الارباح (TT) عند اكبر قيمة موجبة. لاحظ الجدول رقم (12) حيث ان المنشأة تحقق اقصى ربح عند المبلغ (168) دينار عندما تنتج (6) وحدات، وهو اقصى ربح يمكن ان تحصل عليه المنشأة في ظل السعر السائد في السوق وهو 50 دينار.

جدول رقم (12)
الإيراد الكلي، التكاليف الكلية، الأرباح (بالدينار) لمؤسسة تنافسية عند كميات انتاج مختلفة

الأرباح TR - TC	التكاليف الكلية TC	الإيراد الكلي TR	السعر P	الكمية Q
60-	60	0	50	0
17-	67	50	50	1
32	68	100	50	2
81	69	150	50	3
124	76	200	50	4
160	90	250	50	5
168	132	300	50	6
157	193	350	50	7
116	284	400	50	8
39	411	450	50	9
80-	580	500	50	10

168

توازن المنتج

بعد تعرفنا على طبيعة دالة الإنتاج والتكاليف والإيرادات فاننا نصبح في وضع يسمح لنا بمعرفة المقصود بتوازن المنتج، والتعرف على السلوك الذي يسلكه للوصول إلى حالة التوازن، ومعرفة الشروط الواجب توافرها لتحقيق هذا التوازن.

فالمنتج يكون في حالة توازن إذا ما كان في وضع ينعدم فيه الدافع للتغير في الأجل القصير ولاشك ان توازن المنتج وسلوكه للوصول إلى هذا التوازن، إنما يتوقف على الهدف الذي ينبغي تحقيقه. فإذا كان هدف المنتج هو تحقيق اكبر ربح نقدي ممكن، فانه سوف يقارن دائما بين ما يدفعه من تكاليف لانتاج السلعة وبين ما يحصل عليه من إيراد عند بيعها. وبصفة عامة يمكن القول ان المنتج لابد ان يتعرف على مقدار ما تتحمله هذه الوحدة من تكاليف ومقدار ما تضيفه من إيرادات. قبل ان يتخذ قرار البدء بانتاجها.

وإذا ما اخذنا في الإعتبار ان مقدار ما تضيفه الوحدة الإضافية من تكاليف هو ما سبق ان اسميناه بالتكاليف الحدية، وان مقدار ما تضيفه الوحدة الإضافية من إيرادات هو ما يمكن تسميته بالإيراد الحدي لاتضح ان المنتج سوف يتوسع في الإنتاج ما دام الإيراد الحدي الذي يحصل عليه من الوحدات الجديدة اعلى من التكاليف الحدية لها، وبالتالي ينشأ عنها ربحا موجبا. ويتوقف المنتج عن التوسع في الإنتاج عند النقطة التي يتساوى فيها الإيراد الحدي مع التكاليف الحدية. وعليه فان الشرط اللازم تحقيقه ليكون المنتج في حالة توازن هو ان الإيراد الحدي يساوي التكاليف الحدية. ويتمثل بيانيا عندما يتقاطع منحنى الإيراد الحدي مع منحنى الكلفة الحدية، لاحظ الشكل رقم (46).

شكل رقم (46) توازن المنتج لمنشأة تنافسية في الأجل القصير

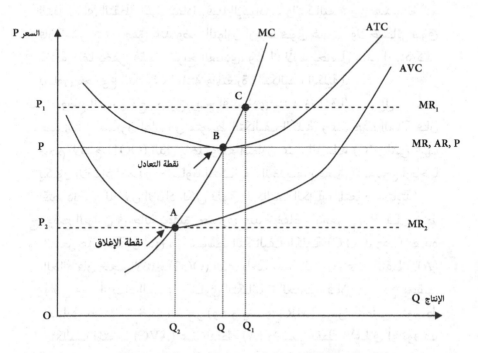

وحيث ان الإيراد الحدي يختلف حسب طبيعة السوق الذي يعمل في ظلها المنتج، لذلك سنتناول هذا الموضوع مرة اخرى، بتفصيل اكبر عند دراستنا للأنواع المختلفة للأسواق.

ومن خلال ملاحظة الشكل رقم (46) يتوضح:

أ. **وضع التوازن مع تحقيق الربح العادي:** يتحقق التوازن عندما يقطع منحنى التكاليف الحدية لمنحنى الإيراد الحدي عند النقطة B . حيث ان التكاليف الحدية تساوي الإيراد الحدي في سوق المنافسة ففي حالة تحقيق الربح العادي فان خط السعر (متوسط الإيراد AR) يفترض في الفترة القصيرة الأجل أن يكون مساوياً لمتوسط الكلفة الكلية (ATC) ويتضح

ب. هذا في الشكل عند نقطة تماس خط السعر (وهو يساوي AR و MR) مع منحنى متوسط الكلفة الكلية (ATC) عند النقطة B أيضا وتسمى نقطة التعادل، أي النقطة التي تتعادل فيها الإيرادات والتكاليف. وفي هذه الحالة فان المشروع لا يحقق عند وضع التوازن ارباحا فوق عادية ولا خسائر فوق عادية وإنما يحقق فقط الربح العادي، وذلك لأنه يحصل على إيراد كلي يساوي مجموع التكاليف الثابتة والمتغيرة (التكاليف الكلية).

ت. **وضع التوازن مع تحقيق ربح اقتصادي**: عند زيادة السعر إلى P_1 فان خط السعر سيكون اعلى من متوسط التكاليف الكلية، وعند هذه الحالة فان حجم الانتاج (OQ1) الذي ياخذ وضع التوازن عند النقطة (C) والتي فيها يكون الإيراد الحدي مساويا للتكاليف الحدية، يحقق المشروع ارباحا اقتصادية، وذلك لأن الإيراد الكلي يفوق التكاليف الكلية (المتغيرة والثابتة).

ج. **وضع التوازن في حالة تحقيق خسارة**: عند انخفاض السعر إلى P_2، فان خط السعر هذا سيكون ادنى من متوسط التكاليف الكلية (ATC)، وعند هذه الحالة فان حجم الآنتاج (OQ2) الذي يأخذ وضع التوازن عند النقطة (A) والتي فيها الإيراد الحدي يساوي التكاليف الحدية، فان المشروع يحقق خسارة، حيث ان خط السعر (وهو يساوي MR) يمس منحنى متوسط التكاليف المتغيرة (AVC) عند النقطة (A) وتسمى نقطة الأغلاق أو توقف المشروع، في هذه النقطة نجد ان التكاليف الكلية تفوق الإيراد الكلي ويعني ذلك وجود خسارة، حيث ان (المنتج) يخسر كل التكاليف الثابتة وجزء من التكاليف المتغيرة.

ولابد ان نشير هنا إلى ملاحظة أخرى. وهي انه إذا اصبح خط السعر عند مستوى اعلى من نقطة الأغلاق واقل من مستوى نقطة التعادل فمن صالح المشروع رغم الخسائر التي يتكبدها الاستمرار في الإنتاج في الأجل القصير، لأن السعر يفوق (يغطي) متوسط التكاليف المتغيرة ويغطي

جزء من التكاليف الثابتة، (لاحظ ان المنطقة المحصورة بين منحنى متوسط التكاليف الكلية ومنحنى متوسط التكاليف المتغيرة هي نفسها متوسط التكاليف الثابتة).

أما في الأجل الطويل فان وضع توزان المنتج لمنشأة متنافسة يتحقق عند وضع التوازن في النقطة (A) في الشكل رقم (47) والتي تمثل أدنى نقطة على منحنى متوسط التكاليف في الاجل الطويل، حيث يتم التعادل بين الإيراد الحدي مع التكلفة الحدية في الأجل الطويل وعندها تحقق المنشأة ارباح عادية فقط، لاحظ الشكل رقم (47). وفي كل الاحوال فان المنتج يتوقف عن الانتاج في الأجل الطويل في حالة مواجهته أي من انواع الخسارة التي ذكرت، لأن الأجل الطويل كفيل بتحويل التكاليف الثابتة إلى تكاليف متغيرة.

شكل رقم (47) توازن المنتج لمنشأة تنافسية في الأجل الطويل

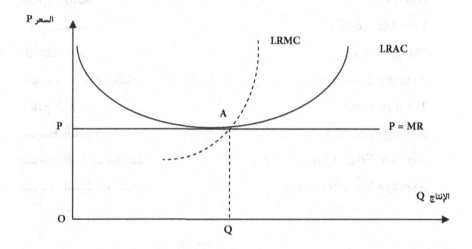

172

📖
القاموس الاقتصادي

Production function	دالة الإنتاج
Market for factors of Production	سوق عناصر الإنتاج
Substitutability	القدرة على الإحلال
Technical Efficiency in production	الكفاءة الفنية في الإنتاج
Short Run	الأجل القصير
Long Run	الأجل الطويل
Fixed Factors	العناصر الثابتة
Variable Factors	العناصر المتغيرة
Fixed Costs	تكاليف ثابتة
Variable Costs	تكاليف متغيرة
Marginal Cost	التكلفة الحدية
Average Total Cost	متوسط التكلفة الكلية
Total product	الناتج الكلي
Average product	متوسط الناتج
Average Fixed Costs	متوسط التكاليف الثابتة
Average Variable Costs	متوسط التكاليف المتغيرة

Law of Diminishing Return	قانون تناقص الغلة
Profit maximization	تعظيم الارباح
Marginal Product of labor	الناتج الحدي للعمالة
Marginal product of Capital	الناتج الحدي لراس المال
Economies of Scale	اقتصاديات الحجم
Decreasing Costs	تناقص التكاليف
Increasing Costs	تزايد التكاليف

أسئلة الفصل :

1. ما المقصود بالأجل القصير؟ وما هي التكاليف التي تواجهها المنشأة فيه؟

2. ما المقصود بالأجل الطويل؟ وما هي التكاليف التي تواجهها المنشاة فيه؟

3. ما هي أنواع التكاليف ومتوسطاتها؟ وضح ذلك مع الرسم.

4. ما هي عوامل الإنتاج؟ اشرح أحدها؟

5. عرف العمل وما هي تقسيماته؟ وكيف تفهم التخصص وتقسيم العمل؟

6. اذكر ابرز تقسيمات راس المال؟

7. اذكر أهم واجبات المنظم؟

8. ما هي أنواع الإنتاج ومنحنياته؟

9. وضح مع الرسم مراحل قانون تناقص الغلة؟

10. عرف مع الرسم: الإيراد الكلي، متوسط الإيراد، الإيراد الحدي؟

11. كيف يتوازن المنتج؟ وضح ذلك مع الرسم؟ وماذا تعني نقطة التعادل ونقطة الإغلاق؟

12. اكمل الجدول التالي:

Q	TFC	TVC	TC	ATC	AVC	AFC
1	100	50				
2	100	60				
3	100	100				
4	100	120				
5	100	200				

13. أوجد ربح المنشأة من الجدول التالي

Q	P	TC	TR	TT
0	2	10		
30	2	11		
80	2	12		
120	2	13		
150	2	14		
170	2	15		

14 - اختار الاجابة الصحيحة :

- متوسط التكاليف الثابتة
  أ. يتزايد مع زيادة الإنتاج
  ب. يتناقص مع تناقص الإنتاج
  ج. يثبت مع زيادة الإنتاج
  د. يتناقص مع زيادة الإنتاج
- قانون تناقص الغلة يؤكد ان الناتج الحدي للعنصر المتغير في تناقص مستمر.
  أ. صح
  ب. خطأ
- تكون التكاليف الكلية ثابتة في المدى القصير ولكنها متغيرة في المدى الطويل.
  أ. صح
  ب. خطأ

- إذا كان الناتج الكلي عند اكبر قيمة له، فان
  - أ. الناتج الحدي يساوي صفرا وكذلك متوسط الناتج.
  - ب. الناتج الحدي يكون اكبر من متوسط الناتج.
  - ج. متوسط الناتج يساوي صفرا، وكذلك الناتج الحدي.
  - د. متوسط الناتج اكبر من الناتج الحدي والذي يساوي صفرا.

- إذا كانت الكلفة الحدية تساوي متوسط التكاليف الكلية في الاجل الطويل فانها تساوي متوسط التكاليف المتغيرة كذلك.
  - أ. صح
  - ب. خطأ

- متوسط التكاليف الثابتة
  - أ. يتزايد مع زيادة الإنتاج
  - ب. يتناقص مع تناقص الانتاج
  - ج. يثبت مع زيادة الإنتاج.
  - د. يتناقص مع زيادة الإنتاج.

- تكون التكاليف ثابتة في المدى القصير ولكنها متغيرة في المدى الطويل؟
  - أ. صح
  - ب. خطأ

- إذا كان الناتج الكلي عند اكبر قيمة له، فان:
  - أ. الناتج الحدي يساوي صفرا وكذلك متوسط الإنتاج.
  - ب. الناتج الحدي يكون اكبر من متوسط الإنتاج.
  - ج. متوسط الإنتاج يساوي صفرا، وكذلك الناتج الحدي.
  - د. متوسط الناتج اكبر من الناتج الحدي والذي يساوي صفرا.

177

● إذا كانت الكلفة الحدية تساوي متوسط التكاليف الكلية في المدى الطويل فانها تساوي متوسط التكاليف المتغيرة كذلك؟

أ. صح

ب. خطأ

الفصل الخامس
الأسواق

السوق هو المكان الـذي تلتقـي فيـه قرارات البـائعين والمشـترين بشـأن تبـادل السـلع، ونتيجـة للتقـدم الكبـير في وسـائل المواصـلات والاتصـالات اصبـح التعامل بين البائعين والمشترين ممكنا دون ما حاجة إلى التقائهم في مكان واحـد، فالتقاء قرارات البائعين والمشترين اصبحت تتحقق رغم المسـافات الطويلـة التـي تفصل بينهم. بل ان العالم كله اصبح هو حـدود السـوق بالنسـبة لـبعض السـلع كالقطن والقمح مثلا.

لـذلك فـان الاقتصـاديين يعتبرون السـوق قائمـة، إذا كـان هنـاك وسـيلة للاتصال بين مجموعة من البائعين والمشترين لتبادل سلعة معينة، بسعر معين، وفي ظل ظروف معينة. ومن هذا التعريف يمكننا ان نحدد عناصر قيام السوق بأنها:

1- عدد البائعين والمشترين.
2- وسيلة الاتصال.
3- طبيعة السلعة.
4- السعر.
5- الظروف التي تتم في ظلها عملية التبادل.

وهنـاك عوامـل أخرى اقل اهميـة، منهـا توفـر المعلومـات الكافيـة عـن الأسعار وعمر السلعة...الخ. وباختلاف هذه العناصر من سوق إلى أخرى. فإننا عادة ما نفرق بين أربعة أنواع من الأسواق وهي:

أ-   سوق المنافسة الكاملة.
ب- سوق الاحتكار التام.
ج-   سوق المنافسة الاحتكارية.

د-   سوق احتكار القلة.

أولا: سوق المنافسة الكاملة

ان المنافسة مصطلح فني يطلق على سوق معينة عندما لا يستطيع أي مشروع (بائع) فردي أو مشتري فردي التاثير في أي سعر من خلال عمليات البيع أو الشراء.

وتعتبر السوق منافسة كاملة إذا ما توفرت فيها مجموعة من الشروط تبين الظروف العامة التي تسودها، سواء من حيث طبيعة السلعة أو من حيث طبيعة المتعاملين وعددهم، ويمكن إيجاز هذه الشروط بما يلي:-

1- وجود عدد كبير جدا من البائعين والمشترين، وان لكل بائع ومشتر تاثير ضئيل جدا على سعر السلعة في حالة تصرفه بمفرده، أي ان خروج عدد من المنتجين من السوق لن يؤدي إلى نقص العرض الكلي وبالتالي لا يؤثر على السعر. كذلك ان خروج عدد من المشترين لا يؤثر على الطلب الكلي للسلعة وبالتالي لا يؤثر على السعر.

2- عدم وجود اتفاق بين المتعاملين في السوق، سواء كان هذا الاتفاق بين مجموعة المنتجين وبعضهم البعض لاتباع سياسة انتاجية معينة مثلا. أو المشترين وبعضهم البعض لأحداث تاثير على احوال السوق.

3- المعرفة الكاملة باحوال السوق السائدة فعلا، حيث ان البائعين والمشترين على علم بالسوق السائد للسلعة وعلى علم باي تغيرات تحدث فيها، فالجميع على علم بالاسعار الحالية والمستقبلية وكذلك التكاليف والفرص الاقتصادية عموما.

4- تجانس وحدات السلعة، بحيث تكون وحدات السلعة التي ينتجها كل منتج متجانسة تماما مع الوحدات التي ينتجها بقية المنتجين، ولا يوجد أي نوع من الاختلاف بين هذه الوحدات.

5- حرية الدخول والخروج للسوق، أي يستطيع أي منتج من المنتجين ان يتوقف عن الإنتاج (الخروج من السوق) في أي وقت يشاء. كما يستطيع أي فرد او شركة الدخول في مجال الانتاج دون الحاجة إلى الحصول على تصريح أو امتياز معين.

6- ضرورة وجود سعر واحد، حيث إذا ما توفرت جميع الشروط السابقة فانه بناء على ذلك سوف يسود سعر واحد، تتم عنده جميع المبادلات.

وجدير بالاشارة انه قلما تتوافر مثل هذه الشروط مجتمعة إلا بشكل محدود جدا من الاسواق، وبصفة خاصة تلك التي يتم فيها تبادل المواد الخام وخصوصا على المستوى الدولي.

ثانيا: سوق الاحتكار التام

ان المشروع الاحتكاري هو البائع أو المنتج الوحيد في السوق، وبهذا فان هذا السوق يعتبر نقيضا لسوق المنافسة الكاملة إذ يسود عنصر الاحتكار وينتفي تماما عنصر المنافسة حيث نجد في هذا السوق:

1- وجود بائع واحد في السوق، بغض النظر عن عدد المشترين.

2- ان السلعة التي ينتجها المحتكر هي سلعة فريدة لا بديل لها لأن المحتكر هو المنتج (البائع) الوحيد للسلعة.

3- نتيجة الاحتكار التام فان هناك عوائق تحول دون دخول آخرين إلى هذا النوع من الإنتاج في السوق. ويضمن للمحتكر ان يظل السوق قاصرا عليه.

4- ولأن المحتكر هو المصدر الوحيد للمعروض من السلعة، فان شرط المعرفة الكاملة باحوال السوق يصبح غير مهم.

5- السعر هو السعر الذي يفرضه المحتكر للسلعة، حيث ان المحتكر يمكنه اتباع سياسة سعرية ذاتية ليحدد بالتالي الكمية التي ينتجها أو يبيعها.

والحقيقة ان ما تقدم من شروط هو تفسير للأحتكار التام من جانب المنتج (البائع). أما الاحتكار التام من جانب المشتري فنجده عندما لم يكن للسلعة سوى مشتر واحد، سيترتب على ذلك امكانية في التاثير على السعر عن طريق زيادة أو انقاص الكمية التي يشتريها. لأن ما يطلبه من السلعة يمثل مجموع ما يطلب منها في السوق.

وتجدر الاشارة هنا إن الاحتكار التام ظاهرة نادرة نسبيا، ويمكن ملاحظتها في بعض القطاعات الخدمية كخدمات الهاتف والكهرباء وهي غالبا ما تكون مملوكة للدولة أو إنها مقيدة بقوانين الحكومة.

ثالثا: سوق المنافسة الاحتكارية

سوق المنافسة الاحتكارية هي حالة وسط بين النموذجين السابقين من الاسواق. ويمكن تمييز هذا السوق عن غيره بما يلي:

1- وجود عدد كبير من المنتجين (البائعين) ولكن هذا العدد يعتبر اقل مما هو موجود في حالة المنافسة الكاملة.

2- المنتجون لا يبيعون سلعة واحدة متجانسة ولكنهم يعرضون سلعا متشابهة، كل منها يعتبر بديلا غير كامل للأخرى. ومن امثلة ذلك صناعة المنظفات كصابون جمال، ولوكس، ودااليا...الخ.

3- ان التمايز بين السلع يتم من خلال طرق الدعاية والاعلان واختلاف التصميم ونوع الخدمة وغيرها من الطرق التي تجعل المستهلكين يفضلون الواحدة دون الاخرى.

4- يتصرف كل منتج بشكل مستقل عن المنتجين الآخرين خصوصا في تحديد السعر والكمية.

5- يستطيع أي منتج ان يدخل السوق بسهولة نسبية.

ان تمايز السلعة يضمن للمنتج سيطرة جزئية على السعر. ويمكنه ان يكسب بعض الزبائن عن طريق تخفيض سعره. كما انه يستطيع ان يرفع سعره جزئيا دون ان يفقد كل زبائنه. بمعنى آخر يصبح لكل منتج (بائع) سوقه الخاص الذي يضم المشترين الذين يفضلون سلعته. الأمر الذي يعطي لهذا المنتج نوعا من السلطة التي تشبه سلطة المحتكر، يستطيع من خلالها ان يتحكم في سعر سلعته في حدود معينة دون ان يخشى انصراف المشترين عنه.

ويلاحظ في هذا السوق ان وجود عدد كبير من المنتجين تمنحه صفة المنافسة، غير ان التمايز بين السلع يمنحه صفة الأحتكار وعليه جاءت تسميته بسوق (المنافسة الاحتكارية).

رابعا: سوق احتكار القلة

يتشابه هذا النوع من الاسواق مع سوق المنافسة الاحتكارية من حيث وجود اختلافات بين وحدات السلعة المنتجة، وبالتالي وجود اسعار مختلفة لكل منها، ولكنه يختلف عنها من حيث عدد البائعين، فقد يكون هذا العدد من الصغر بحيث ان أي فرد منهم يستطيع ان يؤثر تاثيرا مباشرا وفعالا على احوال السوق من ناحية، وعلى غيره من المنتجين من ناحية اخرى، ولذلك تتسم قرارات المتعاملين في مثل هذا السوق بنوع من الحذر الشديد، بل يمكن القول ان المنافسة بين هذه القلة عادة ما تبتعد تماما عن الاسعار. فلا يحاول أي منتج ان يخفض من سعر سلعته خوفا من ان يحذو الآخرون حذوه، ومن ثم يخسر فرصة الاستفادة من تخفيض السعر، وعادة ما يتفق المنتجون في هذه السوق على اتباع سياسة سعرية واحدة بل قد يصل الأمر بهم إلى تخصيص حصة انتاجية لكل منهم.

أما إذا شعر احد المنتجين انه على درجة من الكفاءة اعلى من بقية المنتجين وبانه يستطيع ان ينتج السلعة بتكلفة اقل، فانه في هذه الحالة لن يتردد في خفض السعر بصورة ملحوظة، يكون من نتيجتها اخراج بقية المنتجين من الصناعة وانفراده بها، ليكون هو المنتج الوحيد. وفي هذه الحالة نكون قد خرجنا من نطاق سوق احتكار القلة ودخلنا في نطاق سوق الاحتكار التام.

184

أهمية دراسة أنواع الأسواق

بعد هذه المقدمة عن أنواع الاسوق، يلاحظ ان دراسة كل من سوق المنافسة الكاملة والاحتكار التام لها من الأهمية النظرية ما يفوق بكثير اهميتها العملية. فالاحتكار التام لم يعد يتحقق في الحياة العملية. كذلك فان المنافسة الكاملة سوق يصعب تحقيقها في الحياة العملية، ذلك ان بعض شروطها غير موجودة، وخاصة شروط العلم باحوال السوق، أو شرط تجانس السلعة.

أما الاهمية العملية لكل من سوق المنافسة الاحتكارية واحتكار القلة فهي ان معظم الانتاج في وقتنا هذا، وفي معظم الدول، تقوم به وحدات تنطوي تحت واحد أو أكثر من هذين النوعين لاحظ جدول رقم(13).

وبالرغم من هذه التحفظات العملية نهتم بدراسة القواعد التي تحكم نظام المنافسة الكاملة، لأن هذا النظام هو بمثابة الإطار النظري المثالي الذي تدرس الانواع الاخرى قياسا عليه.

جدول رقم (13)

توضيح الاختلافات بين هياكل الأسواق

ت	هياكل السوق	عدد المنتجين	نوع السلعة	القدرة على التحكم في السعر	حرية الدخول	المنافسة في غير مجال السعر
1	منافسة كاملة	كبير	متجانس	لا يوجد	متوفرة	لا يوجد
2	المنافسة الاحتكارية	كبير	غير متجانس	ضئيل	ضغيرة	الاعلان والجودة
3	احتكار القلة	قليل	غير متجانس	كبيرة	قليلة	الاعلان والجودة
4	الاحتكار التام	واحد	لا يوجد بديل	كبير للغاية	لا توجد	الاعلان

توازن المنتج في الأسواق

سبق ان عرفنا توازن المنتج بأنه الوضع الذي ينتج فيه من السلعة تلك الكمية التي تحقق له اقصى ربح ممكن أو اقل خسارة ممكنة، وتسمى هذه الكمية بالكمية التوازنية. وبينا ان المنتج في تحديده لهذه الكمية وفي ظل أي نوع من انواع الاسوق انما يتحدد عند نقطة تقاطع منحنيا الكلفة الحدية والإيراد الحدي [أي تساويهما]. إلا ان شكل منحنى الإيراد الحدي يختلف من منتج إلى آخر حسب نوع السوق التي يعمل في ظلها، وبالتالي فان مقدار ما يحققه من ارباح أو ما يتحمله من خسائر إنما يتوقف على نوع السوق.

1. التوازن في سوق المنافسة الكاملة:

يتحدد السعر في سوق المنافسة الكاملة عن طريق قوى العرض والطلب، أي عرض جميع المنتجين، وطلب جميع المشترين، كما ونجد ان الإيراد المتوسط يساوي الإيراد الحدي ويساوي السعر وهو منحنى الطلب في نفس الوقت والذي ياخذ شكل منحنى أفقي لاحظ الشكل رقم (48).

أ. التوازن في سوق المنافسة الكاملة في الأجل القصير

سبق ان أوضحنا الشروط التي تحقق التوازن للمنتج الذي عمل في ظل المنافسة الكاملة في الاجل القصير. وعلى هذا الاساس نستطيع التعرف على الكمية التوازنية ومقدار ما يحققه المنتج من ارباح أو ما يتحمله من خسائر، في هذه السوق، وذلك من خلال المقارنة بين كلفة انتاجه، سواء المتوسطة أو الحدية وبين إيراداته سواء المتوسطة أو الحدية، ويمكن توضيح ذلك في المثال التالي الموضح في الجدول رقم (14) والشكل رقم (48).

شكل رقم (48) توازن سوق المنافسة الكاملة في الأجل القصير

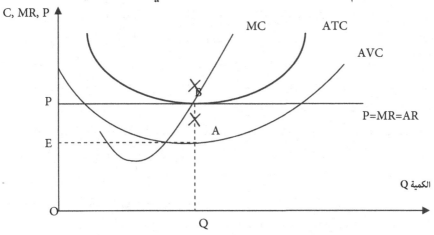

جدول رقم (14)
تكاليف وإيرادات مشروع ما في الأجل القصير

الكمية	السعر	تكاليف كلية	تكاليف حدية	تكاليف متوسطة	إيراد كلي	إيراد حدي	معدل الايراد	الربح الكلي
صفر	12	15	-	-	-	-	-	15-
1	12	25	10	25	12	12	12	13-
2	12	33	8	16.5	24	12	12	9-
3	12	40	7	13.3	36	12	12	4-
4	12	46	6	11.5	48	12	12	2
5	12	54	8	10.8	60	12	12	6
6	12	63	9	10.5	72	12	12	9
7	12	73	10	10.4	48	12	12	11
8	12	85	12	10.6	96	12	12	11(نقطة B)
9	12	98	13	10.9	108	12	12	10
10	12	113	15	11.3	120	12	12	7
11	12	132	19	12	132	12	12	صفر
12	12	155	23	12.9	144	12	12	11-

يكون المنتج ي حالة توازن عندما ينتج (8) وحدة، إذ تتساوى عنده هذه المرحلة الكلفة الحدية (12) مع الإيراد الحدي (12)، ويكون في حالة تعظيم للربح (11).

كذلك لاحظ بان السعر = الإيراد الحدي = متوسط الإيراد (12).

من الشكل رقم (48) نجد ان منحنى الكلفة الحدية يقطع منحنى الإيراد الحدي عند النقطة (B)، ومن ثم إذا ما اسقطنا من هذه النقطة عمودا على الكميات، لتحددت لنا الكمية التوازنية التي يجب على المنتج ان ينتجها وهي الكمية (Q) وعندها يحقق ربحا عاديا فقط.

ولمعرفة ما يحققه المنتج من ارباح، إذا ما انتج هذه الكمية، فان الأمر يقتضي منا ان نقوم بحساب كل من الإيراد الكلي والكلفة الكلية، والفرق بينهما إنما يمثل اجمالي الربح، لاحظ الجدول رقم (14). فاذا علمنا من الشكل رقم (48) ان المنتج ينتج الكمية (OQ)، ويبيعها بالسعر OP، فان الإيراد الكلي يمثله مساحة المستطيل BQOP. وإذا ما علمنا ايضا ان متوسط الكلفة لهذه الكمية هي OE، فان كلفة الانتاج الكلية يمثلها مساحة المستطيل AQOE. وبما ان الربح الكلي يساوي الايراد الكلي ناقصا الكلفة الكلية إذن فان الربح سيمثل المستطيل BAEP.

أما إذا ما افترضنا ان السعر في السوق كان قد تحدد عند مستوى اقل من P (خسارة)، أو ان كلفة انتاج احد المنتجين كانت اعلى مما تعبر عنه منحنيات الكلفة في الشكل رقم (48) فان وضع التوازن بالنسبة لهذا المنتج سيكون مختلفا. وهذا ما أوضحناه في موضوع توازن المنتج والذي هو مثال لسوق المنافسة الكاملة عند دراستنا للأنتاج والكلف والإيرادات.

مما تقدم فان المنتج، في حالة المنافسة الكاملة، يكون في حالة توازن في الاجل القصير عند النقطة التي يتساوى فيها الإيراد الحدي مع الكلفة الحدية، بشرط أن لا يقل الايراد الكلي عن الكلفة المتغيرة.

ب. التوازن في سوق المنافسة الكاملة في الاجل الطويل

سـبق ان أوضـحنا ان المنشـاة المختلفـة تسـتطيع ان تعـدل مـن حجـم عملياتها ونشاطها في الاجل الطويل. وهكذا تسمح الفترة الزمنية الطويلة بدخول منشأة جديدة إلى الصناعة المعينة أو خروج منشـأة منهـا. وكـذلك تصـبح جميـع التكاليف وعناصر الانتاج متغيرة. وكذلك في هذه الحالة توازن المنشـأة المتنافسـة في الأجل الطويل يتحقق عند وضع التوازن (MC = MR)، وحجـم الانتـاج OQ، وحيث تحقق المنشأة ارباح اعتيادية فقـط عنـدما يكـون منحنـى (MR) مـماس لاخفض نقطة في منحنى متوسط التكاليف الكلية في الاجل الطويل وهي النقطـة التي ينتج عندها المنتج لاحظ الشكل رقم (49) وهنا فان التوازن يتحقق عندما:

$$AR = P = LMC = LATC = MR$$

شكل رقم (49) توازن سوق المنافسة الكاملة في الأجل الطويل

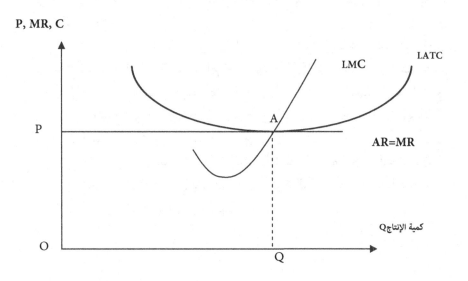

أما إذا ما افترضنا ان سعر السوق كان قد تحدد عند مستوى اعلى من P (ربح) أو اقل من P (خسارة) فان وضع التوازن للمنتج سيكون مختلفا.

2. التوازن في سوق الاحتكار التام

في سوق الاحتكار التام فان طلب السوق يكون هو نفسه الطلب على مشروع المحتكر، وان المحتكر بمفرده يمثل جانب العرض كما ونجد ان الايراد الحدي لن يتطابق مع منحنى متوسط الايراد، بل سيقع اسفل منه، حيث ان المنحنين ينحدران من اعلى إلى اسفل جهة اليمين. لاحظ الشكل رقم (50). بالاضافة إلى ذلك فان الايراد الحدي لا يتساوى مع السعر.

أ. التوازن في سوق الاحتكار التام في الاجل القصير.

يكون المنتج المحتكر في حالة توازن، إذا ما انتج تلك الكمية التي تعطي اكبر ربح ممكن، أي عندما يتساوى الايراد الحدي مع الكلفة الحدية عند النقطة التي يتقاطع فيها المنحنيان ويمكن بيان توازن المحتكر من الشكل رقم (50)، حيث يتحدد حجم التوازن عند النقطة (A) عندما يقطع منحنى الكلفة الحدية (منحنى) الايراد الحدي. وإذا ما اسقطنا من هذه النقطة عمودا على المحور الافقي (الكميات)، لتحددت لنا الكمية التوازنية (Q) التي يحقق المحتكر عندها اقصى ربح ممكن.

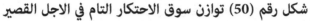

شكل رقم (50) توازن سوق الاحتكار التام في الاجل القصير

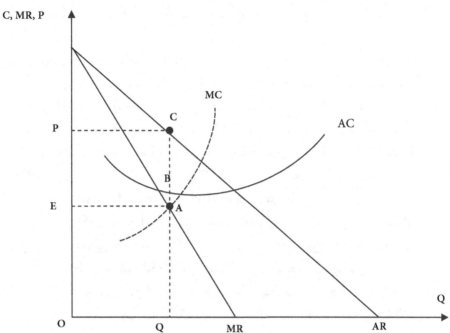

ولمعرفة السعر الذي يبيع به المنتج هذه الكمية نمد العمود (AQ) حتى يتقاطع مع منحنى الطلب عند النقطة C، وبذلك يكون السعر هو (OP).

كما وتتحدد متوسط الكلفة لهذه الكمية، عند النقطة التي يقطع فيها العمود الممتد من (Q) منحنى متوسط الكلفة في النقطة (B). وبذلك تكون متوسط الكلفة هي المسافة (OE)، وبذلك فان الايرادات الكلية للمنتج يمثلها مساحة المستطيل CPOQ، ويتحمل المنتج كلفة اجمالية يمثلها مساحة المستطيل BEOQ. والفرق بينهما انما يمثل ما يحققه المنتج من ارباح كلية يمثلها مساحة المستطيل CPEB. أما الحالة التي يحقق فيها المنتج المحتكر خسارة، نتيجة عدم تغطية ايراداته للكلفة، أي إذا كان متوسط الايراد (السعر) عند نقطة التوازن يقل عن متوسط التكاليف الكلية، ففي هذه الحالة يكون من

191

مصلحة المحتكر ان يتوقف عن الانتاج، متحملا الكلفة الثابتة، التي تكون اقل من الخسائر التي يمكن ان يتحملها إذا استمر في الانتاج. ولكن يلاحظ في غالبية الاحيان، ان المنتج في مثل هذه الظروف. لا يتوقف عن الانتاج، أما محافظة على سمعته في السوق، أو خوفا من دخول منتجين آخرين يشاركونه الاحتكار، او بسبب التزام قانوني. لذلك فهو يستمر في الاجل القصير على امل ان تتغير ظروف السوق عن طريق زيادة طلب المستهلكين أو انخفاض كلفة الانتاج ويمكن توضيح ذلك من المثال الوارد في الجدول رقم (15).

جدول رقم (15)

تكاليف وإيرادات منشأة (مشروع) في سوق الاحتكار التام في الأمد القصير

السعر	الكمية	الإيراد الكلي	الكلفة الكلية	الربح	كلفة حدية	ايراد حدي
10	1	10	8	2	8	10
9.8	2	19.6	15	4.6	7	9.6
9.6	3	28.8	21	7.8	6	9.2
9.4	4	37.6	27.5	10.1	6.5	8.8
9.2	5	64	34.5	4.5	7	8.4
9	6	54	41.8	12.2	7.3	8
8.8	7	61.6	49.4	12.3	7.6	7.6
8.6	8	68.6	57	11.8	7.7	7.2
8.4	9	75.6	65	10.6	8	6.8
8.2	10	82	74	8	9	6.4
8	11	88	84	4	10	6
7.8	12	93.6	95	1.4	11	5.6

نلاحظ ان المحتكر سيختار مستوى الانتاج الذي يحقق اقصى ربح ممكن وهذا يحدث عند الوحدة السابعة (12.3) وعند هذه النقطة فان الايراد الحدي يساوي الكلفة الحدية (7.6).

ب . التوازن في سوق الاحتكار التام في الاجل الطويل

أما في الاجل الطويل فالمنتج يتوازن، عند النقطة التي يمس فيها
منحنى متوسط الايراد منحنى متوسط الكلفة كما هو في شكل رقم
(51). حيث نرى ان المنتج ينتج الكمية (OQ)، ويبيعها عند السعر
(OP)، ويكون متوسط الكلفة هو (OP=OE)، أي ان متوسط
الكلفة يساوي متوسط الايراد. وبذلك لا يحقق المنتج أي ارباح غير
عادية كما لا يتحمل أي خسارة. مع الاشارة إلى ان شرط التوازن
عند النقطة A متحقق من خلال تساوي (تقاطع المنحنين) الكلفة
الحدية والايراد الحدي.

شكل رقم (51) توازن سوق الاحتكار التام في الاجل الطويل

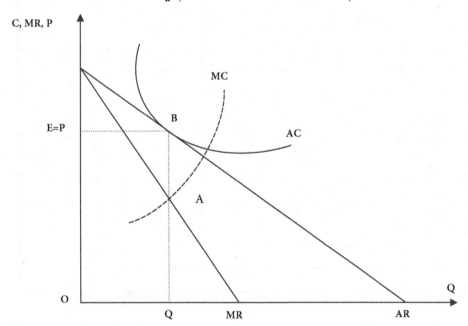

المصطلحات العلمية

Specialization	التخصص
Market Structure	هيكل السوق
Perfect Competition Market	سوق المنافسة التامة
Price Taker	آخذ السعر
Many Sellers	كثرة عدد البائعين
Many Buyers	كثرة عدد المشترين
Homogeneous Product	تجانس السلعة
Freedom of Entry	حرية الدخول والخروج
Total Revenues	الإيرادات الكلية
Total Costs	التكاليف الكلية
Total Profits	الأرباح الكلية
Break Even point	نقطة التعادل
Losses	الخسائر
Average Revenue	متوسط الإيراد
Normal Profit	الربح العادي
Economic Profit	الربح الاقتصادي
Shut-Down point	نقطة الإغلاق
Long-run Average Total Costs	منحنى التكاليف الكلية المتوسطة في المدى الطويل
Long-run Marginal Cost	التكلفة الحدية في المدى الطويل
Monopoly	الاحتكار

📖 القاموس الإقتصادي

التخصص	Specialization
هيكل السوق	Market Structure
سوق المنافسة التامة	Perfect Competition Market
أخذ للسعر	Price Taker
عدد من المنتجين الصغار	Many Sellers
عدد من المستهلكين الصغار	Many Buyers
تجانس المنتجات	Homogenous Product
حرية الدخول في السوق والخروج منه	Freedom of Entry
الإيرادات الكلية	Total Revenues
التكاليف الكلية	Total Costs
إجمالي الأرباح	Total Profits
نقطة التعادل	Breakeven point
الخسائر	Losses
متوسط الإيراد	Average Revenue
الارباح العادية	Normal Profit
الارباح الاقتصادية	Economic Profit
نقطة الإغلاق	Shut-Down point
متوسط التكاليف في المدى الطويل	Long-run Average Total Costs
التكلفة الحدية في المدى الطويل	Long-run Marginal Cost
الاحتكار	Monopoly

Monopolist	المحتكر
Per-unit Profit	ربح الوحدة الواحدة
Allocative Inefficiency	التخصيص (التوظيف) غير الامثل للموارد
Price Discrimination	التمييز على اساس السعر
Monopolistic Competition	المنافسة الاحتكارية
Differentiated Products	سلع غير متجانسة
Excess capacities	طاقات معطلة
Oligopoly	احتكار القلة

أسئلة الفصل ؟

1. ما هي الشروط الواجب توفرها في السوق؟
2. ما هي انواع الاسواق
3. اشرح وضع منشأة في سوق منافسة تامة؟
4. اشرح حالة سوق المنافسة الاحتكارية في الامد الطويل؟
5. وضح بالرسم حالة سوق المنافسة التامة وسوق المنافسة الاحتكارية في الامد القصير؟

6 - اختر الإجابة الصحيحة

• إذا كان السعر مساويا لمتوسط التكاليف الكلية فان

أ. المنشأة تحقق ربحا وتبقى في السوق

ب. المنشأة تعاني من خسارة وتخرج من السوق

ج. المنشأة تحقق ربحا اقتصاديا وتبقى في السوق

د. المنشأة تبقى في السوق على أمل ان تغطي تكاليفها

• في المدى الطويل، السعر الذي يواجه المنتج في سوق المنافسة التامة

أ. يساوي متوسط التكاليف الكلية

ب. يساوي متوسط التكاليف الكلية والإيراد الحدي.

ج. يساوي متوسط التكاليف الكلية والإيراد الحدي ومتوسط الإيراد.

د. يساوي متوسط التكاليف الكلية ومتوسط التكاليف.

• أي من العبارات التالية صحيحة بالنسبة للمحتكر في المدى القصير والمدى الطويل

أ. يختار المحتكر كمية الإنتاج عند النقطة التي تتساوى عندها التكلفة الحدية مع السعر

ب. يختار المحتكر كمية الإنتاج عند النقطة التي تتساوى عندها متوسط التكلفة الكلية مع السعر

ج. يختار المحتكر السعر بحيث يتساوى مع الإيراد الحدي

د. يختار المحتكر السعر بحيث يكون اكبر من التكلفة الحدية

• المنتج في سوق المنافسة التامة يخرج من السوق إذا كان السعر اقل من متوسط التكاليف المتغيرة، أما المحتكر إذا واجه هذا الوضع فانه:

أ. يقلل الكمية وينخفض السعر

ب. يرفع السعر ويزيد الكمية حتى يزيد إيراداته

ج. يخرج من السوق لان السعر اكبر من متوسط التكاليف الكلية

د. يخرج من السوق لان السعر اقل من متوسط التكاليف الكلية.

• إذا كان منحنى متوسط الكلفة ملامسا لمنحنى الطلب الذي يواجه المنافس المحتكر فإن

أ. المنشأة تحقق ربحا عاديا، لأن متوسط الكلفة عند ادنى مستوى له.

ب. المنشاة تحقق ربحا اقتصاديا، رغم ان متوسط الكلفة ليس ادنى مستوى له.

ج. المنشأة تحقق ربحا عاديا، رغم ان متوسط الكلفة ليس عند ادنى مستوى له.

د. المنشأة تعاني من خسارة مع احتمال خروجها من السوق.

• من مزايا سوق المنافسة الاحتكارية ان المنشآت لا تستخدم كامل طاقاتها.

أ. صح

ب. خطأ

198

- في سوق المنافسة التامة جميع المنتجين آخذين للسعر ولا يمكنهم جماعيا التاثير فيه.
  - أ. صح
  - ب. خطأ

- المنافسة التامة تعني توفر نفس معلومات السوق عند المنتجين وليس عند المستهلكين.
  - أ. صح
  - ب. خطأ

- نقطة التعادل بالنسبة للمنافسة هي نقطة تعظيم الارباح.
  - أ. صح
  - ب. خطأ

- إذا كان السعر مساويا للكلفة الحدية واقل من متوسط التكاليف المتغيرة، فإن المنشأة تحقق ربحا عاديا وليس اقتصاديا.
  - أ. صح
  - ب. خطأ

- إذا كان بإمكان المحتكر ان يميز بين المستهلكين على اساس الاسعار، فانه سوف يواجه منتجين آخرين فيها.
  - أ. صح
  - ب. خطأ

200

الفصل السادس
الناتج القومي والدخل القومي والإنفاق القومي

يهتم الاقتصاد الكلي، بكيفية تحديد مستوى الناتج الكلي في الاقتصاد القومي، المستوى العام للأسعار، مستوى التوظيف، معدلات الفائدة ومتغيرات اخرى كلية مثل ميزان المدفوعات واسعار الصرف.

ولفهم هذه المسائل يجب دراسة ما يسمى بالحسابات القومية للدخل، حيث توضح هذه الحسابات كيفية قياس المتغيرات الكلية الاساسية مثل الناتج والدخل والانفاق، مما يمكن من التعرف على كيفية أداء الاقتصاد القومي في انتاج السلع والخدمات، فضلا عن تتبع التغيرات في النشاط الاقتصادي من خلال تغيرات الدخل والناتج والانفاق. ولا تقتصر اهمية الحسابات القومية للدخل عند هذا الحد فقط، بل تتعداه إلى توضيح الإطار النظري الـذي يبـين العلاقات التـي تربط بين المتغيرات الرئيسية الثلاث وفي الدخل والناتج والانفاق.

وسوف نحاول في هذا الفصل عـرض المفـاهيم الخاصـة بالنـاتج القـومي والدخل القومي والانفاق القومي، كما سنقوم بتوضيح بعض العلاقات التي تربط بين هذه المتغيرات.

أولا: الناتج القومي الإجمالي

الناتج القومي الإجمالي (GNP) لبلد ما، هو عبارة عـن مجمـوع القيم السوقية لكل السلع والخدمات النهائية التي تم انتاجها خلال فترة زمنيـة معينـة (عادة سنة) باستخدام خدمات عناصر الانتاج الوطنية في هذا البلد.

يلاحظ على مفهوم الناتج القومي الاجمالي ما يلي:

1. ان الناتج القومي الاجمالي، يشمل كل السلع والخدمات النهائية فقـط ولا يشتمل على السلع والخدمات الوسيطة.

فعلى سبيل المثال إذا احتسبنا قيمة السيارة كاملة ضمن النـاتج القـومي الإجمالي كسلعة نهائية، لا يجب احتساب مكوناتها مـرة اخـرى. والهـدف مـن استبعاد السلع والخدمات الوسيطة (أي تلـك التـي تجـري عليهـا عمليات انتاجية اخرى) هو تفادي مشكلة الإزدواج الحسـابي، أي حسـاب نفس السلعة أو الخدمة اكثر من مرة.

2. أن مفهـوم النـاتج القـومي الإجمالي، يتكـون مـن قيمـة انتـاج السـلع والخدمات النهائية التي تم انتاجها في الفترة الجارية فقط، والتي يجـري بصددها التقدير. وعليـه فهـو لا يشمـل السـلع أو الخـدمات التـي تـم انتاجها في فترات سابقة. على سبيل المثال يتم احتساب قيمة المنازل الجديدة فقط ضمن الناتج القومي الاجمالي ولكن لا يشمل على عمليات الاتجار في المنازل القائمة فعلا (القديمة) لانهـا لا تمثل اضافة جديـدة إلى اصول المجتمع، وإنما تؤدي فقط إلى نقل في الملكية بين افراد المجتمع.

وعلى هذا فان الناتج القومي الاجمالي في سـنة معينـة، يشمل السـلع والخدمات النهائية التـي تـم انتاجهـا فقـط خـلال هـذه السـنة، فالنـاتج القومي في سنة 2001 مثلا، لا يشمل على سـلع وخدمات تـم انتاجها في سنة 2000.

3. يتم حساب القيمة النقدية للناتج القومي الاجمالي على اساس تقييم السلع والخدمات المنتجة باستخدام الاسعار السوقية لها (وهنا نورد الملاحظتين الآتيتين):

أ. ربما لا توجد مشكلة بالنسبة لتقييم السلع والخدمات التي لها اسعار، ولكن تظهر المشكلة عند تقييم بعض انواع الخدمات التي ليس لها اسعار سوقية مثل الخدمات الحكومية (التعليم الدفاع – حفظ الأمن...الخ) مثل هذه الخدمات العامة يمكن تقدير قيمتها على اساس قيمة المنفق عليها أي تكاليفها. وهناك انواع اخرى من الخدمات التي يؤديها افراد العائلة بانفسهم كخدمات ربات البيوت، وهذه يمكن تقدير قيمتها على اساس قيمة ما يماثلها في السوق. ولكن عمليا غالبا ما تهمل هذه الخدمات عند تقييم الناتج القومي الإجمالي لصعوبة الحصول على البيانات الاحصائية الخاصة بها.

ب. إذا قمنا باستخدام الاسعار السوقية للسلع والخدمات، تثار مشكلة اخرى، وهي ان كثيرا من هذه الاسعار تشمل ضرائب غير مباشرة. وفرض الضرائب غير المباشرة يجعل سعر السوق اكبر من السعر الذي يحصل عليه البائع أو المنتج في النهاية، ومن ثم فان الدخول التي تحصل عليها عناصر الانتاج ستختلف عن الناتج القومي بسعر السوق.

4. الناتج القومي الاجمالي الاسمي والناتج القومي الاجمالي الحقيقي:

يتضح من تعريف الناتج القومي الاجمالي، انه يتم تقدير قيمة السلع والخدمات النهائية المنتجة خلال فترة التقدير باستخدام الاسعار الجارية (اسعار السوق) التي سادت في نفس الفترة، مثل هذا التقدير يسمى بالناتج القومي الاجمالي الاسمي.

على سبيل المثال، الناتج القومي الاجمالي الاسمي في عام 2000 يقيس قيمة السلع والخدمات النهائية التي انتجت في عام 2000 مقومة على اساس الاسعار السوقية الجارية أو التي سادت في عام 2000.

ويمكن ان يتغير الناتج القومي الاجمالي من سنة لأخرى، نتيجة التغيرات في كميات الانتاج المادي، أو التغيرات في الاسعار السوقية. وكذلك يمكن ان نتصور ان اقتصاد ما ينتج نفس حجم الناتج في سنتين متتاليتين بينما تتضاعف الاسعار في السنة الثانية، عندئذ سيتضاعف الناتج القومي الإجمالي في السنة الثانية على الرغم من عدم تغير الناتج الحقيقي (المادي) على الإطلاق، وبالتالي فان المتغيرات في الناتج القومي الإجمالي لا تعكس النمو الحقيقي للاقتصاد القومي.

ويمكن ان نعزل التغيرات في الناتج القومي بالاسعار الجارية بين فترتين باستخدام مقياس الناتج القومي الاجمالي الحقيقي وذلك بتقييم كل السلع والخدمات المنتجة في الفترتين باستخدام الاسعار التي سادت في سنة معينة، تسمى سنة الاساس.

على سبيل المثال، إذا اردنا معرفة مدى النمو الحقيقي للأقتصاد القومي بين عام 1999، وعام 2000 يمكن تتبع التغيرات

في الناتج القومي الحقيقي بين الفترتين باستخدام الاسعار التي سادت في سنة معينة (ولتكن سنة 1995) :

الناتج القومي الإجمالي الحقيقي = كمية انتاج × اسعار عام 1995
عام 1999 عام 1999 (سنة الأساس)

الناتج القومي الاجمالي الحقيقي = كمية انتاج × اسعار عام 1995
عام 2000 عام 2000 (سنة الأساس)

إذن فالتغير في الناتج القومي الحقيقي بين الفترتين سترجع هنا إلى التغيرات في كميات الانتاج الحقيقي فقط.

5. الناتج القومي الاجمالي، الناتج المحلي الاجمالي:

من تعريف الناتج القومي الإجمالي(GNP)، يلاحظ انه يشمل على ما تم انتاجه من سلع وخدمات باستخدام خدمات عناصر الانتاج المملوكة للمواطنين، سواء كان ذلك في داخل البلد او خارجه.

أما الناتج المحلي الإجمالي (GDP) فيشمل كل ما تم انتاجه محليا سواء باستخدام خدمات عناصر الانتاج المملوكة للمواطنين او الاجانب.

يتضح من هذا التعريف ان الناتج القومي الاجمالي ينقص عن الناتج المحلي الاجمالي بمقدار ما يضيفه المواطنين نتيجة لقيامهم بالانتاج في خارج بلدهم.

ويمكن تلخيص العلاقة بين الناتج القومي الاجمالي، والناتج المحلي الاجمالي في المعادلة التالية:

الناتج القومي = الناتج المحلي + عوائد ما انتجه المواطنين - عوائد ما انتجه الاجانب
الإجمالي الإجمالي في الخارج في الداخل

الناتج المحلي = الناتج القومي - عوائد ما انتجه المواطنين + عوائد ما انتجه الأجانب
الإجمالي الإجمالي في الخارج في الداخل

6. الناتج القومي الإجمالي والناتج القومي الصافي:

يعرف الناتج القومي الصافي بانه صافي قيمة السلع والخدمات النهائية في الاقتصاد القومي خلال السنة وذلك بعد استبعاد قيمة استهلاك راس المال (الاندثار) أثناء العملية الإنتاجية. لأن رأسمال المستخدم في الإنتاج كالمكائن والآلات والمعدات والأبنية يتعرض للاستهلاك وتنخفض قدرته وكفاءته الانتاجية، وعليه فان قيمة راس المال المستخدم هذا في نهاية السنة ستكون اقل بالمقارنة مع ما كانت عليه في بداية السنة. وعليه للحصول على صافي الناتج القومي لابد من استبعاد قيمة استهلاك راس المال (الاندثار) من الناتج القومي الإجمالي، أي أن:

الناتج القومي الصافي = الناتج القومي الإجمالي – قيمة الاندثار (استهلاك راس المال)

وعلى الرغم من ان الناتج القومي الصافي هو مقياس اكثر دقة لمعدل النشاط الاقتصادي في المجتمع الذي يمكن تحقيقه على مدى فترات طويلة من الزمن (وقد يعبر عنه بالانتاج الفعلي في الاقتصاد القومي)، إلا ان تقديرات الناتج القومي الإجمالي هي التي تستخدم في الغالب، وذلك بسبب عدم دقة تقديرات الاستهلاك الراسمالي (الاندثار).

206

ثانياً: الإنفاق القومي

يعرف الانفاق القومي بانه ما يتم انفاقه للحصول على السلع والخدمات النهائية، المنتجة في بلد ما خلال فترة زمنية معينة (عادة سنة).

ويتكون الانفاق القومي من اربعة مكونات هي:

1-الانفاق الاستهلاكي الخاص (الشخصي):

ويشمل تقريبا كل مشتريات الافراد من السلع والخدمات الاستهلاكية، ما عدا مشتريات المنازل والمباني والتجهيزات الجديدة. حيث تدخل ضمن الاستثمار، كما يشمل ايضا على مشتريات السلع الاستهلاكية المعمرة (الثلاجات، الغسالات، الأثاث – السيارات...الخ) ويجب ملاحظة ان هذا النوع من الانفاق الشخصي هو انفاق نهائي بغرض الاستهلاك وليس للأستخدام في اغراض انتاجية.

2- الانفاق الاستثماري المحلي الخاص:

يشمل السلع الراسمالية التي انتجت من اجل انتاج سلع اخرى، وانفاق المستثمرين على المشاريع الاستثمارية. وهذه السلع الراسمالية يمكن ان تكون انتاجا محليا او استيراد من الخارج. وجرت العادة على تقسيم الاستثمار المحلي الخاص إلى ثلاثة اقسام:-

أ. الانفاق النهائي في شراء المعدات والاجهزة والآلات وانشاء المخازن والمصانع.

ب. الانفاق النهائي في انشاء المباني والوحدات السكنية والتي يتضمنها الاستثمار المحلي الخاص لأنه ينظر إليها وكأنها استثمار من قبل الملاك سواء اقاموا بها أو استأجرها آخرون.

ج. **التغير في المخزون** – ان الانفاق الاستثماري يشمل ايضا صافي التغير في مخزون الوحدات الانتاجية من المواد الأولية والخامات والمنتجات غير تامة الصنع، والتامة الصنع حيث يمثل المخزون زيادة في اصول الوحدة الانتاجية تزيد من رصيد راس المال القائم. ولكن يجب ان نتأكد من استبعاد مخزون أول المدة، لأنه قد تم انتاجه في فترات سابقة ولا يخص الفترة الجارية. أي ان:

صافي التغير في المخزون = مخزون آخر المدة – مخزون أول المدة

3. الانفاق الحكومي:

يشمل انفاق المؤسسات والوزارات الحكومية على السلع التي تشترى من القطاع الخاص المحلي أو من الخارج مثل (السيارات، التجهيزات، الاغذية، القرطاسية...الخ) والانفاق على المباني وغيرها، إضافة إلى الرواتب والأجور التي تدفع لعناصر الانتاج، مثل رواتب الشرطة، المعلمين، الموظفين، الأطباء وغيرهم، وذلك مقابل خدماتهم.

4. صافي الصادرات: (الصادرات – الواردات):

تمثل الصادرات من السلع والخدمات الوطنية. إنفاقا بواسطة الاجانب على المنتجات المحلية، وبالتالي تؤدي إلى زيادة تيار الدخل والإنفاق، وتدخل حصيلة الصادرات كأحد مكونات الانفاق القومي لأنها تمثل الطلب الاجنبي على ما تم إنتاجه محليا.

ومن الناحية الأخرى نجد ان الواردات من السلع والخدمات الأجنبية، تمثل إنفاق المواطنين لجزء من دخولهم على المنتجات الاجنبية، وبالتالي تؤدي إلى تسرب جزء من الدخل والانفاق إلى الخارج، ومن ثم تستبعد الواردات عند حساب الإنفاق القومي. ويلاحظ ان الواردات قد تكون

جزء من مشتريات الافراد أو الحكومة أو الاستثمار المحلي أو ربما استخدم منها جزء في انتاج السلع التي تم تصديرها إلى الخارج، وبالتالي يجب ان تستبعد الواردات من الصادرات لنحصل على ما يسمى بصافي الصادرات. وهذا هو الجزء الذي يدخل في حساب الانفاق القومي. وقد يكون صافي الصادرات موجبا إذا كانت الصادرات اكبر من الواردات، أو سالبة إذا كانت الواردات اكبر من الصادرات. ومما تقدم فان:

الانفاق القـومي= الانفـاق الاستهلاكي الخـاص +الانفـاق الاستثماري الخاص+الانفاق الحكومي+صافي الصادرات

وأخيرا يمكن القول بان الدخل القومي يتطابق مع الناتج القومي ومع الانفاق القومي، وهذه المفاهيم الثلاثة وإن كانت تبدو مختلفة للدارس للوهلة الأولى، إلا انها صور مختلفة لنفس الشيء. فالناتج القومي ينظر إلى مصدر الانتاج ويركز على قيمة الانتاج من سلع وخدمات، بينما الدخل القومي ينظر إلى ناحية استلام الدخل مقابل تقديم خدمات عوامل الانتاج، ويركز على انصبة كل من عوامل الانتاج من الدخل، أما الانفاق القومي فيهتم بكيفية انفاق الدخل القومي.

ثالثاً: الدخل القومي

يعرف الدخل القومي لبلد ما، بانه مجموع الدخول الكلية التي تولـدت خلال فترة زمنية معينة (عادة سـنة)، والتـي تسـتحق لأصحاب خدمات عناصر الانتاج الوطنية، وذلك مقابل مسـاهمتها في الانشطة الانتاجيـة، سـواء في داخـل البلد أو خارجه.

ويلاحظ على هذا التعريف ما يلي:

1- ان الدخل القومي هو تيار يتـدفق مـن الـدخول أو العوائـد خـلال سـنة، وبالتالي فان الدخل القومي في سنة معينة قد يختلف عنه في سنة اخرى، ويجب الا يشمل الدخل القومي في سنة معينة على عوائد أو دخول تـم الحصول عليها في سنوات اخرى سابقة. فـلا يصـح عـلى سـبيل المثال ان نقول الدخل القومي في العراق في سنة 2001 قد تولد جـزء منـه في سـنة 1999.

2- الدخل القومي هو ما يستحق وليس مـا يـدفع فعـلا لأصحاب خدمات عناصر الانتاج، فقد يتم حجز جزء مـن قيمـة النـاتج القومي لغـرض أو لآخر، أو قد لا يصل جزء منه كدخل إلى عناصر الانتاج. على سـبيل المثال ما تقوم المنشآت باحتجـازه مـن اربـاحها لغـرض التوسـعات في المسـتقبل (ارباح غير موزعة) أو ما تقوم بدفعه من ضرائب عـلى الأربـاح (ضرائب تحصل عليها الحكومة)، مثل هذه المـدفوعات لا تصـل ابـدا إلى اصحاب خدمات عناصر الإنتاج على الرغم من إنها جزء من الدخل القومي.

3- الدخل القومي هو مجموع العوائد أو الدخول التي تستحق لأصحاب خدمات عناصر الانتاج، وتقسم خدمات عناصر الانتاج تقليديا إلى خدمات العمل، راس المال، الأرض والتنظيم وتحصل على عوائد في صورة أجور ورواتب، فوائد، ريع وإيجارات،

وأرباح، على الترتيب، وتمثل كل منها نصيب عامل الانتاج الذي ساهم في انتاج الدخل القومي أي ان:

الدخل القومي = الاجور والرواتب + الفوائد + الريع والإيجارات + الأرباح

ويلاحظ هنا ان ما يعتبر دخلا يجب ان يكون مقابل تقديم خدمات انتاجية وله ما يقابله من الناتج القومي. وعلى ذلك فالتقاعد أو الإعانات الاجتماعية الحكومية أو الهبات والهدايا. لا تعد دخولا وإنما تحويلات لا يقابلها سلع وخدمات، وبالمثل المبالغ والإيرادات التي تم الحصول عليها عن طريق الاقتراض أو بيع جزء من الثروة لا تعتبر دخلا، ولا تدخل في حساب الدخل القومي.

4- من التعريف السابق للدخل القومي، نجد ان الدخل القومي هو مجموع الدخول أو العوائد التي تستحق لأصحاب خدمات عناصر الانتاج الوطنية خلال فترة سنة، نتيجة استخدامها في الانشطة الانتاجية سواء في داخل البلد أو خارجه.

وبالتالي لا يشمل الدخل القومي على العوائد أو الدخول التي تستحق للأجانب في الداخل نتيجة استخدام ما يمتلكونه من خدمات عناصر الانتاج في الانشطة الانتاجية في داخل البلد، بينما يشمل على العوائد التي تستحق للمواطنين في الخارج (تحويلات المواطنين إلى بلدهم نتيجة استخدام عناصر الانتاج التي يمتلكونها في الخارج).

5- يمكن ان يعبر عن الدخل القومي من وجهة نظر المنتجين بأنه الفرق بين الناتج القومي الصافي مقدرا بسعر السوق والضرائب غير المباشرة. وعندها يمكن ان نقول:

الدخل القومي = الناتج القومي الصافي - الضرائب غير المباشرة

6- الدخل القومي، الدخل الشخصي، الدخل الشخصي المتاح:

رأينا من تعريف الدخل القومي انه يجب ان يتولد نتيجة تقديم خدمات انتاجية. والسؤال هو ماذا يحدث إذا حصل الفرد على مبالغ لم تدخل في تقدير الدخل القومي، لأنها لم تكن مقابل تقديم خدمات انتاجية؟ هنا يجب التفرقة بين الدخل القومي وبين الدخل الشخصي.

فيعرف الدخل الشخصيـ بانه الدخل الجاري الذي يحصل عليه الافراد أو القطاع العائلي من كل المصادر، سواء نتيجة تقديم خدمات انتاجية أو نتيجة للتحويلات التي لم تنشأ نتيجة المساهمة في نشاط انتاجي جاري.

وعلى الرغم من ان الدخل الشخصي لا يعتبر مقياسا للناتج، إلا ان اهميته تكمن في انه محدد رئيسي ـ لمسلك كلا من الاستهلاك الشخصي ـ والإدخار الشخصي. ولكي نصل إلى الدخل الشخصي ـ من الدخل القومي يجب ان نستبعد من الدخل القومي اية اجزاء لم يتسلمها الأفراد (القطاع العائلي) على سبيل المثال تستقطع مجمل ارباح المنشآت من الدخل القومي (الارباح غير الموزعة) لأنها لا تمثل دخلا بالكامل للقطاع العائلي، كما نستبعد مدفوعات التقاعد والضمان الاجتماعي وضرائب الدخل على الارباح فهذه ضرائب تحصل عليها الحكومة ولا تمثل جزء من الدخل الشخصي.

كما يجب ان يضاف ما يحصل عليه الافراد من مصادر لم تدخل في تقدير الدخل القومي، مثل التحويلات من الحكومة (مثل الأعانات الحكومية والخاصة)، وتعويضات البطالة والهبات والهدايا والرواتب التقاعدية.

الدخل الشخصي = الدخل القومي – مدفوعات التقاعد والضمان الاجتماعي – الأرباح غير الموزعة – ضرائب الدخل على الارباح + تعويضات البطالة + الاعانات الحكومية والخاصة + الهبات والهدايا + الرواتب التقاعدية.

أما الدخل الشخصي ـ المتاح (الممكن التصرف فيه) فهو الدخل الذي يستطيع الافراد التصرف به والانفاق منه لأغراض الاستهلاك والإدخار. وهو يمثل الدخل الشخصي بعد استقطاع ضرائب الدخل الشخصية أي ان:

الدخل الشخصي المتاح = الدخل الشخصي ـ ضرائب الدخل الشخصية

ويستخدم الدخل الشخصي ـ كمؤشر لمستوى المعيشة في المجتمع من جهة، وللتعرف على ما ينفقه الافراد على الاستهلاك وما يوفرونه للأدخار من جهة اخرى.

7- أما المقصود بمتوسط الدخل الفردي فهو متوسط نصيب الفرد من الدخل القومي ويمكن احتسابه من المعادلة التالية:

$$\text{الدخل الفردي} = \frac{\text{الدخل القومي}}{\text{عدد السكان}}$$

حيث تجري مقارنة هذا المعدل عبر جداول لجميع الدول للتعرف على مدى تطورها على صعيد العالم أو مقارنته خلال كل سنة لبلد معين عبر سلسلة زمنية معينة للتعرف على تطور ذلك البلد خلال تلك الفترة.

مثال لتوضيح العلاقة بين كل من الناتج القومي الاجمالي والصافي والدخل القومي والدخل الشخصي والدخل الشخصي المتاح.

الناتج القومي الاجمالي	1000	وحدة نقدية
يطرح منه استهلاك راس المال (الإندثار)	300	وحدة نقدية
الناتج القومي الصافي	700	وحدة نقدية
يطرح منه		
الضرائب غير المباشرة	100	وحدة نقدية
الدخل القومي	600	وحدة نقدية
يطرح منه		
الارباح غير الموزعة	500	وحدة نقدية
يضاف له	30	وحدة نقدية
المدفوعات التحويلية	40	وحدة نقدية
فوائد تدفعها الحكومة	10	وحدة نقدية
الدخل الشخصي	550	وحدة نقدية
يطرح منه		
الضرائب المباشرة	50	وحدة نقدية
الدخل المتاح للتصرف	500	وحدة نقدية
يوزع على النحو التالي		
انفاق استهلاكي	400	وحدة نقدية
ادخار	100	وحدة نقدية

رابعاً: طرق حساب الدخل القومي

ترجع أهمية الحسابات القومية الى انها تؤدي للاقتصاد القومي في مجموعة ما تؤديه المحاسبة الخاصة لمنشآت الاعمال. فرجل الاعمال يهتم، باستمرار، بمعرفة مدى نجاحه في نشاطه. والتوصل الى ذلك يتطلب القياس الدقيق لتدفقات الدخل والانفاق حتى يمكن أن نقيم عمل المنشأة خلال السنة. فعند توازن هذه البيانات، يستطيع رجل الاعمال ان يقيس المركز المالي والاقتصادي لمنشأته وبالتالي يمكنه اتخاذ قرارات سليمة فيما يتعلق بالسياسة التي ينتهجها ويسير عليها.

وتؤدي حسابات الدخل القومي نفس الدور الذي تؤديه المحاسبة الخاصة، ولكن للاقتصاد في مجموعة. فهذه الحسابات تمكننا من قياس مستوى الانتاج في الاقتصاد القومي في فترة زمنية معينة، وكذلك مقارنة مستوى الانتاج في فترات زمنية مختلفة، وبالتالي تساعدنا في تقييم الاداء طويل الاجل للاقتصاد موضع الاهتمام. يضاف الى ذلك ان البيانات التي توفرها حسابات الدخل القومي تساعد في وضع وتنفيذ السياسات العامة التي تهدف الى تحسين اداء الاقتصاد القومي.

ويعتمد نظام الحسابات القومية على تقسيم الاقتصاد القومي الى قطاعات. ويتم هذا التقسيم وفقاً لمعايير متنوعة. فقد يتم التمييز بين القطاعات على أساس طبيعة المنتج فيكون لدينا القطاعات التي تنتج السلع وتسمى القطاعات السلعية والقطاعات التي تنتج الخدمات وتسمى القطاعات الخدمية. وداخل القطاعات السلعية يمكن التمييز بين السلع المنتجة حسب نوعها فيكون لدينا قطاع الزراعة وقطاع التعدين والاستخراج وقطاع الصناعة التحويلية....الخ، ونفس الشيء يمكن أن يحدث داخل قطاع الخدمات، حيث يوجد قطاع المال والبنوك، وقطاع النقل والمواصلات....الخ.

من ناحية أخرى، يمكن تقسيم قطاعات الاقتصاد القومي الى: القطاع العائلي وقطاع المشروعات والقطاع الحكومي والقطاع الخارجي. ولايضاح طبيعة التيار الدائري للنشاط الاقتصادي يمكن، للتبسيط، النظر الى الاقتصاد القومي على انه يتكون من قطاعين.

ولكي نتعرف على طرق قياس الدخل القومي الإجمالي سنعرض نموذجاً من نماذج الاقتصاد الكلي الذي يتكون من قطاعين، حيث يمثل أحدهما تدفقات السلع والخدمات ويمثل الآخر تدفقات النقود. ونفترض ان افراد هذا الاقتصاد ينقسمون إلى مجموعتين:

المجموعة الأولى: المشروعات، أو رجال الأعمال، وهذه المجموعة لا تمتلك عوامل الانتاج بل تتخذ قرارات الانتاج في المجتمع وتتحمل مسؤولية تحمل خسائر وجني الارباح، وتحصل هذه المجموعة على خدمات عوامل الانتاج (العمل، راس المال، الموارد الطبيعية) من اصحابها مقابل مدفوعات نقدية تتخذ شكل، أجور وفوائد، وريع، وربح.

المجموعة الثانية: الافراد، أو القطاع العائلي، أو المستهلكون وهذه المجموعة تمتلك عوامل الانتاج، وتتخذ قرارات الاستهلاك في المجتمع وتحصل هذه المجموعة على دخولها من تأجير خدمات عوامل الانتاج إلى المجموعة الأولى. كما وتحصل على السلع والخدمات التي تستهلكها، من خلال الأنفاق على شراء السلع والخدمات من المجموعة الأولى.

والشكل رقم (52) يوضح تدفق الناتج القومي بين هاتين المجموعتين:

فالاطار الداخلي: يصور اتجاه التدفق العيني للناتج القومي، حيث في نصفه الايمن يتدفق الناتج القومي في شكل سلع وخدمات من

المشروعات إلى الافراد. وفي نصفه الايسر تدفق خدمات عوامل الانتاج من الافراد إلى المشروعات.

أما الإطار الخارجي: فيصور اتجاه التدفق النقدي للناتج القومي. فنصفه الايسرـ يمثل المدفوعات النقدية من المشروعات الى الافراد مقابل الحصول على خدمات عوامل الانتاج. وتتخذ هذه المدفوعات شكل الريع والاجور والفائدة والربح على التوالي. ويمثل جزؤه الايمن عودة تدفق الناتج القومي الى المشروعات في شكل إيرادات نقدية ناتجة من إنفاق الافراد على شراء السلع والخدمات.

وتبعاً لهذا النموذج فان قيمة ما تنتجه المشروعات من سلع وخدمات نهائية خلال السنة. أي الناتج القومي الاجمالي، وهذه تساوي مجموع دخول اصحاب عوامل الانتاج (الاجور، الربح، الفوائد، ارباح المشروعات) خلال السنة أي الدخل القومي الاجمالي وهذه تساوي قيمة ما ينفقه الافراد على شراء السلع والخدمات خلال السنة، أي الانفاق القومي الاجمالي أي ان:

الناتج القومي الاجمالي= الدخل القومي الاجمالي=الانفاق القومي الاجمالي

وعلى ضوء ما تقدم يمكن تحديد ثلاث طرق لقياس الدخل القومي وهي:-

شكل رقم (52) التدفق الدائري للناتج القومي

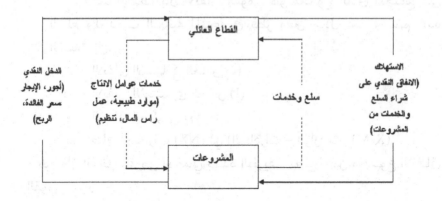

1- طريقة الدخل

وتعتمد هذه الطريقة بصفة اساسية على حساب جملة المدفوعات كخدمات عوامل الانتاج المختلفة من اجور وفوائد وريع وارباح، فيحسب في كل قطاع من القطاعات جملة ما يدفع كأجور للعاملين، وجملة ما يدفع كفوائد لأصحاب رأس المال المستخدم، وجملة ما يحصل عليها المنظمون من ارباح. (ويراعى عند استخدام هذه الطريقة ان نستبعد جميع المدفوعات التحويلية كالمنح والهبات والاعانات التي تتم فيما بين الافراد أو التي تدفعها الحكومة للأفراد، وذلك حتى لا يكون هناك ازدواج في الحساب) وعليه فان:

الدخل القومي = اجور العمال + ريع الأرض + فوائد راس المال + ربح المنظم

$$\text{NI} \qquad \text{W} \qquad \text{R} \qquad \text{I} \qquad \text{TT}$$

$$\text{NI} = \text{W} + \text{R} + \text{I} + \text{TT}$$

218

2- **طريقة الانفاق**

لقد أوضحنا بان الانفاق القومي هو مجموع انفاق المجتمع على السلع والخدمات النهائية المنتجة في قطر معين خلال سنة وتقسم هذه النفقات إلى:

أ. الانفاق الاستهلاكي الخاص (c)

ب. الانفاق الاستثماري الخاص (I)

ج. الانفاق الحكومي (G)

د. صافي الصادرات (NX) أي (الصادرات – الواردات) (X-M)

وعليه فان الدخل القومي الاجمالي بهذه الطريقة تعبيرا عن مجموع الانفاق القومي أي ان: -

الإنفاق القومي=الانفاق الاستهلاكي الخاص+الانفاق الاستثماري الخاص+الانفاق الحكومي+صافي الصادرات (الصادرات – الواردات)

$$NI = C + I + G + NX \ (X-M)$$

3- **طريقة الإنتاج (القيمة المضافة)**

لغرض تجنب الازدواجية في الحساب وتكرار احتساب المواد الأولية والسلع الوسيطة لأكثر من مرة يستخدم الأحصائيون طريقة القيمة المضافة في احتساب الدخل القومي. فلكي تصبح السلعة جاهزة للاستعمال لابد ان تمر بعدة مراحل إنتاجية مختلفة منذ ان كانت مادة أولية وحتى تصبح جاهزة للاستعمال (سلعة نهائية) وفي كل مرحلة، من مراحل الإنتاج المختلفة تضاف إليها قيمة جديدة وعليه فان احتساب مجموع القيم المضافة هذه سوف يعطينا الناتج القومي الإجمالي (الدخل القومي الإجمالي) بدون ان نقع في خطأ احتساب بعض القيم الوسيطة

اكثر من مرة واحدة أي حتى نتجنب الازدواجية والتكرار في احتساب بعض القيم. وعلى هذا الأساس فان:

القيمة المضافة= قيمة الإنتاج – قيمة مستلزمات الإنتاج

ويوضح المثال التالي كيفية احتساب القيمة المضافة فإذا افترضنا ان سلعة الخبز وهي سلعة نهائية، يمر تصنيعها بثلاثة مراحل: فالمزارع يقوم بزراعة القمح فإذا كان قيمة القمح (3000) دينار، وسنفترض ان المزارع لم يستخدم أي سلع أو مستلزمات وسيطة، فتكون القيمة المضافة لهذه المرحلة هي (3000) دينار (الفرق بين قيمة القمح (3000 دينار) وقيمة مستلزمات الإنتاج الوسيط المستخدم (صفر). وإذا افترضنا ان المزارع يبيع قيمة إنتاجه من القمح (3000 دينار) إلى قطاع المطاحن الذي يستخدمه كمستلزمات انتاج، ويحوله إلى دقيق قيمته (6000 دينار)، وبالتالي تكون القيمة المضافة في قطاع المطاحن (6000 –3000 = 3000) دينار).

وفي النهاية يحصل المخبز على الدقيق (6000 دينار) ويستخدمه كمستلزمات انتاج، لينتج السلعة النهائية وهي الخبز وقيمته ولتكن (10000 دينار) وتكون القيمة المضافة في قطاع المخابز (10000 – 6000 = 4000 دينار).

ويلاحظ ان مجموع القيم المضافة في القطاعات الثلاثة=

3000 + 3000 + 4000 = 10000 دينار

وهذا يتساوى مع قيمة الناتج النهائي (قيمة انتاج الخبز = 10000 دينار) ويمكن توضيح المثال السابق بالجدول التالي:

جدول رقم (16)

كيفية احتساب القيمة المضافة

القطاع	قيمة الإنتاج (بالدينار)	قيمة مستلزمات الإنتاج الوسيطة من قطاعات سابقة (بالدينار)	القيمة المضافة (بالدينار)
قطاع المزارع(قمح)	3000	-	3000
قطاع المطاحن (دقيق)	6000	3000	3000
قطاع المخابز (خبز)	10000	6000	4000
الإجمالي	190000	9000	10000

أهمية حساب الدخل القومي

تحظى حسابات الدخل القومي في بلدن العالم كافة باهتمام رجال الاقتصاد والسياسة وعلماء الاجتماع. ويمكن إيجاز هذه الاهمية بالنقاط التالية:

1- ان احصائيات الدخل القومي لبلد معين بين سنة واخرى تعطي صورة واضحة لمدى التقدم الذي حققه ذلك البلد.

2- ان مقارنة احصاءات الدخل القومي لدولة معينة ولسنة، مع احصاءات الدخل القومي لبلدان العالم الاخرى، يعطينا صورة واضحة عن مكانة ذلك البلد من الناحي الاقتصادية والاجتماعية بالقياس إلى الدول الاخرى ومدى التقدم الذي حققه.

3- يعد توفر احصاءات الدخل القومي عاملا اساسيا في وضع السياسات الاقتصادية، خصوصا عند تزايد دور الدولة في النشاط الاقتصادي.

4- تعطي حسابات الدخل القومي صورة واضحة عن الهيكل الاقتصادي للبلد المعني، والاهمية النسبية لكل قطاع انتاجي

(زراعة، صناعة، تجارة...الخ) في مجموع الناتج القومي. مما يساعد الدولة التعرف على نقاط الضعف والقوة في اقتصاد البلد ويسهل وضع السياسات الملائمة.

5- تساعد حسابات الدخل القومي بحسب دخول عناصر الانتاج على اعطاء فكرة عن كيفية توزيع الدخل القومي بين افراد المجتمع. وهذا يتيح للدولة التعرف على عناصر تركز الثروة (ارباح وفوائد) ويعطي لها مؤشرا لوضع سياسات ضريبية أو مالية لإعادة توزيع الدخل لصالح اكثرية افراد المجتمع.

6- تساعد حسابات الدخل القومي عن طريق جمع النفقات للتعرف على النسبة التي يخصصها افراد المجتمع للأنفاق على الاستهلاك وما يخصصه للأدخار ومن ثم للأستثمار. وهذا يعطي مؤشر للدولة لوضع سياساتها المالية والنقدية لغرض زيادة الادخار والاستثمار والتاثير على انماط الاستهلاك.

خامساً: محددات الدخل القومي

لاحظنا في الجزء السابق، أن الدخل القومي يوجه نحو الاستهلاك لغرض الاشباع المباشر، والمتبقي منه يوجه نحو انتاج سلع استهلاكية وانتاجية ، كأضافة إلى ما هو متاح من ثروات انتاجية وادامتها. كما لاحظنا أن الاستهلاك هو أما أستهلاك خاص بالأفراد كشراء الملابس، أو عام للمجتمع كالانفاق الحكومي على التعليم، وهذا ما يطلق عليه بالانفاق الاستهلاكي، لذلك فإن الدخول توجه نحو الانفاق الاستهلاكي، وما يتبقى منها يوجه نحو الادخار، فمثلاً يوجه الفرد في المجتمع دخله للانفاق على ما يحتاجه من سلع وخدمات ويوجه الجزء الباقي نحو الادخار بالطريقة التي تناسبه وعليه فإن:

الدخل القومي (Y) = الاستهلاك (C) + الادخار (S)

كما لاحظنا،ان ما ينفقه الأفراد لشراء السلع والخدمات، يعتبر دخلاً لشخص آخر فما يدفعه الفرد لشراء الخبز يعتبر دخلاً لأصحاب المخابز، فهو انفاقاً من جانب الفرد ودخلاً لأصحاب المخابز الذين يوظفو في انتاج الخبز، اذن فإن دخل المجتمع هو ما ينفقه مجموع أفراده لأغراض الاستثمار أو الاستهلاك وخلال فترة زمنية معينة وهذا يعني أن:

الدخل القومي (Y) = الاستهلاك (C) + الاستثمار (I)

وعليه نستنتج من الحقيقتين السابقتين:

الاستهلاك (C) + الادخار (S) = الاستهلاك (C) + الاستثمار (I)

أي ان الادخار (S) = الاستثمار (I).

ومعنى ذلك ان كل الادخارات التي حققها المجتمع، وجهها مرة ثانية نحو الانفاق عن طريق الاستثمار وهو شرط ثبات الدخل القومي. وعليه فإن زيادة الادخار على الاستثمار معناه أن جزء من الدخل القومي لم يوظف باتجاه الانفاق القومي ، وهذا يؤدي إلى الانكماش وانخفاض الدخل القومي . أما في حالة زيادة الاستثمار على الادخار فإن معنى ذلك زيادة الدخل القومي والذي يؤدي إلى التوسع والازدهار وعليه نستنتج أن ثبات أو زيادة أو نقصان الدخل القومي يعتمد على العلاقة بين الاستثمار والادخار . لذلك فإن العوامل التي تحدد كل من الاستثمار والادخار هي التي تكشف لنا العوامل التي تحدد الدخل القومي. ولابد من تسليط الضوء عليها بشكل وآخر لغرض التعرف عليها.

العوامل التي تحدد الادخار

يعتمد حجم الادخار في أي مجتمع على متوسط دخل الفرد، حيث أن الادخار يكون محدود لذوي الدخل المحدود، ومرتفع عند ذوي الدخل المرتفع، فالفرد الذي دخله مئة دينار والذي يكفيه لمقابلة متطلبات احتياجاته الضرورية فإنه لا يستطيع توجيه جزء من دخله إلى الادخار ، بل يوجه إلى الاستهلاك فقط. أما في حالة ازدياد دخله بمقدار أربعون دينار ليصبح مئة وأربعون دينار فإنه هنا سيوجه دخله للاستهلاك ويحتفظ بجزء منه على شكل ادخار . وهكذا كلما يزداد دخله كلما تزداد ادخاراته راجع الجدول رقم (16). ونفس حالة ادخار الفرد تنطبق على تحديد حالة الادخار القومي .

ومما تقدم نستنتج أن الاستهلاك يتزايد بمعدلات متناقصة بزيادة الدخل، كذلك فإن الادخار يتزايد بمعدل متزايد بزيادة الدخل والعكس صحيح، وأن العلاقة بين الدخل والادخار هي علاقة طردية. وعليه فإن الادخار هنا هو دالة للدخل.

الادخار (S) = دالة الدخل $f(Y)$

ومن هذه العلاقة والمثال أدناه يمكن توضيح دالة الإدخار كما هي عليه في الشكل رقم (A-53) حيث أن العلاقة بين الاستهلاك والادخار علاقة طردية مع الدخل كما نلاحظ أن دالة الادخار تبدء بقيمة سالبة لتمر بقيمة صفرية ثم تأخذ قيمة موجبة اعلى من الصفر ، لذلك فالادخار الايجابي سيكون معدوم (صفر) عندما يكون الدخل موجه كليا نحو الاستهلاك كما هو عليه في النقطة(Aِ)، وإذا لم يكن الدخل كافي لتغطية الاستهلاك فإن الادخار سيكون سالباً ، وفي هذه الحالة يغطى من خلال بيع الموجودات أو الاقتراض، لاحظ الشكل (B-53).

شكل رقم (53-A) يوضح دالة الإدخار

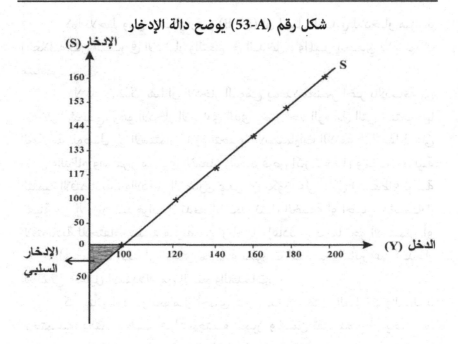

شكل رقم (53-B) يوضح دالة الاستهلاك والادخار

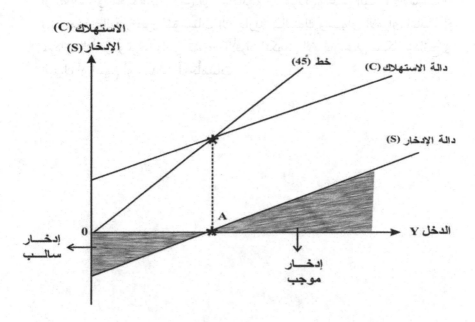

كما نلاحظ ومن الشكل رقم (53-B) ان الميـل الحـدي للادخـار متزايد (العلاقـة بين التغـير في الادخار والتغـير في الـدخل)، والميـل الحـدي للاستهلاك متناقص.

ولا بد أن نذكر هنا ان الادخار القومي يتحدد بعنصر آخر بالإضافة إلى الادخار الشخصي، وهو الادخار الاجباري الذي يعتبر أحد الوسائل التي تستخدمها الحكومة للوصول إلى الاستثمار اللازم لتحقيق الاستثمارات اللازمة في الحفاظ على الامن والنظام واستقرار مستوى الاسعار وايجاد فرص اكبر للعمل وتمويل عمليـة التنمية الاقتصادية . والادخار الاجباري يمكن ان يكون على شكل استقطاع نسبة معينة من الاجور كمدخرات لا تدفع إلا بعد انتهاء الخدمة أو اجبار المؤسسـات الاقتصادية للاحتفاظ بنسبة معينة من ارباحها وإعادة توجيهها نحو الاستثمار. أو من خلال عمليات الاصدار النقدي لمعالجة تطورات التضخم والتأثير على الـدخل الحقيقي وتقليل الاستهلاك من السلع والخدمات.

كما يتأثر الادخار بعوامل أخرى غيـر الـدخل ، مثل العـادات والتقاليد الاجتماعية، والتي جعلـت أفراد مجتمـع معـين وضمن تقاليدهم أن يحتفظـوا بدخلهم على شكل مدخرات دون النظر إلى ارتفاع أو انخفاض مستوى دخولهم . أو العكس في مجتمعات اخرى فإن عاداتهم قد عودتهم علـى البـذخ والاسراف أو يتاثر من فعالية وتطور المؤسسات الادخارية كـالبنوك واسـواق الأوراق الماليـة أو شركات التأمين وغيرها والتي تشجع الأفراد لتكوين الادخار علـى شكل ودائـع في البنوك أو اسهم أو سندات أو تأمينات.

العوامل التي تحدد الاستهلاك

مما تقدم فان اهم ما يعتمد عليه الاستهلاك أو الانفاق الاستهلاكي في أي مجتمع هو متوسط دخل الفرد . كما إن العلاقة بين الدخل والاستهلاك هي علاقة طردية ،وكما اشرنا فإن الاستهلاك هو دالة للدخل ، حيث الدخل هو المتغير المستقل.

الاستهلاك (C) = دالة الدخل $f(Y)$

إن دالة الإستهلاك توضح لنا مستويات الإنفاق الاستهلاكي عند مستويات الدخول المختلفة للفرد والمجتمع، وأن الاستهلاك يتحدد بمستوى الدخل، ويمكن الرجوع إلى الجدول رقم (16) لرسم دالة الاستهلاك حيث يتحدد حجم الاستهلاك فيها بمستوى الدخل لقومي في فترة زمنية معينة

شكل رقم (54) يوضح دالة الاستهلاك

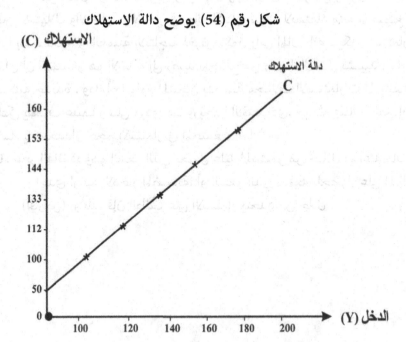

ومن الشكل رقم (53) نلاحظ أن العلاقة الطردية بين الاستهلاك والـدخل ، وان الاستهلاك يزداد بنسب متناقصة من نسبة زيادة الـدخل ، و الميـل الحـدي للاستهلاك هو موجب ويميل إلى التناقص وهذا مااوضحناه سابقا .

كذلك نجد ان الاستهلاك لا يمكن أن يكون صفراً ، حتى إذا كـان الـدخل صفر ، فهو دائماً قيمة موجبـة، فـالأفراد الـذين لا يحصـلون عـلى دخـل يقومـون بالاستهلاك وان مـا يسـتهلكونه في هـذه الحالـة يسـمى بالادخـار السـلبي. إلا أن الاستهلاك يتـأثر بعوامـل آخـرى غـير متوسـط دخـل الفـرد مثـل عـادات واذواق الأفراد، وحجم السكان والفن الانتاجي وكمية راس المال المتاح، حيث يؤدي تغـير حجم أو قيمة هذه العوامل تغيرات في مستوى الاستهلاك.

العوامل التي تحدد الاستثمار

من خلال دراستنا لتكوين راس المال وجـدنا أن الأفـراد يوزعـون دخلهـم بين الاستهلاك والادخار . والادخار في حالة اكتنازه سوف لايستفاد منـه المجتمـع ، أما إذا استخدم في العملية الانتاجية لغرض تكون راس المال فإنه سيكون استثماراً ، أي أن الاستثمار هو الإضافة إلى رصيد المجتمع من رأس المال مثل تشـييد مبـاني سكنية جديدة . ودائماً ما يقوم المنتجين بدراسـة مجـالات الاسـتثمارات المختلفـة لـكي يتعـرف عليهـا وعـلى مردودهـا وربحهـا الاقتصـادي. حيـث هنـاك عنصرـان اساسيان يحددان حجم الاستثمار في المجتمع وهما:

1. **سعر الفائدة:** وهو السعر الذي يحصل عليه المستثمر من خـلال ايداعـه مالـه في احدى اوعية الادخار المضمونة، أو السعر الذي يدفعه للحصول على المـال (اقتراض). وعليه فإن الطلب على الاستثمار يتحدد من خلال

المقارنة بين سعر الفائدة من جهة والكفاءة الحدية للاستثمار من جهة اخرى، فكلما كان سعر الفائدة منخفضاً كلما دفع المستثمرين على الاقتراض واقامة المشروعات الجديدة أو توسيع القائم منها ، وعلى العكس كلما كان سعر الفائدة مرتفعا كلما ادى إلى احجام المستثمرين على القيام باستثمارات جديدة.

2. توقعات المستثمرين: أن رؤية وتوقعات المستثمرين يمكن أن تترجم على شكل عائد مالي يحصلون عليه، فالمستثمرين الذين يتوقعون من استثمارهم في المستقبل سيحقق إيرادات طوال فترة بقائه ، بحيث سيكون هناك طلب على منتجاتهم أو زيادة في اسعارها وبالشكل الذي يجعلهم تغطية تكلفة الاستثمار بما في ذلك الفائدة المدفوعة لراس المال فإنهم سيقدمون على الاستثمار من خلال نظرة التفاؤل هذه . وسيكون العكس إذا ما نظروا نظرة تشاؤم بحيث لا يتوقعون حدوث مثل هذه الإيرادات.

إذن فالمستثمر قبل قيامه باستثمار امواله في مشروع معين، فإنه يقوم بتقدير العوائد التي يحصل عليها المشروع طول فترة بقائه، ثم يحسب المعدل الذي إذا خصمت منه كل العوائد المتوقعة في المستقبل ، فانه يعطي القيمة الحالية لراس المال النقدي ، وهذا المعدل يسمى الكفاية الحدية رأس المال. وهو معدل العائد الصافي المتوقع من تكلفة الوحدة الاخيرة المستثمرة حديثاً من رأس المال. وعندها يقارن بين الكفاية الحدية راس المال وسعر الفائدة السائد. فكلما كانت الكفاية الحدية لرأس المال أكبر من سعر الفائدة فإنه من المربح للمستثمر أن يزيد من استثماراته ، والعكس صحيح فه يتوقف عن الاستثمار إذا كانت الكفاية الحدية لرأس المال تساوي أو تقل عن سعر الفائدة.

توازن الدخل القومي

تعرفنا فيما مضى ـ بان الـدخل القـومي يمثل القيمـة النقديـة للسـلع والخدمات المنتجة خلال فترة زمنية معينة، وهذا يعني بانه يمثل العرض الكلي. وفي نفس الوقت اوضحنا بأن الـدخل القـومي يـوزع مـا بـين الانفـاق الاسـتهلاكي والانفاق الاستثماري اللذان يمثلان الانفاق الكلي أو الانفاق القومي، وهـذا يعنـي بانه يمثل في هذا الجانب الطلب الكلي.

وعليه فعند تساوي العرض الكلي (الـدخل القـومي) مـع الطلب الكلـي (الانفاق القومي) تحدث حالة التوازن للدخل القومي، ويمكن تمثيـل ذلك بيانيـا بتقاطع منحى الطلب الكلي مع منحنى العرض الكلي (خط 45) . حيـث تأخـذ دالة العرض الكلي رسم خط (45) درجة (منحنى العرض الكلي) يقسـم الزاويـة القائمة إلى قسمين متساوين، بحيـث أي نقطـة تقـع عـلى خـط (45) تعنـي ان الطلب الكلي يساوي العرض الكلي.

شكل رقم (55) يوضح توازن الدخل القومي

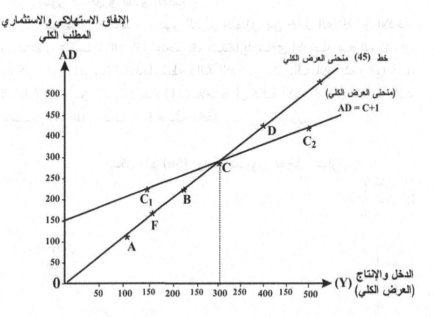

ونلاحظ من الشكل ان منحنى الطلب الكلي (الانفاق الاستهلاكي + الانفاق الاستثماري) والذي يمثل دالة الانفاق أو الطلب الكلي عند مختلف مستويات الدخل، يقطع منحنى العرض الكلي للخط 45 عند النقطة (C) والتي عندها يتساوى الدخل القومي (العرض الكلي) مع الانفاق القومي (الطلب الكلي). أما عند مستوى دخل أقل عند النقطة C_1 حيث يكون الدخل 200 مليون دينار، فإن الطلب الكلي سيكون أكبر من العرض الكلي، ويصبح الاقتصاد في حالة عجز، ويؤدي إلى تناقص المخزون بدرجة كبيرة مما يدفع المنتجين إلى زيادة الانتاج من اجل الوصول إلى نقطة التوازن في (C). أما في حالة مستوى دخل أكبر عند النقطة C_2، فإن العرض الكلي يكون أكبر من الطلب الكلي ويصبح الاقتصادي في حالة فائض، ويتراكم المخزون أكثر مما هو مطلوب، مما يدعوالمنتجين إلى تقليل الانتاج لإعادة التوازن عند

النقطة (C)، مع الإشارة هنا أننا افترضنا بان حجم الاستثمار ثابت لا يتأثر بمستوى الدخل في المدى القصير.

كما يمكن أن نحدد مستوى الدخل التوازني من خلال العلاقة بين الادخار والاستثمار، فالمستوى التوازني يتحقيق عندما يتساوى الادخار مع الاستثمار، ويمكن تمثيل ذلك بيانيا عندما تقطع دالة الادخار (S) دالة الاستثمار (I) عند النقطة D. ومن الشكل رقم (51) نلاحظ أن دالة الادخار (S) تقطع دالة الاستثمار (I) عند النقطة (D) حيث يتحقق مستوى التوازن

شكل رقم (56) يوضح مستوى الدخل التوازني

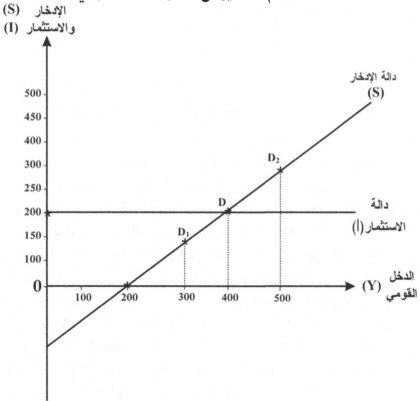

بتساوي الاستثمار مع الادخار ، وان أي مستوى من الدخل أقل من المستوى التوازني عند النقطة D_1 مثلا سيكون فيها الإدخار أقل من الاستثمار ، مما يدفع الاستثمار إلى خلق اضافات لإعادة التوازن بحيث يتساوى الانفاق الكلي مع الدخل القومي . وعلى العكس عندما يكون الدخل أكبر من المستوى التوازني عند النقطة (D_2) مثلا فإن الادخار سيكون أكبر من الاستثمار وبالتالي سيعمل إلى إعادة حالة التوازن للاقتصاد . ويلاحظ أن الانفاق الاستثماري يخلق دخول اضافية بشكل مضاعف إلى حجم الدخل القومي وهذا ما سنتطرق له في الفقرة اللاحقة.

المضاعف

ان التغيرات التي تحصل في الدخل القومي هي نتيجة للتغير في الطلب الكلي الذي يتمثل في الانفاق الاستهلاكي والانفاق الاستثماري، ولكن كم هو حجم التغير في الدخل نتيجة التغير في الاستثمار. ان الزيادة في الانفاق الاستثماري كأحد مكونات الطلب الكلي ستؤدي إلى زيادة في الدخل اضعاف، لان زيادة الدخل ستؤدي الى زيادة العمالة بنفس المقدار، وهذه ستخلق عمالة جديدة لمواجهة الزيادة في الطلب على السلع الانتاجية والدخل الجديد وسيتم انفاقها، وبدورها ستكوّن دخولاً جديد لعمال آخرين وهؤلاء بدورهم سينفقون معظم دخولهم، وهكذا تتم العملية حتى تكون الزيادة في الدخل والعمالة اضعاف الزيادة الأولية في الاستثمار ،أي أن الزيادة في الدخل القومي تكون عدة أضعاف الزيادة الحاصلة في الإنفاق الاستثماري وهذا ما يطلق عليه بمبدء المضاعف، أما المضاعف الاستثماري فيبين عدد مرات تضاعف الدخل القومي بسبب الاستثمار الإضافي.

فلو عدنا إلى نقطة التوازن E المتحقق لا تساوي العرض الكلي (Y) مع الطلب الكلي AD، فإن زيادة أي قرار للمنتجين بزيادة حجم الطلب الكلي من خلال زيادة الانفاق الاستثماري التلقائي (الاستثمار قيمته محددة بغض النظر عن مستوى الدخل) ستؤدي إلى انتقال منحنى الطلب الكلي إلى AD_1 ويتحقق التوازن عند النقطة B عندما زاد العرض الكلي إلى Y_1 لاحظ الشكل رقم (52).

شكل رقم (57) يوضح المضاعف الاستثماري

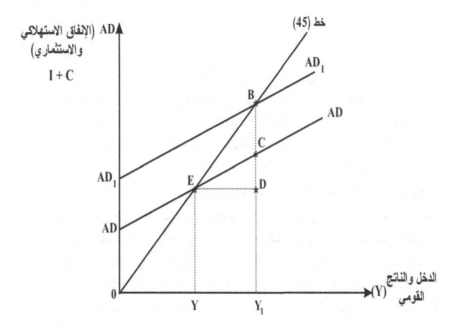

ومن الشكل رقم (25) نلاحظ أن المسافة CB تمثل الزيادة في الاستثمار التلقائي، في حين أن المسافة ED تمثل الزيادة في الدخل وبشكل أكبر من الزيادة في الاستهلاك التلقائي بالمقدار CD. وهذا يعني أن زيادة الانفاق الاستثماري التلقائي تؤدي إلى زيادة مضاعفة في الدخل القومي، وهذا ما يفسر لنا مبدء المضاعف (مضاعف الاستثمار).

القاموس الاقتصادي

Gross National Product, (GNP)	الناتج القومي الإجمالي
Intermediate Goods	المنتجات الوسيطة
Double Counting	القيد المزدوج
Expenditure Approach	أسلوب الإنفاق
Value-added Approach	أسلوب القيمة المضافة
Income Approach	أسلوب الدخل
Output Approach	أسلوب الإنتاج
Gross National product	الدخل القومي الإجمالي
Nominal GNP	الناتج القومي الاسمي
Real GNP	الناتج القومي الحقيقي
Net National Product	الناتج القومي الصافي
Income Taxes	ضرائب الدخل
Corporate Taxes	الضرائب على الشركات
Corporate profit Taxes	ضرائب على أرباح الشركات
Disposable Income	الدخل المتاح
Personal Consumption	الاستهلاك الشخصي
Private Domestic Investment	الاستثمار المحلي الخاص
Government Expenditures	الإنفاق الحكومي
Net Exports	صافي الصادرات
Imports	الواردات
Exports	الصادرات
Durable Goods	السلع المعمرة
Nondurable Goods	السلع الاستهلاكية غير المعمرة

Services	الخدمات
Capital Goods	السلع الرأسمالية
Change in Inventories	التغير في المخزون
Depreciation	الإندثار
Rents	الأجور
Base Price	سعر الأساس

أسئلة الفصل ؟

7- ما المقصود بالقيد المزدوج؟ وما علاقته بأسلوب القيمة المضافة؟

8- ما الفرق بين الناتج القومي الإجمالي والناتج المحلي الإجمالي؟

9- هناك ثلاث طرق لحساب الدخل القومي، اشرحها باختصار؟

10- اذكر ما الفرق بين الناتج القومي الاجمالي، والناتج القومي الصافي والدخل القومي؟.

11- بماذا يختلف الدخل الشخصي المتاح عن الدخل الشخصي؟

12- إذا كان لديك المؤشرات التالية:

الناتج القومي الإجمالي	780 دينار
قيمة الاندثار	80 دينار
ضرائب غير المباشرة	70 دينار
الأرباح غير الموزعة	30 دينار
ضرائب الدخل على الشركات	10 دينار
مدفوعات تحويلة	35 دينار
الضرائب الدخل الشخصية	50 دينار

احسب الدخل الشخصي المتاح.

7 - اختر الإجابة الصحيحة

- باستخدام أسلوب الإنفاق، إذ كان إجمالي الإنفاق الحكومي يساوي 30 مليون دينار، وإنفاق المستثمرين 280 مليون دينار، وإنفاق المستهلكين 470 مليون دينار، وقيمة الصادرات تساوي 16 مليون دينار، وقيمة الواردات تساوي 36 مليون دينار، فان قيمة الناتج القومي تساوي:

  أ. 816

  ب. 820

  ج. 764

  د. 760

- باستخدام أسلوب الدخل إذا كان إجمالي الأجور والرواتب 180 وريع الأرض 80 وأرباح المنظم 35 وفائدة راس المال 60 فان قيمة الدخل القومي تساوي.

  أ. 380

  ب. 355

  ج. 405

  د. 315

- أسلوب القيمة المضافة لحساب الناتج القومي يعني حساب قيمة السيارات المحلية وكذلك قيمة ما انتجه المصنع الوطني لكراسي هذه السيارات.

  أ. صح.

  ب. خطأ.

- الناتج المحلي الإجمالي يساوي الناتج القومي الإجمالي ولكن تختلف طريقة قياسهما.

  أ. صح.

  ب. خطأ.

240

- صافي الناتج القومي

  أ. يستبعد الاندثار ولكن يشمل أرباح الشركات.

  ب. يستبعد أرباح الشركات ولكن يشمل الاندثار.

  ج. يستبعد الضرائب ولكن يشمل الاندثار.

  د. يستبعد الاندثار والضرائب على الشركات.

- حسابات الدخل القومي لا تساوي الإنفاق القومي والناتج القومي؟

  أ. صح.

  ب. خطأ.

- استثمار شركة عراقية في الهند تسجل ضمن:

  أ. الناتج المحلي الإجمالي العراقي.

  ب. الناتج المحلي الإجمالي الهندي.

  ج. الناتج القومي الإجمالي الهندي.

  د. لاشيء مما ذكر أعلاه.

- حسابات الناتج القومي لا تشمل الخدمات الحكومية وذلك لصعوبة تقديرها؟

  أ. صح.

  ب. خطأ.

الفصل السابع

النقود والسياسة النقدية

في الحقيقة ان النقود كوسيلة للتبادل ومقياس للقيمة لم تظهر للوجود فجأة، بل انها قد جاءت كضرورة فرضتها طبيعة الظروف وكنتيجة للتطور الطويل في العلاقات الاقتصادية للأفراد والجماعات .

فقد كان النشاط الاقتصادي في البداية وفي المجتمعات البدائية يتم بغرض الاستهلاك الذاتي، حيث كانت تعيش تلك المجتمعات على جمع والتقاط ثمار الاشجار والاشتغال بالصيد برا وبحرا، ولم تكن هناك ادوات انتاج بالمفهوم المتعارف عليه، بل كانت مجرد اسلحة بدائية بسيطة وادوات صيد، وكانت المنتجات تتجه مباشرة لتحقيق الاشباع الشخصي، ويمكن لنا ان نطلق على هذا النوع من الاقتصاد بالاقتصاد الانعزالي.

ومع تطور المجتمع تطور العمل وادواته ، وعرف الانسان صورة بدائية من تقسيم العمل داخل القبائل والتي كانت تتكون من عدد من العشائر وتربط بينها روابط عديدة، وكان توزيع العمل يتم على اساس الجنس ، وبناء على مجموعه من قواعد العادات والتقاليد التي تسود الجماعة والاوامر التي تفرض عليهم من قبل سلطه عليا كسلطة الكاهن او القائد . ويمكن ان تسمى هذه المرحلة من التطور بمرحله اقتصاد الاكتفاء الذاتي حيث لم تعرف الجماعات في تلك الفترات معنى التبادل الا في صورة عرضيه وفي فترات متقطعة.

عرف الانسان بعد ذلك الزراعة وتربيه الماشية ، وبدأ بعدها مرحله من الاستقرار في احوال المعيشة وثباتا نسبيا في الحالة الغذائية ، وكنتيجه لنمو حجم السكان وتنوع الأنشطة بين الزراعة والصناعة والخدمات والصيد، تطور التقسيم البدائي للعمل على اساس الجنس الى تقسيم اجتماعي للعمل ،

فـزادت الانتاجيـة وتحقـق فـائض في الانتـاج عـن حاجـات الاستهلاك الضروري، ونشا بالفعل نظام للمبادلة حيث يتم مبادلة الفائض من انتاج البعض بالفائض من انتاج البعض الاخر . ويمكن ان نطلق على هذه المرحلة مـن التطور بمرحله اقتصاد المبادلة والتي يعيشها العالم الان بصورة أو باخرى.

وكانت اول صور هـذه المبادلة التي عرفها العالم هـي المقايضة ،وقد استمرت فترة طويلة، وبـدأ اقتصاد التبـادل يفـرض وجـوده مـع استقرار نظام السـوق. وكما ظهرت عمليات المقايضة كنتيجـة للتخصص وتقسيم العمـل، فان هذه المقايضه ايضا قد تدهورت وعانت من كثير من المشاكل والصعاب كنتيجـة ايضاً لزيادة الاتجاه نحو التخصص وتقسيم العمل الى ان اكتشف الانسان النقـود لتحل كـل المشـاكل والصعـاب التـي واجهـت الانسـان في معاملاتـه الاقتصادية المختلفة في المجتمع.

المقايضة وعيوبها

يقصد بالمقايضة تلك العمليـة التي يتم بموجبها تبادل السـلع والخدمات بعضها ببعض دون استخدام النقود كوسيلة للتبادل ومقياس للقيمة. فالشخص الذي يريد ان يقايض سـلعة بـاخرى ، يكون في حاجة الى السـلعة الاخرى ،كما يجب ان تكون السلعة التي سيتنازل عنها زائدة عن حاجتـه او ان السـلعة التي يريد الحصول عليها اكثر الحاحاً منها. ويشترط لنجاح المقايضة كوسيلة للتبادل ان يجد البائع من يريد شراء ما لديه من سلع في مقابل السـلعة التي يرغب في شرائها في الوقت الملائم، والا حدثت مشاكل لاطراف المبادلة والسـلعة ذاتها موضوع المبادلـة . ولاشـك ان المقايضة نافعـة ومفيدة في المجتمعـات البسيطة حيث ان عدد السلع وانواعها محدود ، وحاجات الافراد غير معقـده ،ولكـن حين تتعدد حاجات الافراد واذواقهم ، وتتعدد السـلع فان المقايضة تعجز عـن متابعـة التطور وتصبح عقبه في سبيل انتشار التبادل

بسبب مـا تثيره مـن صـعوبات . ولابـد ان نشـير الى عيـوب وصـعوبات المقايضة ::

1- صعوبة وجود التوافق المزدوج بين المتعـاملين ،أي قـد يصـعب وجـود المشتري في نفس لحظة وجود البائع ، كذلك قد يكون هنـاك بـائعون ومشترون في نفس الوقت الا ان السلع المـراد مقايضـتها قـد لا تتلاءم مع بعضها البعض.

2- تعذر تحديد سعر للسلعة وذلك بسبب عدم وجود اسعار معلنة .

3- صعوبة خزن القيم ،وبالتالي يؤدي الى عدم استقرار قيمه السلع في المجتمع ، فاذا افترضنا بائع السمك لم يستطيع مقايضة الكميه باكملها، ولم تكن هناك وسيله لحفظها فان ذلك يعني تلف الكميه الفائضة.

4- عدم قابليه بعض السلع والخدمات للتجزئة ، مثال طلب مبادله سلعه بنصف رأس من الماشية فان الامر يعد صعبا نظراً لعدم قابليه السلعة الاخيره للتجزئه.

5- صعوبة ايجاد مقياس للاقراض ، وذلك نظراً لعدم تجانس وحدات السلع، مع بعضها.

مفهوم النقود

تلعب النقود دوراً هاماً في تحديد مستوى النشاط الاقتصادي في المجتمع ، فدخول الافراد وانفاقهم ومدخراتهم تتخذ شكل نقود، وكذلك فان ايرادات المشروعات وانفاقها الاستثماري يتخذ شكل نقود ايضا، وبالمثل فان ايرادات الحكومة وانفاقها يتخذ كذلك شكل نقود .لذا فمن الضروري ان نتعرف على معنى النقود ووظائفها وكيفيه التأثير على كمياتها.والحقيقة ان هناك صعوبات متعددة في محاولة تعريف النقود نظراً لصعوبة وصفها او

تحديد وظائفها بصوره محددة وتفصيلية ،وغالبا ما نجد ان معظم التعريفات هي تعريفات وظيفية تعتمد على ما تؤديه وتقوم به النقود من وظائف وليست تعريفات وصفيه . ومن هذه التعاريف .

(النقود هو أي شئ يؤدي وظائف النقود) أو (النقود هي كل شئ يكون مقبولاً قبولا عاماً كوسيط للتبادل ومقياس للقيمة) أو (النقود هي أي شيء يؤدي وظيفة وسيط للتبادل)

والواقع انه لكي يستقر استخدام أي شئ كنقود ، فانه ينبغي ان يتوافر فيه الشروط الاتية :

1. **القبول العام .** أي ان الشيء الذي يقع عليه الاختيار كنقود ينبغي ان يلقى قبولا عاماً من افراد المجتمع كوسيط للتبادل وسداد لقيمة السلع.

2. **تجانس وحداتها.** أي ان كل وحدة من وحداته يمكن ان تحل محل الاخرى وكبديل تام لها.

3. **القابلية للتجزئة.** أي يكون قابلا للتجزئة الى وحدات ملائمة في القيمة لتسهيل المعاملات الصغيرة.

4. **صعوبة التلف.** ينبغي ان لا تتلف النقود بسهوله كنتيجة للتعامل .

5. **سهوله الحمل والنقل** بالشكل الذي تمكن الشخص من حمل القدر الكاف لشراء السلع ذات القيمة المرتفعة.

وظائف النقود

هناك وظائف متعددة للنقود باعتبارها اداة من ادوات السياسية الاقتصادية ، الا اننا سنركز هنا على تلك الوظائف التي تساعد على تسهيل عمليات التبادل في المجتمع في ظل سيادة التخصص وتقسيم العمل. وهي أربعة:-

246

1. **النقود كوحدة للحساب ومقياس للقيمة:** تستخدم النقود كوحدة للتحاسب ومقياس للقيمة، فكما يتم تحديد وزن الاشياء بالكيلو غرام واطوال الأشياء بالمتر والكيلومتر، فان قيمة الاشياء يمكن تحديدها باستخدام النقود. وقياس قيمه الاشياء بدلالة النقود يؤدي الى تسهيل تبادل السلع والخدمات في السوق.

2. **النقود كواسطة للتبادل:** إن قياس قيمة السلع والخدمات بدلالة النقود يؤدي إلى تسهيل عملية تبادلها بالسوق بدلا من مقايضتها بسلع وخدمات اخرى وبالتالي الاستغناء عن المقايضة والابتعاد عن مشاكلها وصعوباتها، وتوصف النقود بناء على هذه الوظيفه بان لها قوة شراء عامه.

3. **النقود كاداة للاقراض وسداد الديون:** تستخدم النقود في ابرام الديون المستقبلية. فبدونها يصعب الانفاق على وحدات السلع التي تستخدم في الوفاء بالديون المستقبلية، وهذا يستلزم ان تكون قيمتها مستقرة نسبيا.

4. **النقود كمخزون للقيمة:** تعتبر النقود مستودعاً جيداً للقيمة نظراً لانها تحكم حائزها من الحصول على ما يشاء من سلع وخدمات ، وهذا يتطلب ان تكون قيمه النقود ثابتة نسبياً . وهناك صوراً اخرى لتخزين القيمة مثل الاسهم والمستندات والمباني وغيرها ، وقد تكون افضل من النقود .

أنواع النقود

اتخذت المجتمعات على مدار الزمن انواع مختلفة من النقود التي يمكن تقسيمها الى مجموعتين :.

أ- النقود السلعية:

هنالك العديد من السلع التي قامت بوظائف النقود ، كالذهب والفضة التي استخدمت كنقود لما لها من ميزات خاصة كالقبول العام والتجزئة وسهوله التخزين وسهوله حملها وارتفاع قيمتها بالنسبة للسلع الاخرى . وقد استخدمت الحكومات هذين المعدنين كنقود من خلال المسكوكات، وقيمه هذه المسكوكات تعادل قيمه ما تحويه من معدن ، لذا يطلق عليها النقود السلعية ، لانها تستخدم كنقود وسلع في وقت واحد.

ب – النقود الالزامية:

النقود الالزامية او القانونية هي أي شئ يفرضه القانون على الافراد لاستخدامه كنقود في عمليات التبادل . وتمتاز هذه النقود بارتفاع قيمتها القانونية عن قيمه السلعة المصدرة بها، وتكتسب قيمتها من الالزام القانوني وهي تتخذ الاشكال التالية :.

1. **النقود الورقية**: وهي نقود رمزيه تصدر عادة عن طريق البنك المركزي او أي جهة رسميه مخولة. وتستمد هذه النقود قيمتها الحقيقية من الالزام القانوني للافراد بقبولها غير المحدود في التعامل .

2. **النقود المعدنية**: وتمثل جزءاً صغيراً من كمية النقود في المجتمع . وقيمه المعدن في هذه العملات تقل كثيراً عن القيمة المسجلة عليها . وتكتسب هذه النقود قيمتها الاسمية

من القانون ، الذي يلزم الافراد استخدامها في التداول .
والهدف الاساسي من سك هذه النقود في شكل فئات
صغيرة القيمة هو مساعدة الافراد على تداول السلع في
الاسواق ، لذا يطلق عليها النقود المساعدة .

3. **الودائع المصرفية:** تشكل الودائع المصرفية تحت الطلب
(الودائع الجارية) الشكل الثالث للنقود، حيث يستطيع أي
فرد الحصول على السلع والخدمات وسداد قيمتها بواسطة
الشيكات المصرفية . ولايتوقف الامر على الافراد بل تقوم
الحكومات والمشروعات عادة بسداد التزاماتها عن طريق
اصدار الشيكات بنفس السهولة التي يتم بها الدفع النقدي .
لذا تعتبر الودائع المصرفية تحت الطلب جزءاً من كميه النقود
في المجتمع تضاف الى كميات النقود المصدرة . ويجري
استخدام الشيكات بكثرة في الدول المتقدمة اقتصاديا من قبل
الافراد والمؤسسات التجارية واجهزة الدولة.

نظريه قيمة النقود

اصبح النقد في الاقتصاد المعاصر الوسيلة الاساسية للحصول على السلع والخدمات التي يمكن الحصول عليها مقابل الوحدة النقدية. وبهذا المعنى تتحدد قيمه النقود بقوتها الشرائية . وقد اختلف الاقتصاديون في تحديد العوامل التي تؤثر في قيمة النقود . فمنهم من يرى ان عرض النقود والطلب على النقود هو الذي يحدد قيمه النقود ، ويرى البعض الاخر ان تنشيط الانتاج وحركات السلع الناجمة عن تطورات مقادير الدخول تؤثر في قيمه النقود ، ومنهم من يرى ان تقلبات الدخل الفردي تؤدي الى تقلبات قيمه النقود.

إلا ان نظرية كمية النقود ما زالت اكثر النظريات قبولا في تفسير قيمة النقد رغم الإنتقادات الموجهة لها.

تقوم الفكرة الاساسية لنظرية كميه النقود ، على ان قيمه النقود تتناسب تناسباً عكسيا مع كميتها ، أي ان قيمة النقود تنخفض اذا زادت كميتها (مع بقاء الحجم المتداول من السلع والخدمات ثابت) وترتفع قيمة النقود اذا انخفضت كميتها . ويترتب على ذلك ان المستوى العام للاسعار يتناسب تناسبا طرديا مع كميه النقود أي اذا زادت كميه النقود ارتفعت الاسعار واذا انخفضت كميه النقود انخفضت الاسعار . وعليه يمكن صياغة نظريه كميه النقود على الشكل التالي (في حاله افتراض ثبات كميه الانتاج وسرعة دوران النقود):

$$\text{المستوى العام للأسعار} = \frac{\text{كمية النقود}}{\text{كمية السلع والخدمات}}$$

فاذا كان عدد الوحدات النقدية (100) وحده وعدد وحدات السلع والخدمات (100) فان المستوى العام للاسعار يكون 100/100 = 1

اما اذا زادت الوحدات النقديه الى (200) وحده وبقي عـدد وحـدات السلع والخدمـات(100)فان المستوى العام للأسعار يكون :

$\frac{200}{100}$=2 وهذا يعني ان المستوى العام للاسعار قد تضاعف عندما تضاعفت كميه النقود (أي زيادة عرض النقود) وهذا يعني ايضاً انخفاض قيمه النقود (القوة الشرائية) الى النصف.

وبالعكس اذا تغير عدد وحدات السلع والخدمات وبقـي عـدد وحـدات النقود ثابتة، فان هذا التغير سوف يخلق تغيراً في قيمـه النقـود . فزيـادة حجـم المتداول من وحدات السلع والخدمات (مـع ثبـات كميـه النقـود كـما اوضحنا) سيؤدي الى ارتفاع قيمه النقود (القوة الشرائية) لان زيـادة الطلـب عـلى النقـود لغرض المبادلات ادى الى رفع قيمتها وبالتـالي انخفـاض المسـتوى العـام للاسـعار. نستخلص مما تقدم ان نظريه كميه النقود بالشكل المشار اليه اعلاه تحدد قيمـه النقود كغيرها من السلع والخدمات بعوامل العرض والطلـب. ولكل عامـل مـن هذه العوامل ظروفه وشروطه سنتناولها باختصار.

1. عرض النقود(السيولة النقدية)

إن مفهوم عرض النقود في النظم المتقدمـة الحديثـة ، هـو مجمـوع مـا يمتلكه المجتمع من وسائل الدفع المتاحة والنقود بشكل عـام تشـمل عـلى فئـات النقود المتداولة سواء كانت معدنيـة أو ورقيـة إضافة إلى النقـد القابـل للصرف كالودائع الجارية وحسابات التوفير واصناف أخرى مـن الحسابات وعليه فـإن هنـاك عـدة معايير يـتم عـلى اساسـها قياس حجـم النقـود المعروضـة ، وهـذه المقاييس تؤخذ في الاعتبار بهدف القيام بمهام محـددة وتـوفير المعلومـات عـن اصناف معينة مما يحتويه النقد من مكونات . وعليه يمكن التعرف على

صنفين اساسيين من عرض النقود حسب مكونات عرضهما والتي يطلـق عليها M_1 وM_2:

1. عرض النقود (M_1): وهذا المقياس يعرف عرض النقود بشكل ضيق حيث انه يشتمل على ما يمتلكه المجتمع من نقود ورقية ومعدنية (C)، والأموال الموجودة على شكل ودائع جارية والتي تحتفظ بها المصارف التجارية (DD). وعليه يمكن تمثيل مايشتمله عرض النقود M_1 بالمعادلة التالية :

$$M_1 = C + DD$$

2. عرض النقود (M_2): وهذا المقياس يعرف عرض النقود بشكل واسع ، حيث انه يشتمل على ما يشمله تعريف عرض النقود M_1، بالإضافة إلى الودائع الاجله الزمنية المودعة في البنوك التجارية كودائع ثابتة (لآجـل) أو ودائـع ادخاريـة والتي يطلق عليها اشباه النقود (DT) أي جميع الودائع لدى الجهاز المصرفي التي لا تستخدم بشكل مباشر كوسائل دفع وعليـه يمكـن تمثيل مايشـتمله عرض النقود M_2 بالمعادلة التالية :

$$M_2 = C + DD + TD$$

ومن التعريف الأول لعرض النقود (M_1) يتضح أن عـرض النقـود يشـمل على النقود التي هي في متناول الأفراد في أي وقت والتـي تسـتخدم في عمليـات التبـادل اليـومي. أمـا في التعريـف الثـاني (M_2) فإن عـرض النقـود يشـمل عـلى التعريف الأول بالإضافة إلى النقود التي يحتاج الفرد إلى فترة زمنيـة حتـى يمكنـه تداولها.

252

كما يضيف بعض الاقتصاديين تصنيف ثالث يعرف بعـرض النقـود (M_3) والذي يضم الودائع الاخرى ذات آجـال طويلـة والتـي تزيـد عـن السـنتين بعـد استبعادها من مكونات (M_2).

2. الطلب على النقود:

يقصد بالطلب عـلى النقـود(M_d)، كميـه النقـود التـي يرغـب الافـراد في الاحتفاظ بها في شكل نقود سائله بدلاً مـن الاحتفـاظ بهـا في شـكل اصـول مالية تدر عائداً . وتطلب النقود من قبل الافراد:

أ- اما بدافع المعاملات أي لسداد معاملاتهم اليومية.

ب- او بدافع الاحتياط أي لمواجهه المعاملات الطارئة او غير المتوقعة.

ج – او بدافع المضاربة أي على امل تحقيـق ارباح مـن المضـاربة او تجنب خسائر محتملة نتيجة تغير كل من سـعر الفائـدة واسعـار الاصول المالية.

خلق النقود

يقصد بخلق النقود هو مقدرة البنوك التجارية عـلى مضـاعفه مايتوفر لديها من احتياطيات نقدية . فالبنوك التجاريـة تسـتطيع ان تخلـق الودائـع وتزيدها من خلال قدرتها على:

1. القدرة على جذب الافراد والمؤسسات التجارية لايداع امـوالهم لـدى هذه البنوك مـن خـلال مـنح التسـهيلات المصرفية واعطـاء نسبة فوائد مشـجعه وغيرهـا مـن الحـوافز وذلك لغـرض زيادة المبـالغ المودعة وبالتالي زيادة نشاط البنك التجاري ومن ثم زيادة ودائعه.

2.   التطور الاقتصادي والوعي المصرفي لدى الناس ، ومستوى الثقة بين البنوك والافراد لتشجيع عمليه الايداع والاقراض وتقليل استخدام النقود الورقية والمعدنية وزيادة الاعتماد على الصكوك المصرفية في التداول وذلك للاستفادة من النقد في الاقراض التجاري .

3.   إمكانية البنك التجاري في خفض نسبة الاحتياطي القانونية المحددة من البنك المركزي لغرض زيادة إمكانية البنك التجاري على مضاعفه الودائع . اذ انه كلما زادت نسبه الاحتياطي المودع كلما قلت إمكانية البنك التجاري على الإقراض، ومن ثم خفض إمكانيته في خلق الودائع، وبالعكس كلما قلت نسبة الاحتياطي القانوني كلما زادت إمكانية البنك التجاري على الإقراض، ومن ثم زيادة إمكانيته في خلق الودائع.

البنوك التجارية والمركزية

يعتمد النشاط الاقتصادي على عدة مرتكزات، ولعل الجهاز المصرفي المتمثل بالبنوك سواء كانت مركزية أم تجارية أم متخصصة وغيرها من المؤسسات المالية تعتبر اليوم أهم هذه المرتكزات التي تلعب دوراً فعالاً في التحكم في حجم عرض النقود وتوجيه دفة الاقتصاد. ان البنوك هي مؤسسات تتعامل في النقود، حيث تسحب النقود الزائدة من الناس الذين ليسوا في حاجة إليها في الوقت الحاضر ، وتقوم باقراضها إلى الناس الذين يكونون في حاجة إليها بغرض الانتاج، ويمكن التطرق الى ابرز واهم دور تقوم به سواء كانت البنوك التجارية والمركزية المتخصصة.

أولاً: البنوك المركزية

البنوك المركزية هي مؤسسات مصرفية حكومية، تتولى سلطة اصدار النقود في البلد دون سواه من مؤسسات مصرفية أخرى، وكذلك الاشراف على النظام المصرفي، وهو المسؤول عن رسم السياسة النقدية والائتمانية وتنفيذها وعليه فإن هذه البنوك هي بنوك الدولة.

وظائف البنوك المركزية

للبنك المركزي دور مهم وكبير في استقرار ونمو حركة الاقتصاد وذلك من خلال وظائفه التي سنتناول أهمها بشكل مختصر:

1. اصدار العملة حيث تقوم البنوك المركزية لاي بلد بإصدار العملة، وتخضع في ذلك إلى تشريعات وقيود تنظم قدراتها وإمكانياتها في اصدار العملة، أي توفير (غطاء للعملة) والتي تعارف عليها العالم منذ قيام النظام المصرفي وحتى الان ، حيث كانت تستند على قاعدة الغطاء

الذهبي الكامل ، حيث لابد من توفير الغطاء من الذهب الخالص واللازم لاصدار كمية النقود المطلوبة ووفق الاسس والتشريعات التي تعتمدها قاعدة الذهب . اما بعد تطور النظام المصرفي تم اعتماد قاعدة النقود الورقية الالزامية بدلا من قاعدة الذهب ، ووفق القاعدة الجديدة تنوعت مصادر الغطاء وحسب قدرة البلد الانتاجية ، فهناك الرصيد الذهبي وانواع العملات الاجنبية والسندات الحكومية والاوراق التجارية . ولا بد من الاشارة أن البنوك المركزية تدرك تماماً أهمية الترابط بين كمية النقود المتداولة من جهة وكمية الانتاج من السلع والخدمات، لهذا فإن كمية الإصدار النقدي يرتبط بمقدار الانتاج الفعلي للبلد والذي يظهره ميزان المدفوعات.

2. الرقابة على الائتمان المصرفي ، تعتبر الرقابة على الائتمان المصرفي من الوظائف الاساسية للبنك المركزي، حيث يستخدم من أجل ذلك وسائل المراقبة وتوجيه الائتمان مثل تغيير سعر الخصم (سعر الفائدة) الذي يتقاضاه البنك المركزي من البنوك الاخرى نظير خصم الأوراق التجارية وتغيير سعر الخصم يؤثر على حجم الائتمان المصرفي. أو القيام بعمليات السوق المفتوحة من خلال دخول البنك المركزي إلى سوق النقد بائعاً أو مشترياً للأوراق التجارية أو المالية بقصد التأثير على مقدرة البنوك التجارية على تقديم الائتمان وخلق النقود أو تغير نسبة الاحتياط القانوني التي تلتزم بها البنك التجارية كارصدة دائنة لدى البنك المركزي، أو تغير نسبة السيولة التي تحتفظها البنوك التجارية كجزء من ودائعها لدى البنك المركزي.وأخيراً الرقابة المباشرة على قروض واستثمارات البنوك التجارية. وتعتبر هذه الادوات أدوات السياسة النقدية التي يستخدمها البنك المركزي للتأثير على عرض النقد وحجم واتجاه الائتمان المقدم للقطاعات الاقتصادية المختلفة.

256

3. البنك المركزي يعتبر بنك الحكومة، حيث يعمل على الاحتفاظ بحساباتها وينظم مدفوعاتها، واصدار العملة وتوفيرها، وتقديم السلف والقروض قصيرة وطويلة الاجل للحكومة ، وإدارة الاحتياطات النقدية والمالية الحكومية والرقابة عليها، بالإضافة إلى تقديم المشورة المالية والمصرفية للحكومة.

4. البنك المركزي يعتبر بنك البنوك ويقوم بمراقبتها، حيث سلطة كبيرة على البنوك الاخرى وهو يراقب اعمالها وتوجيهها بما يجب عليها تنفيذه، كما يقوم باقراضها وتوفير الاحتياطات النقدية والتسهيلات المصرفية لها خصوصا في وقت الازمات الاقتصادية، كما أن تلك البنوك تعتمد عليه في الاحتفاظ بارصدتها واحتياطاتها النقدية لديه. فمثلا من مهام البنك المركزي يفرض نسبة الاحتياط القانوني على البنوك التجارية لتحديد ما تحتفظ به على شكل نقد يحق لها اقراضه أو الاحتفاظ به، فإذا كانت نسبة الاحتياطي القانوني 50% فذلك يعني ان على البنوك التجارية أن تحتفظ بنصف المبالغ المودعة في البنك وتتصرف بها وفق اوجه الاستخدامات المختلفة، ويبقى النصف الاخر في البنك المركزي وهذا يوضح فعالية تأثير أحد ادوات البنك المركزي في فرض رقابة مصرفية وائتمانية على نشاط المصارف التجارية.

ثانياً: البنوك التجارية

هي مؤسسات تجارية تهدف إلى تحقيق الربح ، وتكون في شكل شركات مساهمة يمتلك الأفراد اسهمها ، و لها مجلس ادارة وتسعى لتحقيق أقصى ـ ارباح ممكنة، ويطلق على البنوك التجارية اصطلاح بنوك الودائع، نسبة إلى قبولها الودائع تحت الطلب أو الودائع الاجل. وتعتبر البنوك

التجارية مؤسسات ائتمانية غير متخصصة . بمعنى ان نشأتها لا تقتصر على فرع من فروع النشاط لاقتصادي كما هو الحال في البنوك المتخصصة، وتعمل البنوك التجارية على تمويل التجارة الداخلية وتؤدي اعمال مصرفية عادية أخرى كقبول الودائع وتقديم القروض . ولا بد للبنوك التجاري لكي تؤدي أهدافها، ان تحافظ على توفير السيولة الكافية عبر سياسة متوازنة تزرع الثقة عند جمهور المودعين وتحقق للبنك ارباحاً معقولة. كذلك ان تتميز بالقبول العام بحيث تكون وسائله تحضى بثقة الناس وتعزز من دوره في المجتمع.

وظائف البنوك التجارية

1. قبول الودائع، وكما اشرنا فإن البنوك التجارية تعتمد على الاموال المودعة لديها سواء كانت بعملة البلد أو بالعملات الاجنبية.

2. منح القروض، لابد لهذه البنوك وحين تسعى إلى هدف تحقيق الأرباح، أن تقوم بتقديم القروض وخاصة قصيرة الاجل، ولكن يجب على البنك ان يحقق التوازن بين الربح والسيولة المحتفظ بها لمواجهة طلبات المودعين، لأن تمويل القروض المصرفية يتمثل في الودائع.

3. خلق الائتمان، وذلك من خلال زيادة القروض الممنوحة للعملاء أو زيادة الودائع المصرفية سواء كانت ودائع جارية أو ثابتة الأجل أو ادخارية للبنك.

4. خصم الأوراق التجارية حيث تمثل الأوراق التجارية جزء من الأصول المملوكة للبنك التجاري، وخصم هذه الأوراق هو نوع من القروض قصيرة الأجل التي لا تتعدى مدتها ثلاثة أشهر. فقد تخصم الورقة

التجارية من التاجر قبل ميعاد استحقاقها لذلك يحصل على قيمة الورقة ناقصاً عمولة البنك.

5. الاستثمار في الأوراق المالية، حيث ان الاستثمار في الأوراق المالية طويلة الأجل هو أقل الأصول سيولة، إذ أن حملة الأوراق المالية لا يستردون قيمتها إلا بعد انقضاء فترة طويلة من الوقت، لذلك سميت بـ (الائتمان طويلة الاجل).

6. كما تقوم البنوك التجارية بوظائف القيام بخدمات بالنيابة عن العملاء أو التعامل في البيع والشراء في العملات الأجنبية، أو تأجير الخزائن والمخازن للعملاء وغيرها من الأمور التي تعزز مكانتها.

ميزانية البنك التجاري

تتكون ميزانية المصرف التجاري من جانبين وهما الأصول والتي تتضمن حقوق البنك من موجودات أو موارد البنوك التجارية، والجانب الثاني الخصوم التي تتضمن الالتزامات أو الموارد كالمبالغ المودعة وتعكس ميزانية البنك التجاري الذي تتساوي من الأصول مع الخصوم الموقف المالي للبنوك التجارية.

نموذج ميزانية البنك التجاري

مليون دينار	التزامات	مليون دينار	اصول
	أولاً: حسابات جارية		أولاً: احتياط النقد
34	للافراد	12	أوراق نقدية ومعدنية
10	للحكومة	6	ودائع في البنك المركزي
5	لبنوك أخرى	2	اخرى (تشمل الاحتياطات)
2	اخرى	20	المجموع
51	المجموع		ثانياً: القروض
	ثانياً: حسابات توفير وودائع	21	افراد
14	توفير ولاجل بالعملة المحلية	11	مؤسسات عقارية
8	توفير ولاجل بالعملات الاجنبية	10	تجارة
22	المجموع	6	قطاعات اخرى
6	ثالثاً: قروض على البنك	48	المجموع
6	رابعاً: التزامات اخرى		ثالثاً: سندات
9	خامساً: حقوق الملكية	8	حكومية
		4	اخرى
		12	مجموع
		14	رابعـاً: أمـوال أخـرى مثـل المبـاني وأجهزة وممتلكات أخرى
94	المجموع الكلي	94	المجموع الكلي

ثالثاً: البنوك المتخصصة

هناك بنوك متخصصة تمنح القروض لعملائها سواء كانت تلك القروض قصيرة أو متوسطة أو طويلة الاجل بهدف تطوير القطاعات التي تختص بها وتستهدفها وفق سياسة البلد التنموية مثل:

1. البنوك الصناعية والتي تتخصص في تمويل قطاع الصناعة.

260

2. البنوك الزراعية والتي تتخصص في تمويل القروض للمزارعين لتحسـين اوضاعهم وتطوير قطاع الزراعة.

3. بنـوك الادخـار والتي تتخصـص بتقـديم تسـهيلات لـذوي الـدخل المحدودي من اجل ادخار نقودهم.

4. بنوك الصرف والتي تختص بشراء وبيع العملات الاجنبية.

5. البنوك العقارية والتي تخـتص بتطـوير حركـة البنـاء والعقـار لأفراد المجتمع.

السياسة النقدية مفهومها وأدواتها

يمكن تعريف السياسه النقدية بأنها مجموعه من القواعد والوسائل والأساليب والأجراءات والتدابير التي تقوم بها السلطة النقدية للتأشير (التحكم) في عرض النقود بما يتلاءم مع النشاط الأقتصادي لتحقيق أهداف أقتصادية معينه ، خلال فترة زمنية معينة . والسلطة النقدية هنا يقصد بها البنك المركزي في أي دوله ، وتبنى السياسة النقدية على التأثير في عرض النقود أو المعروض النقدي بأدوات معينه تسمى أدوات السياسه النقدية . ولذلك ينطوي تعريف السياسه النقدية على استخدام عرض النقود لتحقيق أهداف أقتصادية معينه ، فإذا كانت السلطة النقدية ترغب في زيادة الطلب الكلي لتحقيق مستويات مرتفعه من الدخل والعمالة وهي في هذه الحالة سياسة توسعيه ، فأنها تفعل ذلك عن طريق زيادة عرض النقود . واذا رغبت في تخفيض الطلب الكلي فأنها بذلك تكون سياسة أنكماشية ، وبالتالي تلجأ الى تخفيض عرض النقود . وهي تقوم بذلك بالتأثير على عرض النقود أو التحكم في عرض النقود من خلال أدوات السياسه النقدية، والهدف من ذلك هو ضبط النشاط الاقتصادي والحيلولة دون حدوث التضخم أو الانكماش.

ومن مفهوم السياسة النقدية فأننا نلاحظ بأنها تسعى الى تحقيق مجموعه من الأهداف الاقتصادية والتي نطلق عليها أهداف السياسة النقدية ومن أهمها :-

أ- تحقيق الاستقرار في الأسعار .

ب- تحقيق الاستقرار النقدي و الاقتصادي من خلال التحكم بكميه النقود بما يتلاءم مع مستوى النشاط الاقتصادي .

ج- المساهمة في تحقيق توازن ميزان المدفوعات وتحسين قيمة العملة .

د- المساهمة في تحقيق هدف التوظيف الكامل والقضاء على البطالة.

ه- المشاركة في تحقيق معدل نمو اقتصادي مرتفع .

أما أدوات السياسة النقدية التي يستخدمها البنك المركزي في التأثير على عرض النقود أو التحكم في المعروض النقدي ، فهي تتنوع وهذا التنوع يتباين من دوله الى أخرى ومن فترة الى أخرى ويمكن أيجاز أبرزها :-

1- **تغير نسبه الاحتياطي القانوني:** ان نسبه الاحتياطي القانوني هي تلك النسبة من النقود (ودائع الجمهور) التي يجب على البنوك التجارية الاحتفاظ بها في خزائنها أو لدى البنك المركزي من حجم الودائع التي تصب في تلك البنوك. وبالتالي اذا اراد البنك المركزي زيادة عرض النقد ومن خلال زيادة قدرة البنوك التجارية على خلق النقود أو خلق الودائع، فان البنك في هذه الحالة يخفض نسبه الاحتياطي القانوني، مثلا من 40% الى 20% فتزداد قدره البنوك التجارية على منح الائتمان، وخلق النقود فيزداد المعروض النقدي. والعكس صحيح اذا اراد البنك المركزي تخفيض عرض النقود من خلال تخفيض قدرة البنوك التجارية على خلق

النقود او خلق الودائع فان البنك المركزي في هذه الحالة سيرفع من نسبه الاحتياط القانوني من 20% مثلا الى 40% ، وتنخفض قدره البنوك التجارية على منح الائتمان ، وخلق النقود فينخفض المعروض النقدي.

2- **عمليات السوق المفتوحة:** ويقصد بسياسة او عمليات السوق المفتوحه قيام البنك المركزي بشراء أو بيع الاوراق المالية الحكومية في السوق، للتحكم في عرض النقود، ففي حاله رغبة البنك المركزي في زيادة عرض النقود يقوم بشراء الاوراق المالية الحكومية من البنوك التجارية والجمهور، ويقوم ببيع الاوراق المالية الحكومية في حاله رغبته في تقليل عرض النقود.

3- **تغير سعر الفائدة:** يمثل سعر الفائدة تكلفة الاحتفاظ بالنقود ففي العديد من الدول يحدد البنك المركزي سعر الفائدة الذي يمكن ان تدفعه البنوك التجارية مقابل الاموال التي تحصل عليها من الجمهور، وكذلك السعر الذي يدفعه المدينون لهذه البنوك. فينخفض هذا السعر إذا ارادت البنوك التجارية زيادة عرض النقد، ويرتفع هذا السعر إذا ارادت تقليل عرض النقد.

4- **تغيير سعر اعادة الخصم:** ويقصد بسعر الخصم هو سعر الفائدة الذي تقترض بموجبه البنوك التجارية القروض من البنك المركزي. فيخفض هذا السعر اذا اراد البنك المركزي زيادة عرض النقود، ويرفع هذا السعر اذا اراد تقليل عرض النقود. ولابد ان نشير هنا بان سعر الفائدة يتأثر بسعر إعادة الخصم الذي يفرضه البنك المركزي على البنوك التجارية فعند رفع البنك المركزي لسعر الخصم سيؤدي هذا إلى قيام البنوك التجارية برفع سعر الفائدة وبالعكس.

5 - **تنظيم حجم اصدار النقود الورقية والمعدنية بما يتلائم حجم المبادلات الاقتصادية.** وذلك بزيادة الاصدار اذا اراد زيادة عرض النقود وخفض

هذا الاصدار اذا اراد تقليل عرض النقود. ولابد ان نشير هنا بان الاصدار النقدي بدون حدوث زيادة في الانتاج سيؤدي إلى زيادة التضخم، أما إذا رافقته زيادة في الانتاج بنفس النسبة فان الاسعار تبقى دون تأثير.

والحقيقة ان هناك وسائل وادوات اخرى يطلق عليها بالادوات الخاصة للسياسة النقدية او التميزية يتم اللجوء اليها لتجنب بعض العيوب التي تتولد من الاعتماد على الادوات العامة للسياسة النقدية المذكورة اعلاه.

السياسة النقدية وعلاج المشاكل الاقتصادية

ان الهدف الرئيسي لاي سياسة نقدية مطبقة في أي دوله في العالم ، هو علاج حاله التضخم التي قد يعاني منها الاقتصاد القومي او حاله الانكماش وهي عكس الحالة الاولى، وان فعالية السياسة النقدية تكمن في مدى قدرة تلك السياسة على علاج التضخم وهي الحالة الاكثر حدوثا.

اولاً- السياسة النقدية وعلاج التضخم:

يعرف التضخم النقدي بانه ارتفاع في المستوى العام للاسعار ناجم عن زيادة في عرض النقود لايتناسب مع الزيادة في حجم المبادلات الاقتصادية . او انخفاض في حجم المبادلات الاقتصادية لايقترن بانخفاض عرض النقود .ومن هذا التعريف يتبين ان سبب التضخم النقدي هو عدم التوازن بين عرض النقود والطلب عليها. ويقسم التضخم الى عدة انواع منها المكشوف او الخفي او الدوري او العرضي او الصحيح او الزاحف او المفرط وحسب وضع عرض النقد وارتفاع معدل الاسعار وسنأتي على ذكر ذلك في فصل قادم.

ويترك التضخم اثار بالغة على النشاط الاقتصادي ابرزهما:

1. الارتفاع المستمر والمتلاحق للاسعار .

2. ارتباك في كل من التجارة والانتاج والاستهلاك .

3. اضطراب التجارة الدولية ، حيث ان ارتفاع الاسعار يؤدي الى تقليـل الصـادرات وزيـادة الاستيرادات ، وبالتـالي يخلـق اضـطرابا في قيمـه صرف العملة الوطنية مما يؤدي الى اضطراب في التبادل الدولي .

4. انكماش الادخار ، لان ارتفاع الاسعار يؤدي الى انخفاض القوة الشرائية للوحدة النقدية مما يدفع المدخرين الى عدم الاحتفاظ بمدخراتهم بشكل أرصدة نقدية لأن ذلك يؤدي الى خسارة جزء من قيمتها .

5. اضطراب الأنتاج ، نتيجة ارتفاع الأسعار مما يدفع العاملين الى المطالبة بزيادة أجورهم وهذا يؤدي الى زيادة كلفة الأنتاج وبالتالي الى ارتفاع أسعار السلع مرة أخرى وهكذا تستمر الحالة وبالتالي يؤدي الى اضطراب الانتاج .

6. الأضرار ببعض الدخول ، حيث أن ارتفاع الأسعار يلحق اضراراً بذوي الدخول الثابتة ، لأن ارتفاع الاسعار يعني انخفاض ما يحصلون عليه من سلع وخدمات مقابل ما يتسلمونه من وحدات نقدية ثابتة .

7. خسارة الدائنين ، لأن القوة الشرائية للعملة ستنخفض وتكون قدرتها اقل من الماضي والحاضر اذا استمر التضخم وبالتالي سيلحق الخسارة بالدائنين .

ويمكن معالجه التضخم بالتقليل من عرض النقود الى المستوى الذي يتناسب مع حجم المبادلات الاقتصادية وسحب السيولة النقدية الفائضة عن حاجة السوق بأحد الوسائل التالية:

أ-   رفع سعر الفائدة.

ب-   بيع السندات الحكومية للجمهور مـن خـلال عمليـات السـوق
المفتوحة.

ج-   رفع سعر أعادة الخصم.

د-   رفع نسبة الاحتياطي القانوني للمصارف التجارية.

ثانيا- السياسة النقدية وعلاج الانكماش

يعرف الانكماش النقدي بأنه انخفاض في عرض النقود دون مستوى
حجم المبادلات الاقتصادية، وأهم مظاهره هو أنخفاض المستوى العام للاسعار .
ويترك الانكماش النقدي أثار بالغة على النشاط الاقتصادي نتيجة انخفاض
المستوى العام للاسعار . حيث يؤدي الى انخفاض مستويات كل من الانتاج
والاستهلاك والاستثمار والاستخدام (أي انخفاض العمل والذي يؤدي الى ارتفاع
نسبه البطالة) وعليه يمكن معالجه الانكماش بزيادة عرض النقود والى المستوى
الذي يتناسب مع حجم المبادلات الاقتصادية ، واتخاذ اجراءات مغايرة لأجراءات
معالجة التضخم النقدي وابرزها :

أ - تخفيض سعر الفائدة لغرض تشـجيع خصـم الأوراق الماليـة وزيـادة
كميه النقد المتداول .

ب - شراء السندات الحكومية من الجمهور مـن خـلال عمليـات السـوق
المفتوحة.

ج - تخفيض سعر اعادة الخصم.

د - تخفيض نسب الاحتياطي القانوني للمصارف التجاريـة بغيـه زيـادة
قدرتها على منح الائتمان ومن ثم زيادة عرض نقود الودائع.

📖 القاموس الإقتصادي

Barter Economy	اقتصاديات المقايضة
Saving Account	حساب التوفير
Checking Account	الحساب الجاري
Time Deposits	الودائع الآجلة
Functions & Money	وظائف النقود
Medium of Exchange	أداة للتبادل
Store of Value	مخزون للقيمة
Loan	قرض
Purchasing power of money	القوة الشرائية للنقود
Price Level	مستوى الاسعار
Interest Rate	سعر الفائدة
Inflation	التضخم
Contraction	الانكماش
Quality theory of money	نظرية كمية النقود
Money supply	عرض النقود
Money demand	طلب النقود
Money policy	سياسة نقدية
Government bonds	سندات حكومية
Open market operations	عمليات السوق المفتوحة
Ratio of Required Reserves	نسبة الاحتياطي الإلزامي
Central Bank	البنك المركزي
Commercial Bank	البنك التجاري
Equation of Exchange	معادلة التبادل
Velocity	سرعة تداول النقود

أسئلة الفصل

1. كيف كان يتم التبادل التجاري قبل استخدام النقـود؟ ومـا أهـم المشـاكل المترتبة على هذه الطريقة؟

2. عدد وظائف النقد. واشرح ما المقصود باستخدام النقـد كوحـدة لمقيـاس القيمة.

3. ما هي الفكرة الأساسية التي تقوم عليها نظرية كمية النقود؟

4. عرف عرض النقود؟ واذكر الأدوات التي قد يستخدمها البنك المركزي للتأثير في عرض النقود؟

5. كيف تؤثر العوامل التالية على عرض النقود؟
   أ. تخفيض سعر الخصم.
   ب. زيادة الإصدار النقدي مع زيادة الإنتاج بنفس النسبة.
   ج. خفض نسبة الاحتياطي القانوني.
   د. رفع سعر الفائدة في البنك التجارية.

6. ما هو التضخم؟ وما هي آثاره؟ وكيف تتم معالجتـه مـن خـلال السياسـة النقدية.

7. ماذا تنصح القيام به لمعالجة مرور الاقتصاد بحالة الإنكماش، وتطلب ذلك معالجته من خلال السياسة النقدية؟

8 - اختر الإجابة الصحيحة

● من الشروط الواجب توفرها في النقود هي:

أ.   تجانس وحداتها.

ب.   غير قابلة للتجزئة.

ج.   تقليل تكاليف حملها.

د.   لاشيء مما ذكر اعلاه.

● النقود السلعية هي:

أ.   هي أي شيء يفرضه القانون على الأفراد.

ب.   هي نقود رمزية تصدر عن طريق البنك المركزي.

ج.   هي الودائع المصرفية تحت الطلب.

د.   لاشيء مما ذكر اعلاه.

● تنخفض القوة الشرائية للنقود:

أ.   نتيجة لأرتفاع معدل التضخم.

ب.   نتيجة لإنخفاض معدل التضخم.

● القوة الشرائية للنقود تعني:

أ.   مقدار ما تشتريه النقود من السلع والخدمات.

ب.   مقدار كلفة طبع النقود.

● قيمة النقود تنخفض:

أ.   إذا انخفضت كميتها في سوق النقد.

ب.   إذا ارتفعت كميتها في سوق النقد.

● يزداد المستوى العام للأسعار:

أ.   إذا زاد عرض النقد.

ب.   إذا انخفض عرض النقد.

- إذا قام البنك المركزي بخفض نسبة الاحتياطي القانوني علـى البنـوك التجارية فان قدرة البنوك على خلق النقود والودائع:

  أ. ستنخفض

  ب. سترتفع

- إذا كان هناك فائض في سوق النقود فان الكمية المعروضة تكون:

  أ. أكبر من الكمية المطلوبة

  ب. اقل من الكمية المطلوبة

- إذا اراد البنك المركزي خفض قدرة البنك التجاري على الإقراض سيقوم:

  أ. برفع سعر الخصم.

  ب. بخفض سعر الخصم.

- إذا اراد البنك المركزي خفض الفائض النقدي فسيقوم:

  أ. بشراء السندات الحكومية من الأفراد والبنوك التجارية.

  ب. بيع السندات الحكومية للأفراد.

- كلما ارتفع سعر الفائدة فان الكمية المعروضة من النقود سوف:

  أ. تنخفض.

  ب. ترتفع.

272

الفصل الثامن
التضخم والبطالة

1- **التضخم**

تسعى اقتصاديات الدول إلى إضفاء صفة الاستقرار على مستويات أسعار السلع والخدمات التي تتعرض إلى التقلبات ، وما تسببه ارتفاعها من مشاكل على استقرار تلك الاقتصاديات . ومستويات هـذه الأسعار في الاقتصاد يقاس بالرقم القياسي للأسعار ، والتغير الـذي يطرأ عليهـا عبر الـزمن يعرف بمعدل أو نسبة التضخم . ويعتبر التضخم من الظواهر الاقتصادية التي أخذت تتنامى خصوصاً في العقود الأربعـة الأخـيرة ، وأصبح التضخم أكثر الظـواهر الاقتصادية ارتباطاً باقتصاديات دول العالم بكافة اتجاهاتها ومستوياتها ، بحيث أصبح ظاهرة عالمية.

1-1 **تعريف التضخم :**

التضخم هـو الزيـادة أو الارتفاع العـام المستمر في المستوى العـام للأسعار عبر فترة زمنية معينة . ويتم احتسـاب معدله أو نسبته علـى أساس المعادلة التالية :

معدل التضخم = التغير النسبي في مستويات الأسعار × 100

أي نسبة أو معدل التضخم =

$$\frac{\text{المستوى العام للأسعار (في سنة ما) – المستوى العام للأسعار في السنة السابقة}}{\text{المستوى العام للأسعار في السنة السابقة}} \times 100$$

ومن هذا التعريف يمكن أن نلاحظ :

1- أن المستوى العام للأسعار هو متوسط الأسعار النقدية لعدد كبير من السلع والخدمات داخل الاقتصاد وذلك في لحظة معينة من الزمن . ويمكن الكشف عن التغيرات التي تحدث في المستوى العام للأسعار بواسطة الأرقام القياسية للأسعار، والتي تمثل مقارنة بين المستوى العام للأسعار في فترة زمنية معينة مع فترة زمنية ثانية والتي يطلق عليها (سنة الأساس) .

2- كما أن الفهم الدقيق لمشكلة التضخم هو ليس في زيادة الأسعار في سنة ، ثم تعود بعدها إلى المستوى العام المقبول ، بل الزيادة المستمرة في المستوى العام للأسعار ولفترة زمنية معينة ، فمثلاً زيادة أسعار القمح بسبب رداءة موسم زراعي في سنة ما قد تزول إذا ما عاد وأصبح الموسم الزراعي بظروف أفضل ، وعليه لا يمكن اعتبار ذلك مشكلة تضخمية . حيث أن التضخم يسود أسعار جميع القطاعات الاقتصادية وبصورة زيادة مستمرة وملموسة في المستوى العام للأسعار . وقد بات من المتعارف عليه أن معدلات التضخم التي تقل عن (5 %) تعتبر ضمن الإطار المقبول لزيادة الأسعار . أما إذا ازدادت عن هذا الحد فإنه سيترك أثراً واضحاً على القوة الشرائية للنقود التي يستطيع من خلالها المواطن الحصول على كمية السلع والخدمات ، بحيث لا يستطيع في هذه الزيادة أن يحصل على نفس الكمية من تلك السلع والخدمات وبالتالي تراجع القدرة الشرائية للأفراد على الحصول على احتياجاتهم بشكل عام.

وقد يعرف التضخم على أساس نقدي ، بأنه زيادة واضحة في كمية النقود المتداولة في المجتمع . أو على أساس عيني على أنه زيادة في الطلب على ما هو متاح من السلع والخدمات وعلى الدخل الحقيقي .

ولا بد من الإشارة هنا إلى الفرق بين الدخل النقدي والدخل الحقيقي، إن الدخل النقدي أو الاسمي هو الدخل الذي يحصل عليه عنصرـ الإنتاج بغض النظر عن المستوى العام للأسعار أو معدل التضخم . أما الدخل الحقيقي فهو مقدار الدخل الفعلي مع الأخذ بالاعتبار حجم التغير في المستوى العام للأسعار ، فعندما يكون معدل التضخم مرتفع في الاقتصاد فإن الدخل النقدي يكون أكبر من الدخل الحقيقي والعكس صحيح .

ومن المثال التالي المبسط يمكن توضيح كيفية حساب طريقة قياس التضخم باستخراج الرقم القياسي . فلو أخذنا اقتصاد مجتمع معين ينفق فيه المستهلكين على سلع القمح واللحم والرز خلال عام 2004 و 2005، ويحتسب الوزن النسبي لكل سلعة من قسمة إنفاق المستهلكين على كل سلعة على إجمالي إنفاق المستهلكين وبافتراض أن سنة 2004 هي سنة الأساس (أساس المقارنة مع السنوات التالية) . فإنه يمكن قياس مستويات الأسعار وتقدير معدلات التضخم وكما يأتي :

الأسعار 2005 × الوزن النسبي = ترجيح (عام 2005)	الأسعار 2004 × الوزن النسبي = ترجيح عام 2004	السعر عام 2005	الأسعار عام 2004	الوزن النسبي	الإنفاق	السلعة
0.96	0.64	3	2	0.32	300	القمح
3.52	2.64	8	6	0.44	410	اللحم
2.88	1.68	12	7	0.24	220	الرز
2.45=3÷7.36	1.65=3÷4.96			1.00	930	

الرقم القياسي للأسعار في السنة الأساس 2004 = (1.65 ÷ 1.65) × 100 = 100

الرقم القياسي للأسعار في السنة التالية 2005 = (2.45 ÷ 1.65) × 100 =
148.48

$$\text{إذن معدل التضخم} = \frac{148.48 - 100}{100} \times 100$$

$$= 48.48$$

وهذا يعني أن الرقم القياسي في السنة التالية ارتفع بحوالي 48.48%. وهذا يوضح بأن الاقتصاد يواجه نسبة تضخم تقدر بحوالي 48.48 % سنة 2005 مقارنة بسنة 2004 . ونود أن نشير هنا إلى ملاحظة وهي لو ظهرت النتيجة بإشارة سالبة فإن ذلك معناه أن الرقم القياسي للأسعار في السنة التالية أقل منه في سنة الأساس وهو ما يشير إلى وجود ظاهرة كساد في الأسعار وليس تضخماً .

ولقياس التضخم هناك عدة طرق . فبالإضافة إلى طريقة الرقم القياسي لأسعار المستهلك (C . P . I) ، هناك طريقة الرقم القياسي لأسعار المنتج (P . P . I) . والرقم القياسي الضمني للأسعار (I . O . P) . يمكن التعرف عليها في مرحلة لاحقة من الدراسة.

2-1 أسباب التضخم

بعد التعرف على مفهوم التضخم وقياسه ، سنحاول التعرف على أهم النظريات التي فسرت أسباب التضخم وهي :

أ- **نظرية جذب الطلب :** يحدث هذا النوع من التضخم نتيجة (زيادة كمية النقود لدى المجتمع مع ثبات حجم السلع والخدمات المتاحة فيه ، أي عند مستوى التشغيل الكامل أو شبه الكامل للموارد الاقتصادية داخل المجتمع . وبالتالي سيؤدي ذلك إلى زيادة في مستوى الطلب الكلي والتي تؤدي إلى ارتفاع المستوى العام للأسعار بشكل مستمر ، نتيجة لوجود نقود كثيرة ومقابل سلعاً قليلة، وهكذا يحدث التضخم نتيجة ارتفاع مستوى الطلب وعجز الاقتصاد على إنتاج السلع والخدمات لتغطية فائض الطلب هذا . ومن الأسباب التي تؤدي إلى حدوث هذا النوع من التضخم هو زيادة الإنفاق الحكومى على إيراداته ، والتي تؤدي إلى العجز المالي أو ما يسمى بعجز الموازنة العامة للدولة . وعند قيام الدولة بمعالجة هذا العجز عن طريق الإصدار النقدي عبر البنك المركزي فإن ذلك يؤدي إلى زيادة كمية النقود في اقتصاد المجتمع وبالتالي زيادة الطلب دون أن يقابله توسع في الإنتاج القومي أي بالعكس يقابله قصور في العرض المتاح من السلع والخدمات ،

وهذا سيؤدي حتماً إلى زيادة الأسعار وحدوث هذا النوع من التضخم . ويمكن معالجة هذا النوع من التضخم مـن خـلال السياسـات الماليـة والنقدية الانكماشية .

ب- **نظرية دفع التكاليف** : يحدث هذا النوع من التضخم نتيجة زيادة مفاجئة في تكاليف عناصر الإنتاج لكي تحظى بنصيب أكبر في الناتج الكلي . فقد تؤثر نقابات العمال كقوة تساومية برفع مستوى أجر العمال ، أو قد ترفع أسعار بعض المواد الأولية والتي ستؤدي إلى زيادة السعر النهائي للمنتجات نتيجة زيادة تكاليف عناصر الإنتاج . وعليه فإن مصدر التضخم هنا يعزى إلى جانب التكاليف . فهو إما يحدث نتيجة دفع الأجور من قبل القوة التساومية لنقابات العمال التي تمارسها على أصحاب الأعمال كما أسلفنا ، حيث كلما ارتفعت نفقات المعيشة ، كلما طالبت نقابات العمال برفع الأجور بما يتناسب مع ارتفاع نفقات المعيشة . أو أحياناً تطالب هذه النقابات أصحاب الأعمال بزيادة الأجور كلما ارتفعت أرباح مشاريعهم أو شركاتهم ، ولكن هذا الدافع هو ضعيف قياساً بدافع الأجور . وهنا نجد أن زيادة الأجور سيترتب عليها من جانب المنتجين زيادة في التكاليف تنعكس بصورة زيادة في الأسعار ، والتي بدورها ستدفع مجدداً نقابات العمال للمطالبة بزيادة الأجور ، وهكذا تستمر العملية في حلقات متتالية من الزيادة في الأسعار بل إن ظهور هذا النوع من التضخم في قطاع معين سيؤدي إلى انتقاله إلى بقية القطاعات الاقتصادية فينتشر ويعم التضخم على كافة قطاعات الاقتصاد القومي .

278

والحقيقة أن هناك أسباب أخرى تفسر التضخم كالعامل النقدي نتيجـة زيادة كمية النقود أو التضخم المشترك الذي يحدث نتيجة لجذب الطلب ودفع التكاليف أو التضخم المسـتورد نتيجـة اسـتيراد سـلع مرتفعـة الأسـعار وهكـذا . وفضلنا التطرق إلى نوعين من الأسباب بقدر تعلق الأمر بدراستنا هذه .

أنواع التضخم

ينقسم التضخم إلى أربعة أنواع رئيسية حسب سرعة زيادة المستوى العـام للأسعار هي :

أ- **التضخم الزاحف** : وهو التضخم الذي تكون فيه زيادة المستوى العام للأسعار بطيئة وبشكل تدريجي ، كارتفاع مقداره 1% أو2% أو 3 % سنوياً ويستغرق فترة زمنية أطول من باقي أنواع التضخم الأخرى كما تزداد نسبة التضخم 6.25 % خلال خمسة سنوات أي بمعدل زيادة قدرها 1.25 % سنوياً .

ب- **التضخم الركودي** : ويحدث هذا النوع من التضخم في فترات الركود (الكساد) حيث ينخفض الطلب الفعال ، ويخفض تشغيل الجهاز الإنتاجي ، فتتزايد معدلات البطالة ، ويتزايد بشكل مستمر المستوى العام للأسعار ، وإذا كان هناك احتكار كامل أو مهيمن في الاقتصاد فلا يستطيع أحد إجبار الشركات المحتكرة على تخفيض أسعار سلعها وخدماتها في حالة الركود . مما يؤدي إلى استمرار ارتفاع الأسعار مع ارتفاع معدلات البطالة .

ت- **التضخـم المكبوت** : غالباً ما يظهـر هـذا النـوع مـن التضخم في الدول التي تأخذ بالاقتصاد الموجه حيث تصدر الدولة نقوداً دون غطـاء بهدف الإنفاق العام للدولة ، مما يؤدي إلى ارتفاع الأسعار

نتيجة زيادة الطلب على العرض بسبب زيادة كمية النقود ، فتلجأ الدولة إلى التدخل من أجل التحكم بالأسعار عن طريق تحديد حصص من السلع والخدمات لكل فرد وكأن الدولة بذلك كبتت أو قيدت تحول الفجوة بين زيادة الطلب وانخفاض العرض . وهذا ما يؤدي إلى ظهور الأسواق السوداء .

ث- **التضخم الجامح** : عادة ما يحدث هذا النوع من التضخم في بدايات مرحلة الانتعاش أو مرحلة الانتقال من نظام اقتصادي إلى آخر ، أو فترات تعقب الحروب . لذلك يعتبر هذا النوع من أسوء أنواع التضخم . حيث يفقد الناس الثقة بالنظام الاقتصادي القائم . إن هذا التضخم هو تضخم حلزوني تصاعدي في الأسعار والأجور حيث تؤدي زيادة الضغوط على الأسعار إلى ردود أفعال تنتج المزيد من التضخم . وهذا النوع من التضخم يغذي نفسه بنفسه ، حيث تصل فيه الأسعار إلى أرقام فلكية وتزاد سرعة دوران النقود ، وتعطل وظيفتها كمخزون للقيمة وتستخدم كوسيط للتبادل فقط حيث لم يعد للنقود قيمة تقريباً . وأشهر مثال على هذا النوع من التضخم ما شهدته ألمانيا في أوائل العشرينات من القرن الماضي حيث قامة الحكومة بطبع النقود بمعدلات مرتفعة للغاية لتغطي نفقاتها ، وفي عام 1923 تعدى معدل التضخم إلى 1.000.000 % حيث أن كثير من الشعب الألماني لجأ إلى نظام المقايضة ، واستخدام السلع بدلاً من النقود كأن يحدد التاجر سعر الدجاجة بأربع أرغفة خبز .

3-1 آثار التضخم

إن للتضخم آثاراً اقتصادية كثيرة يمكن أن نلخص أبرزها وأهمها وهي :

أ- **الأثر على عدالة توزيع الدخل :** إن أبرز آثار التضخم هو ما يسببه التضخم من خفض الدخل الحقيقي للمجتمع ، فأصحاب الدخول الثابتة كالموظفين أو المتقاعدين وذوي الدخل المحدود سيتأثرون نتيجة ما يلحق بهم من أذى نتيجة الانخفاض في القوة الشرائية لدخولهم .

من جانب آخر فإنه سيعود بالنفع لأصحاب المهن والمنتجين الذين تكون دخولهم متغيرة وغير ثابتة ، وذلك نتيجة الزيادات المتواصلة بأسعار منتجاتهم وصولاً إلى دخول حقيقية غير متأثرة بالتضخم . وعليه فإن التضخم هنا يؤدي إلى إعادة توزيع الدخول بين أفراد المجتمع لصالح ذوي الدخول المتغيرة وفي غير صالح أصحاب الدخول الثابتة .

ب- **الأثر على توزيع الثروة :** أن التغير في الدخل الحقيقي للمجتمع نتيجة التضخم سيؤدي إلى إعادة توزيع الثروة بين فئات المجتمع المختلفة . فكما أوضحنا أن أصحاب المهن والمنتجين الذين ازدادت دخولهم الحقيقية سيكونون أكثر قدرة على زيادة ثروتهم ، في حين أن أصحاب الأراضي والعقارات السكنية والذين تناقصت دخولهم الحقيقية سيعملون على بيع جزء من ممتلكاتهم نتيجة ارتفاع قيمتها الحقيقية التي ستزيد من عوائدها ، ومن أجل المحافظة على نفس مستوى نمط استهلاكهم الذي اعتادوا عليه قبل التضخم . وهنا نجد أن ملكية

ت- الأصول الحقيقية ستنتقل من الفئات التي تناقص دخلها الحقيقي إلى الفئات التي زاد دخلها الحقيقي في نفس الفترة الزمنية .

كذلك وكنتيجة لارتفاع الأسعار (التضخم) فإن المقترضون (المدينون) سيستفيدون بشكل أكبر من المقرضون (الدائنون) ، فالمبلغ الـذي اقـترض اليوم ، سيفقد الكثير من قوته الشرائية عنـد فـترة سـداده نتيجـة حـدوث التضخم وبصورة متزايدة .

جـ- **الأثر علـى الإنتـاج** ، نتيجـة التضخم الـذي يـؤدي إلى ارتفاع الأسـعار بمعدل أسرع من تكاليف الإنتاج ، مع وجود موارد متاحة قابلة للاستثمار ستسـاهم في زيـادة الإنتـاج ، لأن ذلـك سـيرافقه توقعـات متفائلـة للمستثمرين تدفعهم إلى زيادة استثماراتهم وإنتاجهم لتحقيق أرباح أكبر ، وبالتالي فإن ذلك سـيؤدي إلى زيـادة التوظيف والـدخل والإنتاج . وإذا استمر التضخم في الارتفاع بعد مستوى التشغيل الكامل لموارد الاقتصاد فإن لذلك نتائج ضارة على الاقتصاد ، منها عدم قدرة المنتجين على تصريف منتجاتهم وبالتالي تسريح وتقليص الأيـدي العاملـة وحـدوث البطالة . إن بلـوغ الاقتصاد مستوى التشغيل الكامـل لمـوارده ، يعنـي أن المنتجـون سيعملون على خزن إنتاجهم لتوقعهم زيادة الأسـعار المسـتقبلية ، يقابـل ذلك زيادة طلب المستهلكين عـلى المنتجـات وتخزينها لتوقعـاتهم زيـادة الأسعار المستقبلية أيضاً . وعليه نجد بأن زيادة الأسعار سـتؤدي إلى زيـادة الإنتاج وزيادة الأرباح وزيادة الطلب على السلع الاستهلاكية والإنتاجيـة في آن واحد . إلا أن هذه الحالة يصعب استمرارها بسبب الارتفـاع المسـتمر بالأسعار والذي يـؤدي إلى صـعوبة تصريـف منتجـاتهم مـما يـدفعهم إلى تسريح أو تقليص الأيدي العاملة فظهور البطالة .

د- الأثر على ميزان المدفوعات : نتيجة التضخم فإن أسعار المنتجات المحلية للبلد ستزداد وبالتالي فإن الطلب على صادرات هذا البلد ستنخفض نتيجة انخفاض تنافسيتها في الأسواق الخارجية ، وسيزداد الطلب المحلي على استيراد السلع من الخارج نتيجة انخفاض أسعارها نسبة إلى نظيراتها المحلية التي ارتفعت أسعارها . وهذا يعني حدوث اختلال في الميزان التجاري أي أنه سيحدث عجز في ميزان المدفوعات للبلد ، والذي بدوره سيؤدي إلى انخفاض قيمة العملة الوطنية محلياً وخارجياً ، مما يترك آثاره في استنزاف موارد البلد واحتياطاته النقدية بالعملة الأجنبية . بل يؤدي إلى التوجه نحو الاستيراد والإحجام عن السلع المحلية ، وتراجع حجم الإنتاج المحلي ، وبالتالي تعطل جزء كبير من الطاقة الإنتاجية وقوة العمل وظهور البطالة .

هـ- الأثر على الادخار والاستهلاك : كما أوضحنا فإن التضخم يؤدي إلى انخفاض الدخول الحقيقية وبالتالي فإن قيمة الادخار ستنخفض ، لأن معظم الدخل النقدي سيوجه إلى استهلاك السلع والمنتجات التي أسعارها في ارتفاع مستمر . كذلك نجد أن الأفراد سيتحولون بدل الادخار أو الاحتفاظ بالنقود السائلة (نتيجة انخفاض قيمة النقود وارتفاع الأسعار) إلى استبدالها بسلع وأصول مختلفة للمحافظة مستوياتهم المعيشية السابقة . وإن كل ذلك سيكون أثره على انخفاض الاستثمار ونمو الناتج القومي .

والحقيقة أن للتضخم آثار كثيرة على نواحي المجتمع الاقتصادية والاجتماعية والسياسية نتيجة آثاره السلبية على التنمية الاقتصادية حيث يعمل على ترسيخ حالة من عدم التأكد حول الوضع الاقتصادي في الدولة ومستقبلها ، فهو يؤدي كما أسلفنا إلى انخفاض المدخرات

وحجم الاستثمار ومعدل الإنتاجية ، مما قد يسبب أعمال شغب وتفشي ظاهرة الفساد السياسي والاجتماعي .

4-1 معالجة التضخم

يمكن إتباع سياسات نقدية ومالية ورقابة حكومية لمعالجة أو الحد من ظاهرة التضخم . فبالنسبة للسياسات النقدية الخاصة بمعالجة التضخم والتي تعتبر التضخم سببه وجود فائض في كمية النقود ، فإنها تقوم على أساس تحقيق انكماش في الائتمان المصرفي وتقليص عرض النقود وذلك باستخدام أدوات السياسة النقدية للتحكم في خفض مقدار عرض النقود والائتمان المصرفي وهي عمليات السوق المفتوحة وسياسة الإحتياط النقدي وسياسة سعر الخصم ، حيث سبق لنا أن تطرقنا لهذه السياسات في موضوع سابق .

أما السياسات المالية التي يمكن استخدامها لمعالجة التضخم لغرض التأثير على الإنفاق النقدي وتخفيض حجم الطلب ، فإنها تعتمد على توسع الحكومة في تحصيل الضرائب ، وتخفيض الإنفاق الحكومي ، وكذلك التوسع في الاقتراض العام من الشعب لغرض تخفيض درجة السيولة والتي ستؤدي إلى تخفيض الطلب على السلع والخدمات .

وأخيراً فللحكومة دور في معالجة التضخم من خلال فرض رقابة صارمة على الأسعار واتخاذ إجراءات مشددة لوضع حد أعلى لأسعار السلع واستخدام نظام البطاقات في توزيع السلع المهمة ، والرقابة على الأجور لإيقاف ارتفاع الأسعار والأجور وغيرها من الإجراءات التي تصب في رفع الإنتاجية بشكل عام .

والحقيقيــة أن مواجهــة التضــخم ومعالجتــه تتطلــب اســتخدام مجموعة من السياسات السياسية والإجراءات الحكومية ، دون اقتصارها على سياسة أو إجراء معين .

2- البطالة

تعد البطالة من أهم القضايا والمشاكل الاجتماعية التي تترك آثاراً اقتصادية سلبية على المجتمعات في أي دولة من دول العالم . وعليه لا بد من فهمها والتعرف على أسبابها .

1-2 تعريف البطالة

تعرّف البطالة على أنها التوقف الإجباري لجزء من القوة العاملة برغم قدرة ورغبة هذه القوة العاملة في العمل والإنتاج . ويعرف الأفراد الذين تلازمهم هذه الصفة بالعاطلين عن العمل . وتقاس البطالة في العادة بمعدل البطالة والذي هو نسبة عدد العاطلين عن العمل من القوة العاملة إلى إجمالي قوة العمل

$$\text{معدل البطالة } (U) = \frac{\text{عدد العاطلين عن العمل}}{\text{إجمالي القوة العاملة}} \times 100$$

والمقصود بالقوة العاملة هم جميع السكان القادرين والراغبين في العمل، أي الذين يعملون والذين لا يعملون مما هم في سن العمل ويبحثون عن العمل (دون احتساب لأطفال أقل من سن الخامسة عشرة والطلاب وكبار السن والعاجزين وربات البيوت) . ولفهم ذلك أكثر نورد المثالي التالي :

إذا كان عدد العاطلين عن العمل 70 ألف شخص ، وبلغ إجمالي القوى العاملة في مختلف قطاعات البلد الاقتصادي 280 ألف ، فإن معدل البطالة سيكون :

$$\text{معدل البطالة } U = \frac{70.0000}{280.000+70.000} = \%20$$

2-2 أنواع البطالة

تصنف البطالة في الاقتصاد تبعاً للسبب الذي يشكل ظاهرة البطالة ولكن يمكن أن نتناول أبـرز خمسـة أنواع للبطالـة تعاصرهـا مجتمعاتنـا وهي :

أ- البطالة الاحتكارية :

وهي بطالة مؤقتة تحدث بسبب تطور تكنولوجي نتيجة الانتقال من وظيفة إلى أخرى أو بين قطاع أو آخر أو بين منطقة وأخرى أو بسبب نقص المعلومات فيما يخص فرص الشغل المتوفرة وبسبب هذا البحث بين الوظائف في الاقتصاد أو ترك العمل مؤقتاً في سبيل الدراسة ، وعليه فإن تعطل جزء من القوة العاملة بسبب هذا الانتقال أو البحث بين الوظائف يسمى بالبطالة الاحتكارية . حيث أن الاحتكار في سوق العمل لا بد وأن يسمح بوجود الوظيفة المناسبة .

ب - البطالة الهيكلية

ينتج هذا النوع من البطالة بسبب عدم تناسب المهارات والقدرات التي تملكها العمالة ، مع متطلبات سوق العمل . وتحدث بسبب حدوث تغيرات هيكلية في الاقتصاد ولا سيما التغيرات التكنولوجية المستخدمة في الإنتاج التي تحتاج إلى عمالة خاصة مدربة وقادرة على استيعاب استخدام التكنولوجيا الجديدة حيث يظهر الطلب على مهارات جديدة محددة . وكما أن حدوث تطورات معينة في الاقتصاد كالتحول من اقتصاد زراعي إلى اقتصاد صناعي مثلاً فإن القوة العاملة تصبح معطلة بدون عمل وبصورة دائمة . وكذلك فإن انتقال المشروعات إلى أماكن جديدة بعيدة عن سكن العمالة غير المدربة يؤدي إلى هذا النوع من البطالة . ويظهر هذا النوع من البطالة في البلدان الصناعية التي استخدمت الإنسان الآلي في صناعة السيارات مثلاً

287

حيث أدى ذلك إلى الاستغناء عن الكثير من العمال . إن هذا النوع من البطالة الهيكلية يضطر العمال المستغنى عن خدماتهم إلى البحث عن وظائف جديدة تناسب مهاراتهم .

وبالتأكيد يعتبر هذا النوع الأكثر صعوبة في المعالجة . ولغرض مواجهته لابد من إعداد برامج تدريب وإعادة تأهيل للعاطلين عن العمل ، وبما يؤهلهم للعمل وفق احتياجات سوق العمل .

جـ- البطالة الدورية :

ويحدث هذا النوع من البطالة عند تعرض الاقتصاد لبعض الفترات الإنكماشية كانخفاض الطلب الكلي ، فيؤدي ذلك إلى تسريح جزء من القوة العاملة ، مما يؤدي إلى ارتفاع البطالة الدورية ، لكن هذا النوع من البطالة سرعان ما يتلاشى عند حدوث انتعاش في الاقتصاد . أي أن هذا النوع يتأثر الاقتصاد القوي ومسيرة نموه . ويمكن للحكومة معالجة هذا النوع من خلال استخدامها السياسات المالية والنقدية التوسعية خلال فترة الانكماش .

د- البطالة الموسمية :

تشهد بعض القطاعات الاقتصادية فترات من الرواج في مواسم معينة وفترات أخرى من الكساد الأمر الذي ينعكس على حجم العمل وأعداد العمالة فيها ، فيؤدي إلى ارتفاع البطالة الموسمية (كالزراعة ، الصيد ، السياحة) . ويمكن مواجهة هذا النوع من البطالة من خلال تنمية قطاع اقتصادي آخر يستطيع استيعاب العمالة العاطلة عن العمل في بعض المواسم ، من خلال   العاملين أو تدريبهم على أعمال أخرى يمكن مزاولتها بعد انتهاء الموسم الإنتاجي للسلعة التي يشتغلون فيها أساساً .

هـ- البطالة المقنعة :

وهي وجود عمالة يمكن الاستغناء عنها خلال عملية الإنتاج دون التأثير على العملية الإنتاجية . وغالباً ما تقتضي- هذه العمالة أجور أعلى من مساهمتها في الإنتاج (الجهاز الحكومي) . وينتشر هذا النوع من البطالة في دول ذات الحجم السكاني الكبير والجهاز الحكومي الضخم الذي يستخدم التشغيل لحل مشكلة البطالة في المجتمع .

3-2 آثار البطالة

بالتأكيد وكما أشرنا فإن البطالة تترك آثاراً سلبية واضحة أبرزها :

أ. تؤدي البطالة وخاصة العمالة المدربة والمتعلمة ، إلى فقدان إنتاج كان يمكن الحصول عليه لو وظفت هذه الطاقة البشرية . وهنا نشير إلى قانون أوكن الذي يربط بين إمكانية النمو الحقيقي في بلد وانعكاس ذلك على مستوى التشغيل ويشير إلى العلاقة العكسية بين البطالة والإنتاج . أن كل تراجع حقيقي في الدخل القومي بنسبة (2 %) يقابله زيادة في معدل البطالة مقدارها(1 %). وعليه فكلما تراجع الناتج القومي فإن ذلك سيؤدي إلى انخفاض الإنتاج وإلى زيادة البطالة . كما أن البطالة تؤدي إلى تراجع الطلب في الاقتصاد نتيجة تناقص مستويات الدخل . كما تعد البطالة تدميراً لقوى الإنتاج مما يضيع على الإنسان مورداً هاماً من موارده الاقتصادية .

ب. وعلى المستوى الاجتماعي حيث أصبح من المؤكد أن الجريمة ، والسرقة ، والأمراض النفسية وغيرها تلعب البطالة بما يرافقها من بؤس دوراً محورياً ومشجعاً فيها . كما أن احتياجات العاطلين عن العمل قد تؤدي إلى زعزعة الاستقرار الأمني

والسياسي لبلد ما . وعليه فإن العديد من الحكومات تعمل من أجل تفادي هذه العواقب من خلال إدارة برامج إعانة العاطلين عن العمل ، أو فرض حداً من الأجور وغيرها .

ج. **منحنى فيليبس** : قام الاقتصادي البريطاني فيليبس بإجراء دراسة بيانات لسلسلة زمنية للبطالة والأجور في الاقتصاد البريطاني للتعرف على العلاقة بين التضخم ومعدل البطالة ، حيث أظهرت أن هناك علاقة عكسية بينهما ، وقد تم تمثيل هذه العلاقة بمنحنى عرف منحنى فيليبس . حيث لاحظ أن استهداف تخفيض معدلات البطالة ، سيؤدي إلى القبول بمعدلات تضخم أعلى . ويمكن الرجوع إلى الشكل رقم (58) أدناه حيث يوضح العلاقة العكسية من خلال الميل السالب للمنحنى . ومن الشكل نلاحظ أن استهداف تخفيض البطالة من 4 % إلى 2 % فإن ذلك سؤدي إلى زيادة نسبة التضخم من 2 % إلى 6 % . ونلاحظ أيضاً أن ميل المنحنى يزداد كلما زادت نسبة التضخم . وهذا يوضح لنا أن الأجور سترتفع نتيجة ارتفاع التضخم كلما انخفضت نسبة البطالة .

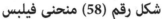

شكل رقم (58) منحنى فيلبس

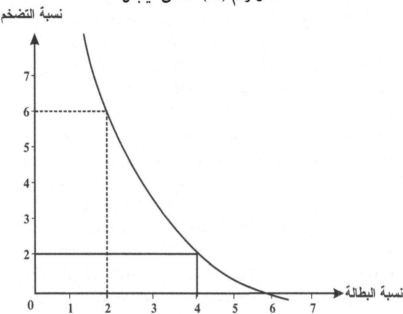

إن تفسير ذلك هو أن عند زيادة مستوى الطلب الكلي في اقتصاد مجتمع بمعدل كبير ، فإن المؤسسات الإنتاجية تعمل على زيادة إنتاجها ، وذلك من خلال توظيف المزيد من العمالة وبأجور مرتفعة . ونتيجة هذه الاجور المرتفعة فإن ذلك سيؤدي إلى ارتفاع تكاليف الإنتاج ، مما ينعكس على ارتفاع أسعار المنتجات وبالتالي ارتفاع التضخم . وهذا ما يوضح لنا تفسير تخفيض نسبة البطالة وارتفاع نسبة التضخم .

ولا بد من الإشارة هنا أن منحنى فيليبس سوف لا يعمل في حالة التضخم الركودي والذي تحدث فيه معدلات بطالة مرتفعة إلى جانب معدلات تضخم مرتفعة أيضاً .

3-الدورة الاقتصادية

توضـح لنـا الـدورة الاقتصـادية التقلبـات الحاصـلة في مسـتوى الـدخل القومي بمراحل الزمن نتيجة الاعتماد على مبدء اقتصاديات السـوق ، ولا توجد فترة زمنيـة محـددة لهـذه الـدورات الاقتصـادية فبعضـها يكـون قصـير المـدى أو متوسط أو طويل . وهي تختلف في طبيعتها من دولة إلى اخرى، كما أنها تشمل كل القطاعات الاقتصادية في المجتمع سواء كانت صناعية أو زراعية أو تجاريـة ... الخ . حسب تقسيمات الاقتصاديون ، فقد قسمت الـدورة الاقتصادية إلى أربعـة مراحل لاحظ الشكل رقم (59) أدناه والذي يوضح مراحلها وهي :

1-مرحلة الانتعاش : حيث يكون فيها الاقتصاد بحالة زيادة في الإنتاج ، وانخفاض شبه البطالة ، وارتفاع الأجور ، والتوسع في التسهيلات الائتمانيـة، وتنـاقص حجـم من السلع وكذلك الزيادة في الدخل .

2-مرحلة الازدهار : وهي المرحلـة التي تعقب مرحلـة الانتعـاش حيـث يصل الاقتصاد إلى مرحلة من الازدهار تتمثل بزيادة كبيرة في الإنتاج ، وانخفاض كبير في نسبة البطالة ، وزيـادة كبـيرة في الأجـور ، وتوسـع في الاسـتثمار وزيادة كبـيرة في الدخل .

3-مرحلة الانكماش : بعد مرحلة الازدهار يتراجع النشاط الاقتصادي ويدخل مرحلة الانكماش حيث ، ينخفض الإنتاج ، وتزداد نسبة البطالة ، وتتناقص الأجور ، وتقليص حجم التسهيلات الائتمانية ، وتراجع الأرباح والدخل .

4-مرحلة الركود : وتشهد هذه المرحلة التي تعقب الانكماش ، انخفاض النمـو وتراجـع الإنتاج القـومي الحقيقـي ، وانتشـار وزيادة نسـبة البطالة ، وتقلـص الاستثمار ، وتراجع معدلات الفائدة ، وزيادة احتياجات البنوك دون بـورز طلـب كاف عليها من قبـل المسـتثمرين . وإذا مـا اسـتمرت هـذه المرحلة لفـترة أطـول وازدادت عمقاً فإنها ستتحول إلى مرحلة الكساد وهي حالة

معاكسة للتضخم ، حيث تبقى جميع السلع مكدسة في السوق دون تصريـف لقصور الانفاق النقدي على شرائها ، أي وجود فائض في جانب العرض السلعي تجاه قصور الطلب عليها مما يؤدي إلى انخفاض الإنتاج وزيادة البطالة .

شكل رقم (59) الدورة الاقتصادية

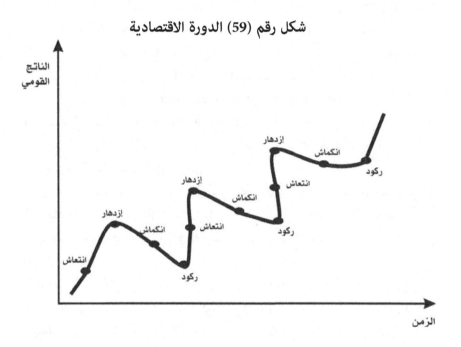

ولا بد أن نشير هنا أن طول كل مرحلة مـن المراحـل يتسـم في التفـاوت وفق الدراسات التي أجريت فإن فترات الكسـاد والازدهـار تتفـاوت حتـى بـين الـدورة الاقتصـادية ودورة أخـرى . ويمكـن اسـتخدام السياسـة الماليـة النقديـة لمواجهة مرحلة الانكماش والركود وتعزيز قدرة الاقتصاد وأداءه.

📖

القاموس الاقتصادي

Price Level	مستوى الأسعار
Unemployment	البطالة
National Income	الدخل القومي
Investment	الاستثمار
Aggregate Consumption	الاستهلاك الكلي
Unemployment Rate	نسبة أو معدل البطالة
Frictional Unemployment	البطالة الاحتكاكية
Structural Unemployment	البطالة الهيكلية
Cyclical Unemployment	البطالة الدورية
Seasonal Unemployment	البطالة الموسمية
Disguised Unemployment	البطالة المقنعة
Minimum Wage	الحد الأدنى للأجور
Okuns Law	قانون أوكن
Business Cycle	الدورة الاقتصادية
Recovery	الانتعاش
Boom	الازدهار
Contraction	الانكماش
Recession	الركود
Depression	الكساد
Base Year	سنة الأساس
Philips Curve	منحنى فيليبس
Stagflation	الكساد التضخمي

Inflation Rote	معدل أو نسبة التضخم
Consumer Price Index	المستوى العام لأسعار المستهلك
Producer Price Index	المستوى العام لأسعار المنتج
Purchasing Power	القوة الشرائية
Cost Push Inflation	التضخم برفع التكاليف
Demand-Pull Inflation	التضخم الطلب
Creeping Inflation	التضخم الزاحف
Hyper Inflation	التضخم الجامح
Inflation Stagflation	التضخم الركودي
Suppressed Inflation	التضخم المكبوت

أسئلة الفصل

1. ما المقصود بأن التضخم يعمل على إعادة توزيع الثروة ؟

2. ما هي أسباب التضخم ؟

3. التضخم يقسم إلى أنواع حسب سرعة زيادات المستوى العام للأسعار ، تكلم عن ذلك ؟

4. هل التضخم يتطلب ارتفاع جميع أنواع السلع ؟ وضح .

5. عرف المفاهيم التالية :
   البطالة المقنعة ، البطالة الاحتكاكية ، التضخم الزاحف ، مرحلة الازدهار ؟

6. وضح العلاقة بين التضخم والبطالة وفقاً لمنحنى فيليبس ، وهل يمكن أن تظهر البطالة والتضخم سوياً وماذا نسمي هذه الحالة ؟

7. ما المقصود بالدورة الاقتصادية .. وضح مراحلها ؟

8. أي من الآتي يمكن أن يتسبب في التضخم ؟
   (أ) تراجع القوة التساومية لنقابات العمال التي تطالب برفع الأجور.
   (ب) سيطرة البنك المركزي على كمية النقد المصدرة .
   (ج) زيادة الطلب على السلع الاستهلاكية في السوق المحلي .

10. إذا كان الرقم القياسي للأسعار 140 % في سنة 2004 ، وأصبح 145 % في عام 1997 ، فإن نسبة التضخم تصبح:
    (أ) 285 % .
    (ب) 0.96 % .
    (ج) 5 % .

(د) 1.04 % .

11.المرحلة التي نتوقع أن تبرز فيها ظاهرة الكساد التضخمي هي :

(أ) مرحلة الكساد .

(ب) مرحلة التضخم .

(ج) مرحلة الازدهار .

(د) مرحلة الانتعاش .

12. منحنى فيليبس يؤكد أن ارتفاع نسبة التضخم يواكبه :

(أ) ارتفاع في معدلات البطالة .

(ب) تناقص في معدلات البطالة .

(ج) تناقص في معدلات النمو الاقتصادي .

13. لا يحبذ المستثمرون التضخم رغم أنه يرفع السعر النقدي لمنتجاتهم :

(أ) صح .

(ب) خطأ .

14. إذا أقرضت داليا أختها نور 700 دينار ، وعندما سددت القرض داليا ، ارتفع متوسط الأسعار بنسبة 20 % ، فإن القوة الشرائية للمبلغ :

(أ) تكون قد ارتفعت بنسبة 20 % .

(ب) تكون قد تناقصت بنسبة 0.20 + 700 .

(ج) تكون قد ارتفعت بنسبة 0.20 + 700 .

(د) تكون قد تناقصت بنسبة 20 % .

15. البطالة التي يمكن أن تواجه بالتدريب والتأهيل هي :

(أ) البطالة الموسمية .

(ب) البطالة الاحتكاكية .

المصادر

1 أبو بكر متولي، "مبادئ النظرية الاقتصادية"، مكتبة عين شمس، القاهرة 1987.

2 السيد البدوي علي عبد المقصود، "محاضرات في مبادئ الاقتصاد"، معهد الإدارة، الدوحة، 1991.

3 د. باهر محمد عتلم، "اقتصاديات المالية العامة"، مركز جامعة القاهرة، القاهرة، 1998

4 د. جاب الله عبد الفضيل، "التحليل الاقتصادي الجزئي"، مكتبة عين شمس - القاهرة - 1994

5 د. حسين سلوم، "المالية العامة - القانون المالي والضريبي"، دار الفكر اللبناني، بيروت 1984

6 د. حمدي احمد العناني، "اساسيات علم الاقتصاد"، المكتبة المصرية اللبنانية، بيروت 1999.

7 د. حميد القيسي، "اسس علم الاقتصاد"، مطبعة الجامعة، بغداد، 1973.
د حامد عبد المجيد دراز ، مباديء الاقتصاد العام ، الدار الجامعية ، الاسكندرية ، 1972.

8 دويدان محمد، "مبادئ المالية العامة"، مكتب المعري، الاسكندرية، 1968.

9 سامي خليل، "نظرية الاقتصاد الكلي"، دار النهضة العربية، القاهرة، 1977.

10 د. سيف سعيد السويدي، "مدخل لأسس الاقتصاد"، مطابع جامعة

قطر، الدوحة 2000.

11 طاهر حيدر حردان، "مبادئ الاقتصاد"، دار المستقبل للنشر والتوزيع، عمان 1997.

12 عبد الفتاح قنديل وسلوى علي سلمان، "مبادئ الاقتصاد"، مركز جامعة القاهرة، القاهرة 1999.

13 عبد المنعم السيد علي، "دراسات في النقود والنظرية النقدية"، مطبعة العاني، 1976.

14 د. عبد المنعم فوزي، "المالية العامة والسياسة المالية"، دار النهضة العربية، بيروت، 1972.

15 د. عارف حمو وعلي ابو شرار، "مبادئ الاقتصاد"، دار ابن رشد للنشر والتوزيع، عمان 1984

16 د. عثمان محمد عثمان و عبد المعبود ناصف، "النظرية الاقتصادية الكلية"، "المكتب الجامعي الحديث، اسكندرية، 1987.

16 د عدنان الهندي واحمد الحوراني ، مباديء الاقتصاد الجزئي ، المطبعة الاردنية ، عمان ، 1980.

17 فايز الحبيب، "مبادئ الاقتصاد الكلي"، مطابع الفرزدق، الرياض، 1992.

18 د. كامل بكري و دكتور احمد مندور، "علم الاقتصاد، الدار الجامعية، الاسكندرية 1989.

19 كريم مهدي الحسناوي، "مبادئ علم الاقتصاد"، مطبعة حسام، بغداد، 1990

20 د. لولوة عبد اللـه المسند ومها جاسم ال ثاني ونورة ناصر المريخي، "المرتاد: حلال مسائل الاقتصاد"، الدوحة 1998.

21 د. محمد علي الليثي و د.عبد الرحمن يسري احمد، "مقدمة في علم

الاقتصاد"، الدار الجامعية، الاسكندرية، 1986.

22 محمد محمود يونس احمد و عبد الـلـه محمد شامية، "مبادئ الاقتصاد الجزئي"، دار الامل للنشر والتوزيع، عمان 1989.

23 د محمد خليل برعي ، مبادىء الاقتصاد ، دار زهراء الشرق ، القاهرة ، 1996.

23 د. محمد يونس احمد واحمد رمضان نعمة الـلـه، "مبادئ الاقتصاد"، مطبعة دار الجامعة، القاهرة، 1992

24 مصطفى كامل السعيد واحمد رشاد موسى، مبادئ علم الاقتصاد، دار النهضة العربية، القاهرة 1985.

25 موفق علي خليل وعدنان حسين يونس، "مبادئ الاقتصاد"، مطبعة جامعة الموصل، بغداد، 1991.

26 ناجي ميخائيل، "اساسيات علم الاقتصاد"، مكتبة عين شمس، القاهرة، 1989.

د.ناظم محمد الشمري ومحمد موسى الشروف، مدخل في علم الاقتصاد،دار زهران للنشر والتوزيع ،عمان 2008.

27 د. يونس احمد البطريق، "المالية العامة"، دار النهضة للطباعة والنشر، بيروت، 1984

28 د. يونس احمد البطريق، "اقتصاديات المالية العامة"، الدار الجامعية، الاسكندرية 1985.

المحتويات

الفصل الأول

مفهوم علم الاقتصاد والمشكلة الاقتصادية 3

مفهوم علم الاقتصاد 3

علاقة علم الاقتصاد بالعلوم الاخرى 7

المشكلة الاقتصادية 9

طبيعة المشكلة الاقتصادية 9

الحاجات البشرية 9

وسائل اشباع الحاجات البشرية 12

اركان المشكلة الاقتصادية 16

انماط حل المشكلة الاقتصادية 18

منحنى امكانيات الانتاج 24

القاموس الاقتصادي 29

اسئلة الفصل 31

اسئلة متعددة الاختيار 33

الفصل الثاني

35

الطلب والعرض والسعر التوازني

الطلب 35

مفهوم الطلب 35

جدول الطلب 36

قانون الطلب 37

منحنى الطلب 39

العوامل المؤثرة في الطلب 43

التغير في الطلب والتغير في الكمية المطلوبة 44

مرونات الطلب وكيفية احتسابها 48

مرونة الطلب السعرية 48

مرونة الطلب الدخلية 58

مرونة الطلب المتقاطعة 60

العرض 63

مفهوم العرض 63

جدول العرض 63

قانون العرض 65

منحنى العرض 65

العوامل المؤثرة في العرض 70

التغير في العرض والتغير في الكمية المعروضة 71

مرونة العرض وكيفية احتسابها 74

السعر التوازني 80

مفهوم السعر التوازني 80

تغيرات في الطلب والعرض واثارها على السعر التوازني 83

القاموس الاقتصادي 89

اسئلة الفصل 91

اسئلة متعددة الاختيار 94

الفصل الثالث

99

توازن المستهلك

توازن المستهلك 99

نظرية تحليل المنفعة 100

المنفعة الحدية والمنفعة الكلية 100

قانون تناقض المنفعة الحدية 101

توازن المستهلك 107

التوازن والتغير في ظروف السوق 110

عيوب نظرية المنفعة 112

تحليل منحنيات السواء 113

خريطة السواء 118

خصائص منحنيات السواء 118

خط الميزانية 119

توازن المستهلك 122

اشتقاق منحنى الطلب 124

القاموس الاقتصادي 127

أسئلة الفصل 129

الفصل الرابع

131

مفهوم الإنتاج وأشكاله

مفهوم الانتاج 131

اشكال الانتاج 131

عوامل الانتاج 132

الارض 133

العمل والتخصص وتقسيم العمل 135

138	راس المال
141	التنظيم
143	نظرية الانتاج
146	انواع الانتاج ومنحنياته
151	قانون تناقص الغلة
154	تكاليف الانتاج ومنحنياتها
164	الإيرادات ومنحنياتها
169	توازن المنتج
173	القاموس الاقتصادي
175	اسئلة الفصل
179	**الفصل الخامس** **الأسواق**
179	الاسواق
180	سوق المنافسة الكاملة
182	سوق الاحتكار التام
183	سوق المنافسة الاحتكارية
184	سوق احتكار القلة

التوازن في سوق المنافسة الكاملة 186

التوازن في سوق الاحتكار التام 189

القاموس الاقتصادي 195

اسئلة الفصل 197

الفصل السادس
201
الناتج القومي والانفاق القومي والدخل القومي

الناتج القومي الإجمالي 202

الإنفاق القومي 207

الدخل القومي 210

طرق حساب الدخل القومي 215

طريقة الدخل 218

طريقة الإنفاق 219

طريقة الإنتاج 219

اهمية حساب الدخل القومي 221

القاموس الاقتصادي 237

اسئلة الفصل 239

الفصل السابع

النقود والسياسة النقدية | 243

النقود | 243

المقايضة وعيوبها | 244

مفهوم النقود | 245

وظائف النقود | 246

انواع النقود | 248

نظرية قيمة النقود | 250

السياسة النقدية "مفهومها وادواتها" | 261

السياسة النقدية وعلاج المشاكل الاقتصادية | 264

السياسة النقدية وعلاج التضخم | 264

السياسة النقدية وعلاج الإنكماش | 266

القاموس الاقتصادي | 267

اسئلة الفصل | 269

الفصل الثامن

التضخم والبطالة | 273

التضخم | 273

تعريف التضخم	273
أسباب التضخم	277
أنواع التضخم	279
أثار التضخم	281
معالجة التضخم	284
البطالة	286
تعريف البطالة	286
أنواع البطالة	287
آثار البطالة	289
القاموس الاقتصادي	295
أسئلة الفصل	297
المصادر	299
المحتويات	303

Printed in the United States
By Bookmasters

T0271384